陕西省教育厅科研计划项目资助(项目编号：12JK0241)

陕西居民休闲体育研究

马红霞 著

SHANXI JUMIN XIUXIAN TIYU YANJIU

东北师范大学出版社
长 春

图书在版编目（CIP）数据

陕西居民休闲体育研究/马红霞著．—2版．—长春：东北师范大学出版社，2015．3（2025．4重印）
ISBN 978-7-5681-0379-4

Ⅰ．①陕…　Ⅱ．①马…　Ⅲ．①群众体育—研究—陕西省　Ⅳ．①G812．4

中国版本图书馆 CIP 数据核字（2015）第 006892 号

□责任编辑：卢　炎　□责任印制：刘兆辉
□责任校对：曲　颖　□封面设计：书香阁

东北师范大学出版社出版发行
长春净月经济开发区金宝街 118 号（邮政编码：130117）
网址：http：//www.nenup.com
东北师范大学出版社激光照排中心制版
河北省廊坊市永清县晔盛亚胶印有限公司
河北省廊坊市永清县燃气工业园榕花路 3 号（065600）
2015 年 3 月第 2 版　2025年 4 月第 3 次印刷
幅面尺寸：170 mm×230 mm　印张：13.75　字数：249 千

定价：42.00 元

前　言

在近代，工业资本主义的发展使人的全面丰富性遭到空前的压抑，人异化为机器性质的怪物，片面的物质享受和可怕的精神贫困撕裂着当代人，随着个人拥有的物质财富和自由时间的增多，人们弥补和发展精神生活方面的需求显得尤为迫切。由于人们对自身价值的反思及对工作、休闲的深入思考，新的休闲观念强调休闲是生活的主要乐趣，休闲是当代社会最重要的特征，人们正是通过休闲而不是工作来充分展示个性和自我价值。

休闲是人自身发展的要求，人的全面发展需要不断提升自己，而休闲状态为人们的合作、交流、沉思提供了契机。休闲并非无所事事、好逸偷闲，而是出于缓解工作快节奏和浮躁心态的需要。和谐社会的构建离不开休闲状态的存在，休闲不仅是追求有质量的生活方式的需要，也是经济发展的需要。如果没有休闲，人民无法共享发展成果，发展将毫无意义。

休闲不仅标志着人类已经从繁重的体力劳动中解放出来，而且标志着人从满足现实的基本生活需要转向对精神生活的向往；标志着计划经济体制向市场经济体制转变的过程中，已由传统的生产——消费模式逐渐转向消费——生产的模式；标志着人开始从有限地发展转向全面地发展自己。休闲的最大特点是人文性、文化性、社会性、创造性，它对提高人的生活质量和生命质量，对人的全面发展有着十分重要的意义。

改革开放使我国国民经济保持着快速持续的增长。随着物质财富的不断增长，人们开始转向对文化精神方面的消费与追求，更多的时间和钱财用于休闲，消费投向发生了明显的变化，特别是随着恩格尔系数的不断下降，人们的行为动机将在更大的程度上选择文化精神生活的享受。从事创造性活动和享有尽可能丰富的社会关系将代替对于物质产品的需求，并逐渐占据首要地位。如何认识休闲对人之全面发展的意义，如何引导人民大众健康、科学、积极地休闲度假，如何以正确的舆论导向、精美的文化陶冶人的情操，如何以人民大众喜闻乐见的传播形式充实公众闲暇生活，已成为一个越来越普遍关注的社会问题。

作为一种社会文化活动，休闲在我国由来已久。作为一种社会文化概念，我们对休闲已经从生疏、怀疑、拒绝走向了理解、认同，并从容地接受。而作为一种社会文化的理论体系，要将休闲确立于中国人的精神世界里，还需要一个漫长的过程。

休闲体育的概念进入中国的时间并不长，但它的传入恰恰契合了我国社会转型和经济高速增长的潮流，迎合了从劳动生产型经济向休闲消费型经济转化的势头。近些年来，太极拳、户外自行车、瑜伽、健身健美操、高尔夫球、羽毛球、网球、户外拓展运动、登山探险、山地运动等各具特色的休闲体育运动在我国日渐风靡，展现了一幅幅多姿多彩的休闲体育画卷。

本书是陕西省教育厅2012年科学研究项目计划项目“陕西省居民休闲体育活动特征分析与趋势研究”的研究成果，主要对我国陕西省地区的休闲体育状况进行了分析探讨，首先总体概述了休闲体育的特征、研究及发展趋势，然后分别对陕西地区的城市居民、女性群体、高校学生及农村参与休闲体育的现状进行较为深入的实证性研究，全面了解陕西省居民休闲体育活动的现状，对陕西省城镇居民提出了休闲体育的趋势、对策与建议，为更好地开展全民健身活动，提高陕西省居民体育文化生活、医疗保健以及全民健身运动的健康发展提供实质性的理论支撑。最后根据休闲体育活动开展情况提出趋势对策研究，可以促进陕西省开发丰富的休闲体育资源和人文资源，挖掘和开发陕西休闲体育特色，加快陕西省体育产业开发和体育市场的发展，同时为提高陕西省城镇居民的生活质量，丰富居民体育文化生活以及全民健身运动的健康发展提供实质性的实践依据，构建陕西省城镇居民休闲体育理论体系。

作　者

2013年5月

目　录

第一章 绪 论

第一节 研究背景及意义

一、研究的背景

(一) 休闲体育的时代背景

21 世纪是一个开放的世纪，发展的世纪，在吸取了人类数千年文化精华的基础上，人类的休闲时代已经来临。正如华盛顿地区公共策略预测部主席莫利认为，“休闲、娱乐活动、旅游业将成为下一个经济大潮，并席卷世界各地”。休闲，正成为我们这个时代的主旋律。著名未来预测家格雷厄姆·T. T. 莫利托也认为，休闲是新千年全球经济发展的五大推动力中的第一引擎。新千年的若干趋势使得“一个以休闲为基础的新社会有可能出现”，到 2000 年前后，发达国家将进入“休闲时代”。与之同时，在一些发展中国家的闲暇时间也在增加。丰富的物质文化生活，人类主体自身观念的改变等原因将迎接休闲时代的到来，休闲将在人类生活中扮演更为重要的角色。

1. 闲暇时间的增加成为休闲时代来临的前提条件

休闲是人类进步的标志。闲暇时间随着人类社会的发展会有一个质的变化，其典型的特征是闲暇时间大幅度的增加。原始氏族社会的休闲活动和农业社会的休闲活动呈现一定的差异性。在原始氏族社会，休闲活动是以宗教或信仰意义上的节庆集会为主；大约 10000 年前，当人类进入农耕时代，阶级社会中的上层有10%的时间用于休闲。古埃及社会的“上层人士”享有射猎、音乐、舞蹈以及戏剧等活动的闲暇时间和经济能力。儒家创始人孔子之六艺“礼、乐、射、御、书、数”，即概括了当时社会条件下为主流文化所认可的休闲活动的原初形式。在农业社会，崇拜自然，追求逍遥自在、清静无为的情感意境在一定程度上表达了休闲的价值。但是，由于生产力水平的限制，中西方哲人的思维取向转化为个人的升华，即求解宇宙、自然与人类的关系问题。休闲思想具备了哲学的抽象概括但缺乏现实的指导意义，休闲实践局限于偶尔的旅游和短期节假日，两者没能在休闲的哲学背景下实现统一。蒸汽机的发明标志着工业时代的到来，使得生产力水平得到提高，因而将休闲时间增加到 23%。到 20 世纪后期及 21 世纪初期，电子机械的发明，现代管理知识的应用，知识经济和新技术的迅猛发展，使更多的人有更多的时间休闲。资料显示：每周工作时间一直在持续地减少。从18世纪末期的72小时下降到1859年的69小时，到20世纪90年代的不足40小时。同时，各国每年的法定节假日数量也在增加，美国平均12天，德国30天，中国是10天。

闲暇时间的增加使休闲时代的到来成为可能。在西方，闲暇时间已经由少量但是持续的特征转化为大量而且长期的特征，在欧洲各大都市，体育和游憩活动已成为人们业余生活的主要内容。体育活动的比赛规则日渐完善，协会组织日益健全，游憩设施也建设得相当完善，大众休闲变为现实。可以说，社会各阶层的共同参与和休闲活动产业化构成了社会休闲的重要特征。如保龄球、滑冰、台球在各地风行一时；野外攀岩、高崖跳水、热气球旅行等危险性较大的特殊项目的兴趣爱好者规模也在不断扩大。作为发展中国家的中国，自1995年起实行五天工作制后，1999年10月起又实施了三个长假日，在不到20年的时间内，就实现了西方国家花100余年时间才拥有的休假权利，公民休闲时间的占有量明显增多。据王雅林等人（2003）对上海、天津、哈尔滨三地城市居民休闲生活所做的一项实证研究发现：在城市居民18～65岁的全部成年人口中（联合国规定15～64岁为劳动人口），以一周的时间预算为周期，城市居民平均占有的休闲时间明显高于工作时间。三座城市居民平均每周一天的工作时间为261.43分钟，休闲时间为336.99分钟，两者之比为100∶128.9，平均每天的休闲时间比工作时间多75.56分钟。三座城市居民的休闲时间明显高于工作时间，这是十分有意义的一个发现。目前，我国公民普遍享有的国家法定假日全年为114天。就业结构多元化、工作形式多样化、生活需求多模式化使得“弹性时间工作制”成为更多年轻人的选择，从业者每天有更多的闲暇时间。家庭现代化使得人们用于家务劳动的时间减少，人均寿命的延长，人的晚年休闲时间同时延长。未来5年，中国全面实行“带薪休假”制度将成为可能，随着“带薪休假”制度的全面推进，我国城市居民必将拥有更多的休闲时间。其实，即使在“带薪休假”制度尚未全面铺开的今天，我国城市居民的休闲时间已经超过工作时间。春节、国庆长假等节假日旅游、消费热潮已经是休闲时代来临的一个标志。

2. 经济增长带来的物质和文化为休闲时代来临提供了可能性

从国家统计局发布的统计年鉴可知，改革开放以来是中国经济高速增长的30年，近30年来，我国的GDP一直稳步增长，尤其是进入21世纪以来，在消化东南亚金融危机的基础上，我国已经成为世界经济发展的重要引擎之一，GDP在近年来一直以10%左右的速度上升，远远高于3.5%的世界平均水平。农村居民纯收入由1997年的1090.1元提高到2002年的2476元；非农村（城镇）居民纯收入由

1997年的5260.3元提高到2002年的7703元。农村居民消费的恩格尔系数由1997年的55.05%下降到2002年的46.2%；城镇居民消费的恩格尔系数由1997年的46.41%下降到2002年的37.7%。大量研究表明，当恩格尔系数达到65%时，开始出现娱乐消遣性消费，当恩格尔系数达到50%以下时，这类消费可呈现稳定的持续性增长。尤其是2007年的统计数据显示，我国城市年人均收入接近25000元的数据意味着尽管在国际社会通货膨胀的情况下，国内货币和银行政策紧缩的艰难经济形势下，我国的经济仍然保持惯性增长，人均收入依然逐渐增高，这就为休闲时代的来临提供了可能。

马克思指出："生产直接是消费，消费直接是生产。每一方直接是它的对方，可是同时在两者之间存在着一种媒介运动。生产媒介着消费，它创造出消费的材料，没有生产，消费就没有对象。但消费也媒介着生产，因为正是消费替产品创造了主体，产品对这个主体才是产品。产品在消费中才得以最后完成。这种消费的'再创造'性使得休闲合理化。"据美国休闲科学学会（Aedaemy of Leisure Seineees，1993）提供的数据，1990年美国消费者在娱乐性商品和服务方面的总花费是2800亿美元，占全部消费开支的7%。这一数字是当年消费者购买新车花费的3倍。如果再加上休闲旅行的花费及住房、服装、餐饮和教育方面的消费开支，1990年美国消费者的休闲花费将超过10000亿美元，大约占全部消费总支出的1/3。在当今美国这样的发达国家，依靠消费来带动经济发展所取得的绩效是极为显著的，休闲产业已经成为美国第一位的经济活动产业。

作为发展中国家，我国的休闲消费起步较晚。但随着人民生活水平的提高、闲暇时间的增多，以及人们对生活质量要求的提高，休闲需求呈快速上扬之势，休闲消费渐成时尚。我国国家统计局1999年《中国城市居民消费形势报告》显示，和居民家庭食品及日常用品消费相比，文化教育及休闲娱乐支出比重有了明显上升，其中平均每月用于休闲的支出为113元。而在休闲消费中，旅游消费一枝独秀，增长强劲。国家旅游局统计资料显示，2002年我国国内旅游达8.78亿人次，入境旅游达9791万人次，国际国内旅游总收入达55亿元。在2002年春节、"五一"、"十一"三个"黄金周"中，国内旅游者总人数为2.19亿人次，旅游收入合计为865亿元，这让人们看到了休闲产业在中国的巨大发展潜力。种种迹象表明，休闲消费是驱动经济的发动机。国家越富有，休闲时间就越多。而休闲的普及将会变成推动经济发展的重要力量，消费成为主要动力。

3. 人类主体观念的改变为休闲时代的来临提供了必然性

1970年有关国际组织讨论通过的《休闲宪章》中指出："休闲为弥补当代生活方式中人们的许多要求创造了条件，更为重要的是，它通过身体放松、促进经济发展、欣赏艺术、科学和大自然，为丰富生活提供了可能性，无论在城市和农村，休闲都是重要的，它为人们提供了激发基本才能的变化条件：意志、知识、责任感和创造能力的自由发展。”2000年7月世界休闲组织通过的《休闲宪章》中指出：所有人拥有基本的与规范、与社会价值观相一致的从事休闲活动的人权；为保证高质量的生活，休闲与健康和教育同样重要；政府应该确保其公民获得最高质量的休闲和娱乐机会成为可能。在我国，休闲时代的脚步正伴随着小康社会快速走来。健康的休闲消费活动可以使人获得自由、独立、自豪感，并培养自信、自尊，形成积极乐观的精神面貌，从而以积极而平和的心情投入工作，极大地提高工作效率。

正如乌尔比内所说：“西方国家大众体育运动早期，健康是着重强调的，追求身体健康强壮是这个时期人们参加体育运动的主要动机，而为了运动中的娱乐和放松则是这个运动晚期的事情。然而现在这种娱乐与运动的联系是如此强烈，以至于在一些国家，人们为娱乐而运动的动机超过了为身体健康而运动的动机。”在这种追求体育娱乐的总趋势下，休闲体育反映出以下后现代主义文化特征。

第一，在反映人与自然的关系方面，休闲体育显示出回归自然、走入自然的趋势。人们把更多的热情由征服自然，向自然空间和时间的挑战，转向依赖自然，仰慕自然，追求与大自然融为一体的感觉；不再单纯崇尚自身速度、力量和耐力的不断提高，而是在大自然中感悟生命的意蕴和人生的价值。与之相应产生了一大批较少理性因素、较少功利因素的体育项目，如山地自行车、越野跑、越野滑雪、江河漂流、远足、露营、踏青等。尽管这类项目的苏醒有其复杂的社会原因和文化背景，这类活动对人体作用的效果如何还需要科学研究的进一步证明，但它的确能给人以超越日常感受的愉快感已是一个不争的事实。

第二，在反映人与社会的关系方面，休闲体育显示更加合理的社会理想。那些能充分反映社会生活过程和人类公共愿望的集体性竞争项目受到越来越多的关注。如足球、橄榄球、篮球、排球等。人们或者通过亲自参加，或者通过观赏高水平运动员的竞技，体验人际关系、社会关系的和谐所带来的满足。相反，人们不太重视那些直来直去的人与人之间的对抗，总是希望有更多的社会形式，反映更多的社会关系，在这种更多的社会关系方面展示出人类对美好生活的向往。

第三，在反映人与自身的关系方面，休闲体育显示出人类不断超越的自我完善精神。超越就是突破限制，人们通过休闲体育活动中的探险、冒险性等活动，打破日常感知模式，体验新奇感受，体验突破自身自然力量的束缚所带来的愉快；通过网球、保龄球、高尔夫球等技术并不复杂，也不需多么高的身体素质要求的运动项目，反复琢磨和体会其中的规律性，并产生自我实现的满足感。人们并不企望从这些运动中获得什么思想教益，而是获得一种无目的性的审美感受。

（二）休闲体育是创建和谐社会需要

党的十六大报告提出："全面建设惠及十几亿人口的更高水平的小康社会，使经济更加发展、民主更加健全、科技更加进步、文化更加繁荣、社会更加和谐、人民生活更加殷实。"六个更加充分体现了小康社会的总体特征。党的十六届四中全会进一步提出了构建"民主法治、公平正义、诚信友爱、充满活力、安定有序、人与自然和谐相处"的社会主义的和谐社会的任务。我们知道，人、社会、自然是和谐社会构成的三大要素，要完成构建和谐社会的任务，我们应该首先搞好人、社会、自然三者的和谐相处，这是一切的基础。人是生产力中最活跃的因素，后工业社会进入知识经济，体力不直接作用于生产，闲暇时间的增多，体育由原来的增强劳动者的体力、增强体质的功能转变为提高生活质量和满足精神追求，休闲体育——人类着力建造的美丽的精神家园，以其独特的魅力正成为人们满足心理欲望和精神需求、身心达到平衡的润滑剂。

1. 休闲体育有益于个体身心健康

现代技术飞速进步，人的异化问题日益突出。人力被机械取代，体质的弱化不可避免。当今将人与动物相比，人已不具备体力、体能、体质等生物性方面的各种优势，如果不借助工具和人工的异化空间，人类会被大自然淘汰。这种异化，不仅对人的精神，也对人的身体产生极大的影响。"现代文明病"正在威胁着人们的健康，休闲体育是医治"文明病"最廉价、最实用的方式。休闲体育作为人类积极维护自身健康的活动，是人类文化的积淀和理想的追求，是人类身体和精神的乐园，它所弘扬和表达的，是生而为人的意义和价值——健康、强壮、快乐、豁达、平等、自由、善良、竞争和友爱。人们在体育活动中，通过奔跑、跳跃、冲刺、滑行、旋转、翻腾、滚动、摇晃、碰撞、升降等动作，强烈刺激着人的神经系统和感觉器官，引起运动感、肌肉感、节奏感、时空感、立体感等对力量的震撼，对速度、灵敏的惊奇，对柔韧、协调、耐力的赞叹，引导人们走向身心享受的最高层次，给人以精神上的快乐享受。达到人与人、人与自然、人与社会的健康和谐的相处。休闲体育正是从人的健康的角度，关心人的身心和谐健康发展，体现人文关怀。

1984年联合国世界卫生组织（WHO）成立时在其宪章中就指出："健康不仅仅是没有疾病，而且是身体上、心理上和社会上的完好状态或完全安宁。"随着社会的发展变化，体育运动的功能备受重视，它不仅仅只是健身，而且还可以达到理想的健心效果。心理健康是一种生活适应良好的状态。文明、科学、健康的休闲体育生活方式所追求的是一种健康、高级、崭新的现代生活目标，它是社会成员排遣精神压力、散发心中郁闷和青少年发泄积蓄精力的一个安全释放口，它冲击并抛弃落后、愚昧、腐朽的不良生活习惯，抑制精神污染，减少赌博、吸毒、暴力、色情等丑恶行为的发生，引导社会风气，促进安定团结。有研究表明，在参加了广泛的体育锻炼之后，普通人群在情绪上会有明显短期积极的变化，其中包括紧张、抑郁、愤怒和困惑水平的下降。不管年龄和性别如何，当参加的练习保持在中等强度并持续25～70分钟时，均会获得情绪上的改善。因此，休闲体育有助于改善情绪状态。特别是参加快乐性的活动对情绪的改善非常重要。另外，在休闲体育运动中，锻炼者对运动技能掌握的成功体验，都会给人们以实现自我的高级心理价值体验。

2. 休闲体育促进人际关系和谐，增进社会交往

社会交往是人的社会存在方式，人类社会交往与人类社会历史共同存在和发展，是一种具有重要功能的社会现象。社会交往与人产生、存在和发展具有相互促进、辩证统一的关系。中国科学院心理研究所任孝鹏博士认为："和谐社会不仅是单个的人与人之间的和谐，还包括个人与集体的和谐乃至与整个社会的和谐"。社会主义社会发展的动力表现在社会成员主动性、积极性、创造性的充分发挥和切实保证上。然而当今社会的高度机械化、快节奏、高压力忽视了人与人的交往和情感交流。研究证明，人与人之间的熟悉、信任、关切、互动、融洽，有利于身心的健康。休闲体育活动给人们提供了较好的社会互动机会，满足人们交往的需要。人们通过休闲体育运动可以结识许多不同年龄、性别的人，丰富精神生活和增进相互之间的感情交流。无论在学校、商界、家庭、单位同事之间，休闲体育已经成为人们情感交流的有效途径，从而营造温暖、舒适、友好的家庭生活、工作环境和社会环境，提高生活质量。只有在轻松和谐的氛围下，才能充分调动人的积极性，为各项工作提供强大的动力和支持。

3. 休闲体育维护社会稳定，促进社会安定有序的发展

2003年，我国人均GDP达到1090美元。有的学者将人均GDP从1000～3000美元阶段概括为："经济容易失调、社会容易失序、心理容易失衡、社会伦理需要调整重建"的关键时期。在此矛盾凸显期，如果执政党和政策失误，不但会使经济停滞不前，而且会激化社会矛盾，产生社会动荡，危及政权稳定。因此，积极倡导并开展科学、文明、内容健康和积极向上的休闲体育活动，有利于人们独立自主地享受休闲乐趣，弱化消极的欲望，以愉悦的心态实现精神世界的平衡，潜移默化地纠正不良的行为方式，自觉抵制犯罪活动，促进社会安定团结。有资料显示：消极的闲暇，不参加或缺少参与休闲体育娱乐活动，容易产生社会问题，一些青少年走上犯罪道路就是与消极的游手好闲有密切联系。事实证明，在男足

世界杯、奥运会等重大运动会召开期间，各国的刑事发案率明显降低，北京召开奥运会期间也是如此。在 20 世纪 80 年代，法国政府曾将体育和其他形式的休闲体育活动作为防治严重社会问题的有效手段。这表明休闲体育对于引导和调节人们的社会生活，促进社会、政府的和谐、稳定与发展有重要的价值。

4. 休闲体育扩大内需，促进经济和谐发展

从根本上说，休闲体育属于先进生产力和先进文化共同作用的产物，是社会物质文明高度发展的显著标志。从主客体关系上说，是社会主体以休闲体育为客体，促进国民经济持续、健康、快速和谐发展的需要。休闲体育为生产力主体提供了一个充满活力、展示全面发展的平台，为经济和谐发展开拓了新的途径。新兴的休闲体育产业，主要是指与体育活动密切相关的产业领域，如健身娱乐业、体育竞赛表演业、体育文化休闲业、体育旅游业等。在发达国家，第三产业所占的比重日益增高。像美国，第三产业占国民经济的 60%以上，其中休闲体育产业占有重要的地位。随着现代社会由工业化向后工业化信息化社会发展，发达国家将进入休闲时代，发展中国家也将紧随其后。目前，美国的休闲消费已达 2800 亿美元，占国内生产总值的 7%，其中以休闲体育为内容的体育产业已成为国民经济的支柱产业。我国虽然是一个发展中国家，人民的整体生活水平刚刚达到小康水平，不及发达国家，但是大城市居民，已经具有享受休闲体育消费和服务的经济能力，为中国休闲体育市场的形成提供了一定的经济条件。休闲体育产业在经济中所占的比重越来越大，地位将日显突出。

(三) 陕西休闲体育背景

陕西省是中华民族的重要发祥地和文化发源地之一。这里拥有远古时代“蓝田猿人”和别具特色的“半坡文化”；还有兵马俑、华清池等名胜古迹。如今，陕西省经济的迅速发展，使人民生活水平也向着高要求迈进，这里有丰富的山林资源和文化遗址，为休闲体育活动的发展增添了无限生机，选择陕西省居民作为本课题的研究对象，对陕西省城镇居民休闲体育活动的发展状况进行研究，为更好地开展全民健身活动和旅游事业提供更有价值的指导意义和作用。基于以下考虑：首先，陕西省是西北地区经济比较发达地区，有着得天独厚的区域优势和旅游资源，对陕西省城镇居民休闲体育活动的发展状况进行研究具有代表性和示范作用；其次是随着社会生产力水平不断提高，全省居民生活水平稳步提高。通过课题研究，了解陕西省居民休闲体育活动状况，对于评价陕西省群众体育的开展情况，引导城市居民进行科学，合理的健身活动，促进休闲体育消费市场的健康发展，推动全民健身活动的进一步深入有着积极的意义。也对陕西省体育产业开发和体育市场的发展，优化陕西省的经济结构，改善经济发展质量，提高城镇居民的生

活质量提供决策依据。

二、项目研究内容与方法

（一）项目研究内容

1. 陕西省居民参与休闲体育活动特征调查与分析（包含：休闲体育活动人数、动机、时段、频度、持续时间、形式、获取途径、心理体验、体育项目、场所、消费结构、消费水平等）

2. 陕西省居民参与休闲体育活动的影响因素分析

3. 陕西省居民休闲体育活动趋势与对策研究

通过对陕西省城镇居民参与休闲体育的现状进行较为深入的实证性研究，全面了解陕西省居民休闲体育活动的现状，提出趋势对策建议，为更好地开展全民健身活动，提高陕西省居民体育文化生活、医疗保健以及全民健身运动的健康发展提供实质性的理论支撑。课题组对这一重要课题进行专门研究。提出城镇居民休闲体育活动内容的创新、组织和开展形式的创新、机制的创新以及服务的创新，为构建陕西省城镇居民休闲体育体系奠定理论与实践依据。

（二）研究方法

1. 问卷调查法

本课题针对调研内容设计问卷，对陕西省城镇居民进行调研。

2. 文献资料法

查阅全国和陕西省的有关资料，为课题的研究提供依据。查阅休闲体育、公共服务、休闲体育服务等文献资料与网络资料，搜集整理国内外有关休闲体育的相关研究成果，为课题研究奠定理论基础。

3. 数理统计法

根据研究的需要，对搜集资料和问卷调查的数据进行基本的统计处理。

4. 逻辑分析法

通过比较、分类、类比、归纳、演绎、综合分析等逻辑方法，总结提炼文献、访谈和问卷调查的结果，分析各种信息，结合当前经济、社会、体育等方面改革与发展的实际，借鉴国内外相关研究成果，进行探讨和论证。

5. 访谈法

通过面访、电话访谈、电子邮件等形式，与陕西省城镇居民进行沟通，与有关专家进行座谈、交流、论证。

三、研究目的与意义

以实地调研、访谈和问卷调查为基础，并结合我国学者相关研究的成果进行分析，目的在于对陕西省居民参与休闲体育开展的情况、居民对休闲体育服务的需求状况等进行分析和探讨，既可以了解陕西省居民休闲体育活动现状，也为陕西省体育产业开发和体育市场的发展，优化陕西省的经济结构，改善经济发展质量，提高城镇居民的生活质量，促进体育文化事业的繁荣提供决策依据。

调查分析陕西省城镇居民的休闲体育活动发展现状，提出趋势对策研究，可以促进利用陕西省丰富的休闲体育资源和人文资源，挖掘和开发陕西省休闲体育特色，丰富居民体育文化生活、促进医疗保健以及全民健身运动的健康发展提供实质性的实践依据，构建陕西省城镇居民休闲体育理论体系。

第二节 休闲体育研究综述

休闲理论的研究在国外已经有一百多年的历史了，它的兴起是和西方社会的历史发展进程相吻合的。欧美国家认识到了休闲的重要性，认识到了通过有闲阶级的消费能够刺激和诞生新的产业，重视对休闲问题的研究。诸如：休闲设计、休闲策划、休闲政策、休闲研究的模式应运而生，一些大学设置了休闲研究系。二战后，社会对体育休闲的需求剧增，尤其在经济发达的资本主义国家，各式各样的体育运动休闲已经成为人们生活的中心内容。为了迎合消费者需求、产品发展、法规调整的需要，休闲运动的经营管理成为研究的热点。

西方的休闲学主要有两种学派，一种侧重于理论研究，如从哲学、社会学、心理学、管理学、经济学等方面进行的研究；另一种是侧重休闲服务定量化的研究工作，通过一些数理模型，定性定量分析人的休闲行为和休闲需求，这两种学派可以概括为基础理论研究和应用研究。应用研究包括休闲和经济发展的关系，休闲和产业发展的关系，休闲究竟能给人们带来哪些益处，休闲和满足人们多方面需求的问题，特别是对休闲前景的预测、分析、休闲项目的选择等，这些研究在休闲学中占很大比重。

对于“Leisure Sports”，我国学者有的将其译为“余暇体育”和“闲暇体育”等，根据本书的理解，我们将我国学者认为对个人与社会发展有积极意义的“Leisure Sports”统一界定为休闲体育。休闲体育在我国兴起的时间并不长，对于它的研究也未完全展开。在我国有关休闲体育的著作有：《休闲与健身》（俞继英，人民体育出版社，1996），《运动、休闲、健身》（邹大华，上海科学技术文献出版社，1996），《休闲体育》（周兵，等，广西师范大学出版社，2000）。这些书将主要篇幅集中在对休闲体育项目的介绍，对于指导群众开展休闲体育活动具有一定的实用价值。

就研究休闲体育的文章而言，较早的是卢元镇教授的“论消遣与娱乐”（体育与科学，1982年第4期）。此后，伴随着休闲体育的蓬勃发展，我国学者对其给予了更多的关注。目前，休闲体育的研究已逐步展开，我国学者的研究主要集中在以下几个方面。

一、对其概念的界定

刘一民认为：“余暇体育并非一种新的体育形式，它是从参与体育活动主体的活动时间上进行界定的。是指人们利用余暇时间，为了达到健身、娱乐、消遣、刺激、宣泄等多种目的所进行的多种活动方式。”（余暇体育——一种文明、健康、科学的余暇生活方式［J］，天津体育学院学报，1996）王胜等人把休闲体育归纳为：“休闲体育就是在余暇时间里用各种方法、各种手段，开展多种形式、多种内容的身体娱乐，并把它作为一种现代文明社会的交往方式和交际手段。”（开发我国休闲体育市场初探［J］，沈阳体育学院学报，2001）周莹认为：“闲暇体育是在一种体育思想的指导下，在闲暇时间内，为达到健身、消遣、宣泄等目的的一种体育活动，它具有自由性、个人性、情感性和群众性的特点。”（中、日、韩居民闲暇体育活动倾向的比较研究［J］，中国体育科技，2001）李晓东、彭刚则认为：“休闲体育是人们以积极的生活态度在闲暇时间内所进行的体育活动，以此来丰富文娱生活，发展人的志趣、才能和个性。”（论我国高校休闲体育［J］，武汉体育学院学报，2001）周兵等人认为：“休闲体育有广义与狭义之分，根据休闲体育的目的和作用，其（狭义）概念应当是：人们在余暇时间所进行的、以满足自身发展需要和愉悦身心为主要目的、具有一定文化品位的体育活动。”（休闲体育［M］，广西师范大学出版社，2000）周兵等人对休闲体育的广义理解是用于娱乐、休闲的各种体育活动。而大众体育是以健身、娱乐和社会交往为特征的群众性体育活动。从此意义上说，休闲体育与大众体育有相似之处，可以把休闲体育看成是其中的一部分。然而，他们又认为，休闲体育作为一个相对独立的领域，与其他体育活动有着不同之处，但对于此点，他们并没有给出具体地阐释。我国第一本《余暇体育》专著认为：“余暇体育是指在工作、学习之余开展的群众性体育活动。它作为余暇生活的重要组成部分，可以不拘形式地通过参加各种身体活动，在充满欢悦和谐的气氛中，达到增强体质、促进健康、恢复体力、调节心理、陶冶情操、激发生活热情、培养高尚品格、满足精神追求及享受人生乐趣等目的。”（余暇体育［M］，成都科技大学出版社，1994）于可红认为：“休闲体育是在空闲时间里进行的，以一定的身体活动为手段而产生最佳心理体验的一种有意义的现代生活方式，人们不受限于活动的严格规定，积极追求内在的体验，使个人在精神和身体上都得到休息、放松和享受。”（从休闲的界定论休闲体育，中国体育科技，

2003）

由于对休闲体育的研究刚刚展开，因此，有关休闲体育概念界定的研究在目前我国休闲体育研究中占了很大的篇幅。

二、阐述休闲体育与人类生活的关系

魏薇分析了休闲体育与生活质量的关系，她认为休闲体育对生活质量的贡献在于：促进身体健康；健全身心、发展个性；改善人际关系；增强道德规范、维护社会稳定（休闲体育与生活质量，浙江体育科学，1997）。张少伟认为，休闲体育能够防止“现代文明病”，健全心理，促进个体全面、自由、和谐地发展；促进社会治安稳定，并减少社会犯罪（余暇体育与几个相关问题的思考，广州体育学院学报，1998）。李德明认为，休闲体育的社会化、空间扩大化、全方位社会渗透性的发展趋势对于我国人民生活质量的提高有着积极的意义（论余暇体育与我国人民的生活质量，体育学刊，1999）。卢锋认为，随着“现代文明病”对人类生活的侵扰，休闲已经成为人们生活的一个重要组成部分，而体育本身独有的特点和社会功能决定了它能够成为现代休闲方式的核心（现代人生活方式与体育运动，成都体育学院学报，1998）。

三、国外休闲体育开展的介绍及与我国的对比

王晓莹分析了国外体育休闲俱乐部类型、组织结构、管理方式和管理特点，并提出我们可以从国外的经验中获得启发，改善目前我国已有的俱乐部管理（国外体育休闲俱乐部管理初探，北京体育大学学报，1999）。周莹对中、日、韩三国居民休闲体育活动倾向进行了比较，她认为休闲体育活动内容与国家经济发展及个人收入水平有着密切的关系（中、日、韩居民闲暇体育活动倾向的比较研究，中国体育科技，2000）。杨学军对中美两国部分青少年学生休闲体育活动的态度、动机、喜爱的项目、活动的时间进行了对比，在此基础上，她建议必须从以下几方面入手促进我国青少年休闲体育的开展：一是加强素质教育；二是学校体育要传授自我锻炼的方法和途径；三是创设青少年休闲体育活动的场地和设施；四是提高社会办体育的积极性；五是发挥家长的引导作用（中美两国部分青少年学生余暇体育的比较分析，上海体育学院学报，2003）。

四、学校休闲体育的开展及管理

陈小蓉对我国学校学生休闲体育现状进行了研究，研究内容包括行为现状和组织管理现状，她认为目前我国学校休闲体育管理中存在以下问题：（1）体育课与休闲体育自成体系，没有很好衔接；（2）学校休闲体育组织管理形式科学性差，效率低；（3）体育场地设施严重不足；（4）活动时间少；（5）社会性差（我国学

校学生余暇体育现状的研究，中国学校体育，1999)。在另一篇文章中，她分析了影响学校学生休闲体育的因素，她综合了包括主观和客观在内的9种因素（学校学生余暇体育的影响因素，中国学校体育，1999)。邹师以辽宁省大学生为例，调查了大学生休闲体育的锻炼频度、形式、时间、地点，并分析了大学生休闲体育的模式类型，包括健身型、技能型、休闲娱乐型、养护型、观赏型、交往型、混合型等7种（大学生余暇体育行为与健身模式类型研究，体育与科学，2000)。

五、休闲体育旅游

随着“双休日”工作制和“五一”、“十一”长假的实行和经济收入的增长以及人们消费观念的改变，体育旅游成为休闲体育的热点，这也是休闲体育产业化发展趋势的一种表现。此现象引起了许多学者的关注。陈涛认为“体育旅游是以休闲度假、观光探险、健康娱乐为目的，在一定自然环境中，从事以体育项目为内容的旅游活动”。他对体育旅游产生的心理动机进行了分析，他认为体育旅游具有能满足人们希望精神压力的“解脱”和日常生活的“补偿”相近似的心理需求。在对体育旅游资源特点、分类进行分析时，他把体育旅游资源分为度假型、娱乐型、观光型、民俗型四种（体育旅游探析，广州体育学院学报[J]，2000)。冯淑凤等人分析了我国体育旅游消费市场的人群与消费现状，并提出了发展我国体育旅游消费市场的对策，她认为必须从以下几个方面入手发展我国体育旅游市场：一是突出体育旅游资源特色，发挥资源的综合优势；二是设计体育旅游产品形象，加强宣传和促销；三是加强体育旅游人才的培养（我国体育旅游消费市场的现状分析与发展对策研究，天津体育学院学报[J]，2001)。杨吉春分析了目前我国体育旅游市场的特征，他认为，目前我国体育旅游市场具有市场发展潜力大、大众性强、市场面广、人群年轻化的特征（论体育旅游的市场特征，广州体育学院学报[J]，2003)。

六、休闲体育文化

休闲是一种文化，体育也是一种文化，作为这两种文化结合的休闲体育也应是一种新的文化。因此，尽管休闲体育在我国兴起的时间并不长，一些学者还是敏锐地抓到了这一点，试图从文化学的角度对休闲体育进行研究。于涛分析了休闲体育兴起的社会文化背景，他认为，现代主义文化的理性精神的片面发展造成了体育的异化，使体育与人的关系变得疏远，而后现代主义对现代文化秩序的纠偏和以技术理性的反思，为丰富多彩的休闲体育活动的发展提供了可能（论休闲体育的文化学背景[J]，西安体育学院学报，2000)。陈融分析了休闲体育的文化特征，他把这些特征总结为：感性文化的基调；大众性：多种水平上实现消遣

(休闲体育兴起的文化意义 [J]，体育文化导刊，2002)。

综观我国学者对休闲体育的研究，主要包括两个部分。一是对休闲体育认识的研究，二是对休闲体育发展的研究。从我国学者对休闲体育认识的研究而言，由于休闲体育在我国的开展时间并不长，因此，对于它的认识并不是很深入，主要还是对其概念的界定和意义的描述，认识上的缺陷将有碍于休闲体育在我国的发展。从我国学者对休闲体育发展的研究而言，多是从某一点或某一现象进行探讨，这虽有利于休闲体育开展过程中实际问题的解决，但这种孤立和静止的研究问题的方式不利于我们对休闲体育的发展进行整体性和前瞻性的把握。我们认为，文化和文化学的研究是人类把握世界的独特方式。人类借助于人的方式—文化，才能进入实践活动过程，才能充当实践的主体，使人真正地占有自己的本质，从而获得提升和解放。从文化和文化学的角度对问题进行研究有助于人类更加深刻而准确地认识自己；认识客观世界的本质规律；并以理性的态度和务实的精神去继承、开拓和创新。休闲体育是一种文化，对于它在我国发展的研究，我们必须将其放置于文化的高度，遵循休闲体育文化的基本特征和精神。

第三节 休闲体育相关概念界定

一、休闲的界定

首先，需要说明的是，我国既有一些学者将“leisure”一词翻译成“余暇”或“闲暇”，又有一些学者将其译成“休闲”。从词源分析上说，在《说文解字》和《词源》中，“余”指多余、剩余；“暇”指空闲，也指无事之时；“闲”是指安静无事；“休”是一个意会字，意为在大树的庇护下，颐养活动得以进行并得到精神的休整，强调了人与自然的和谐。“余暇”和“闲暇”都是两个基本意思相同的字组合起来的同义复合词组，表示多余、剩余和安静无事的意思；而“休闲”一词是动词“休”与名词“闲”组合起来的动宾词组，它表示的是我们如何渡过表面看起来是多余的和安静无事的空闲时光。我们认为，“休闲”一词既反映了“闲”的方面，又体现出人们为渡过“闲”的活动方式。因此，把“leisure”一词翻译成“休闲”要比翻译成“余暇”或“闲暇”更全面和准确得多，同时也更符合汉语言的习惯。依此推论，对于“leisure sports”，我国体育界的学者所翻译的“余暇体育”、“闲暇体育”等概念即为休闲体育。

(一) 休闲的历史定义

从词源学的角度上讲，“leisure”(休闲) 源于拉丁语“licere”(意为“被允许”)，后从该词演变出法语“loisir”(意为“自由时间”) 和英语“license”(意为

“许可、放纵”）和“liberty”（意为“自由”），综观这些词的意思，都蕴含自由选择的无强迫之意。牛津英语字典认为休闲一词有以下四个方面的含义：①作某种具体事情的自由之机会；②职业以外的自由所提供的机会；③个人自由时间的一种状态；④深思熟虑。

在汉语中，休闲与休暇、闲暇、休息等词相互通用。有关休、休闲、闲暇的词义在《汉书》到《唐诗》中均有出现。《诗经·大雅》中有“民亦劳动作，讫可小休”，《后汉书》中有“臣属吏张宛长休百日”，而唐王勃《秋日登滕王阁序》中写道：“十日休暇，胜友如云。”

人们对休闲的认识有着悠久的历史。但真正把其放在学术层面加以考察和研究，并形成学科体系则只是近一百多年的事。在这期间，由于休闲一词在使用上可以表示活动、时间、精神状态、认识状态等多种含义。因此，在目前的文献中，休闲一词的定义也是芸芸种种，研究者往往出于学科和研究角度的不同，而赋予该词不同的含义。人们对休闲的定义似乎越来越难以达成一个共识。以下我们把历史上有关休闲的定义加以分类，以便我们更好地理解休闲，并提出较为准确的、适合本研究的定义。

1. 休闲的古典观点

亚里士多德在公元前2000多年就曾表达过休闲的观点，他的观点被十三世纪的爱奎那斯和二十世纪的皮普尔和狄格拉西亚均加以引申和更新。我们把亚里士多德的观点称之为古典观点，是因为它始发于公元前2000多年的古希腊文明时期。亚里士多德认为休闲与思考密不可分，因为人在休闲时是沉思者、思想家。他有时间全心思考最高尚和最好的真理，那将给他带来极大的快乐，（文中特意使用男性的“他”作为主语，因为亚里士多德是性别歧视者，他相信只有男性是理智的。在当时的希腊社会，女性未受教育，在亚里士多德预期的休闲形态中，她们不是好同伴。）这种快乐不是短暂的肉体愉悦，不是现实财富的累积，更不是在政治或运动事件中得到的瞬间恭维，而是在思考中接触永恒的真理，提升人接触神的境界。同时，他认为快乐与休闲不可分，只有享受其中，才能体验快乐，而要享受其中，一个人就必须没有紧急的压力和日常事务在身。

2. 休闲的时间观

长期以来，人们界定休闲的一个主要观点是把它理解成为时间——即类似于工作时间、生理必须时间的一段空闲时间，Russell（1996）提出：“……休闲被普遍认为是没有责任、义务的时间，一切由自己自行安排。”《社会学词典》的解释是：“休闲是参与必要的生活实践后的空闲时间……休闲的概念从24小时减去工作、睡觉和其他必需时间的算术结果（剩余时间）改变成：人们高兴时参与活动的时间的休闲总体观念。”支持这一观点的还有布莱比尔（Brightbill）和克劳斯（Kraus）。许多休闲研究者偏向于用时间来界定休闲，是因为这样方便于衡量休闲，符合研究者收集数字的需要。

3. 休闲的活动观

国际休闲研究小组和社会科学的界定是：“休闲由许多业余活动组成，在这里，每个人都可以尽情于自己自由的意愿——既可以休息，也可以自我娱乐、增加知识和提高个人技能，在放开职业、家庭和社会责任后，增加在社会生活中的自由参与。”Dumazedoer 这样阐释休闲：“休闲是从工作、家庭、社会的职责中分离出来的活动，人们以自己的愿望参与休闲，既可以是为了放松、消遣，也可以是为了知识的丰富，自发的社会参与、自由地实现自己的创造力。”美国马里兰州大学的教授 S. E. Iso-Ahola 认为：“具有高度的自由选择和很强的内在动机的活动，才是休闲活动。”

4. 休闲的体验观

这是一种心理学的观点。这种观点认为休闲是一种主观态度，是在个人认知、感觉、价值观和过去生活经历基础上的体验。心理学家 Johneulinger（1974）认为：“休闲感，有且只有一个判断那就是心之自由感（perceived freedom）。只要一种行为是自由的，无拘无束的，不受压抑的，那它就是休闲。”

Kelly 认为：“休闲不是通过它的形式或即时的场所而被识别，从体验的角度来说，休闲是一种处于人们意识之中的精神状态。”

5. 休闲的存在观

Sebastuan. De. Grazia 认为：“休闲是一种虽然短暂但却现实的个人存在状态。”Neulinge 认为：“参与休闲意味着以休闲自身的理由参加一种活动，去做能给人带来快乐和满足的事情，这使人达到了个人存在的最核心部分。”这是一种整体观的观点，这一观点认为休闲无时不在，甚至工作也可以成为休闲。对这一观点大为鼓吹的音乐家 Max Kaplan 曾说：“自愿性与愉悦就是休闲的要求。”

6. 其他观点

2000 年由云南人民出版社出版的一套《休闲研究译丛》中，各书作者也从不同角度提出了自己的观点。约翰·凯利认为：“休闲应被理解为一种‘成为人’的过程，是一个完成个人与社会发展任务的主要存在空间，是人的一生中一个持久的、重要的发展舞台。”杰弗瑞·戈比认为：“休闲是从文化和物质环境的外在压力下解脱出来的一种相对自由的生活，它使个体能以自己所喜爱的，本能地感到有价值的方式，在内心之爱的驱动下行动，并为信仰提供一个基础。”美国女休闲学者卡尔·安德森等认为：“应把休闲视做在一定的时间内，以一定的活动为背景而产生的一种体验。”

（二）对以上几种观点的反思

以上几种观点都是人们对休闲基于一定层面上的理解，随着休闲研究的深入，这些观点不可避免地暴露出各自的一些偏颇。

休闲的时间观在把休闲定义为“除……之外的时间”时，很容易使我们产生这样一种错觉：即时间本身变成了我们追求的目的。结果，在空闲时间里干什么反而变得并不重要。这种观点把休闲与空闲混为一谈，并没有揭示休闲的内涵。

休闲的活动观提示人们在空闲时间内应有所作为，这是对休闲理解的一种进步。但有为并不是任意妄为，更不是为所欲为，人的社会性要求人的一切行为必须符合一定的法律和道德规范，否则将为社会不容。

休闲是一种体验，这是无可辩驳的。体验是休闲的核心。但任何体验都是在一定的活动方式下产生的，相同的活动可能产生不同的体验，而不同的活动又可能产生相同的体验。片面地强调体验，而忽视活动，是对体验自身特性的一种否定。

休闲的存在观是一种整体论的观点，持这种观点的学者认为，休闲无时不在，甚至随着工作的人性化改良，工作也能成为休闲。这一观点一方面扩大了休闲的内容，使休闲变得似乎无所不包，这样反而更没有说清到底什么是休闲。另外，把休闲与工作结合在一起，这仅仅是一种浪漫主义的思想，至少在现在不可能成为现实。把休闲与工作分开，似乎既符合现实，也符合人们的愿望。

如果从各类文献使用休闲一词的实际状况进行再次归纳，不难看出：休闲定义实际存在两种角度、两种性质的定义，即哲学角度的“经典”（Classical）定义和社会学角度的“经验式”（Empirical）定义。

哲学角度的“经典”定义把休闲看成是：“个体自我完善，享受和培养精神自由的一种观念。”即用一种执著追求和创造性的休闲态度看待生活。这种定义的关键之处在于它不是把休闲看成是一种时间或活动，而是一种对待事物的态度。这种定义肇始于古希腊的亚里士多德，后被古希腊哲学家及现代哲学家罗素、杜威等人延用，主要用于探究休闲对于人类主体素质的提高，工作和学习态度等的意义。

社会学的“经验式”定义，或者把休闲看做是一种时间概念，认为休闲是劳动时间之外的业余时间或由劳动生产率的提高所节省下来的自由时间；或者把休闲看做是一种活动概念，认为休闲就是指那些在自由时间内进行的活动形式。由于这种定义的方法直观、通俗，并且便于准确地定量分析休闲，因此很容易被人们理解和接受，在人们的心目中占据较大的位置。但这种定义并没有揭示休闲的内涵，无助于人们对休闲的理解。

基于对以上休闲观点的反思，我们认为，对于休闲的界定应该把哲学角度和社会学角度有机地结合，休闲的定义中至少应包括下列因素：一段时间、一项活动、一种体验、一种生活方式。

在对这些因素综合考虑后，我们把休闲界定为：在余暇时间内，以一定的活动为依托，以追求积极良好的身心体验为目标的一种生活方式。在此概念中，余暇时间是指相对工作时间和生理必须时间以外的空闲时间，一定的活动是指符合社会规范的活动，积极良好的体验是建立在一定活动之上的，而生活方式则充分说明了休闲是现代社会中人们生活不可或缺的一部分。

二、休闲体育的界定

要准确地把握休闲体育概念的内涵，最有效的办法就是从它的属概念的根源入手，同时结合前面我们对于休闲的界定，其概念自然会一目了然地呈现出来。

前者我们说过，对于休闲体育的属概念——“休闲”存在两种形式的定义。那么，休闲体育的概念界定应趋向于哪种形式呢？我们对现有文献中有关休闲体育的界定进行了梳理，发现目前我国学者对于休闲体育的界定主要从以下三个方面入手。

（一）强调休闲体育是一定时间内的活动

刘一民认为，“余暇体育是从参与体育活动主体的活动时间上进行界定的。是指人们利用余暇时间，为了达到健身、娱乐、消遣、刺激、宣泄等多种目的所进行的多种活动方式。”王胜等人把休闲体育归纳为：“休闲体育就是在余暇时间里用各种方法、各种手段，开展多种形式、多种内容的身体娱乐，并把它作为一种现代文明社会的交往方式和交际手段。”周莹、申萍认为：“闲暇体育是在一种体育思想的指导下，在闲暇时间内，为达到健身、消遣、宣泄等目的的一种体育活动，它具有自由性、个人性、情感性和群众性的特点。”李晓东、彭刚则认为：“休闲体育是人们以积极的生活态度在闲暇时间内所进行的体育活动，以此来丰富文娱生活，发展人的志趣、才能和个性。”周兵等人认为，休闲体育有广义与狭义之分，根据休闲体育的目的和作用，其（狭义）概念应当是：人们在余暇时间所进行的、以满足自身发展需要和愉悦身心为主要目的、具有一定文化品位的体育活动。

（二）将休闲体育归入群众体育（大众体育）

我国第一本《余暇体育》专著认为：“余暇体育是指在工作、学习之余开展的群众性体育活动。它作为余暇生活的重要组成部分，可以不拘形式地通过参加各种身体活动，在充满欢悦和谐的气氛中，达到增强体质、促进健康、恢复体力、调节心理、陶冶情操、激发生活热情、培养高尚品格、满足精神追求及享受人生乐趣等目的。”周兵等人对休闲体育的广义理解是用于娱乐、休闲的各种体育活动。而大众体育是以健身、娱乐和社会交往为特征的群众性体育活动。因此，从这个意义上说，休闲体育与大众体育有相似之处，可以把休闲体育看成是其中的一部分。然而，他们又认为，休闲体育作为一个相对独立的领域，与其他体育活动有着不同之处，但对此他们并没有给出具体地阐释。

（三）休闲体育具有内容丰富、自由度大、随意性强、趣味性高、参与面广的特点

另外，还有少数持心理体验观点的学者认为，休闲体育具有内容丰富、自由度大、随意性强、趣味性高、参与面广等基本特点。它指人们主动地、愉快地从事某种身体活动，以达到自我实现、满足个人愿望等目的的一种休闲形式。如卢元镇教授早在20世纪80年代就曾说过：“长期以来，我们已习惯把‘体育运动’概念的范畴划分为‘运动训练与竞赛’、‘学校体育’与‘体育锻炼’这三个比较严素的部分，然而在现实生活中还存在着一种大量的社会现象：人们怀着轻松愉快的心情自愿参加各种体育活动和娱乐活动，他们既不受限于体育教学的种种严格规定，也不追求高水平的运动成绩，甚至有时也不把体育的强身祛病作用放在首位，而是把体育运动作为一种有意义的活动形式，度过自己的余暇时间，使个人在精神和身体上都得到休息、放松和享受。”

当然，上面这几方面的定义并不是绝对独立的，它们在强调某一方面的同时，又会或多或少地涉及其他方面的定义。

从目前文献中对休闲体育的概念界定来看，更多的是按照属性差异的定义方式，把休闲体育定义为“余暇时间内进行的体育活动的总称”，尽管有些学者在这一定义前或后加了诸如“具有……特点”、“能够……”、“达到……目的”等限定词。对于任何定义，我们都无可厚非。事实上，每种定义都有其一定的适用范围。如当我们调查休闲体育的活动时间和方式时，用这种定义方式对所涉及的内容加以解释，是完全可行的。但当我们去探究休闲体育的终极意义、它与人的关系、它对人们生活的影响时，这种定义方式就会显得苍白无力，并未涉及休闲体育的内涵。

因此，与休闲的界定一样，对于休闲体育的界定，我们也应该采用社会学与哲学相结合的方式。鉴于此，我们把休闲体育界定为：在余暇时间内，以一定的体育活动为依托，以追求积极良好的身心体验为目标的一种生活方式。

综上所述，我们主要阐述了本书研究的背景及意义，综述了国内休闲体育的研究现状，陈述了本文研究的基本要素，并根据研究的需要，对涉及本研究的两个相关概念——休闲、休闲体育进行了界定。主要结论如下：

1. 现代社会科技高度发达，给人类生活带来了巨大的变化，这些变化主要包括余暇时间的增多和物质生活的丰富以及“现代文明病”侵扰。这些主客观因素使得休闲悄然走向人类，人们期望通过余暇时间的合理利用来弥补身体、精神和情感方面的缺陷。

2. 从国内外大众体育的发展趋势来看，体育已成为人类休闲时一种稳定的生活方式。休闲体育的兴起是人们对体育附加功能的反思和体育本质功能的彰显，是人们对由自身造成的缺陷的认识并采用体育这一方式的弥补。

3. 休闲体育在我国的发展，是以体育的方式对实践“三个代表”思想和构建小康社会、和谐社会的最好阐释。

4. 综合历史上人们对休闲定义的理解和使用，我们认为，对于休闲的界定应该把哲学角度和社会学角度有机地结合，休闲的定义中至少应包括下列因素：一段时间、一项活动、一种体验、一种生活方式。在对这些因素综合考虑后，我们把休闲界定为：在余暇时间内，以一定的活动为依托，以追求积极良好的身心体验为目标的一种生活方式。

5. 从目前文献中对休闲体育的概念界定来看，更多的是按照属加种差的定义方式，但当我们去探究休闲体育的终极意义、与人的关系、对人们生活的影响时，这种定义方式就会显得苍白无力，并未涉及休闲体育的内涵。

因此，与休闲的界定一样，对于休闲体育的界定，我们也应该采用社会学与哲学相结合的方式。鉴于此，我们把休闲体育界定为：在余暇时间内，以一定的体育活动为依托，以追求积极良好的身心体验为目标的一种生活方式。

第二章　休闲体育概述

第一节　休闲体育分类及特征

一、休闲体育的分类

正如在绪论中对休闲体育的概念进行解析时所阐述的那样，休闲体育不是一类具体的项目，而是体育的一种社会存在形态。因此，它可能包括了各种各样的体育项目和活动。按照人们参与休闲体育活动的动机和目的，众多的休闲体育活动可划分为如下几类：健身、娱乐、竞技、放松、消遣、社交、探新猎奇和寻求刺激等活动。而从这些类型的划分中我们可以看到，休闲体育由于其本身的特点和用途，使其具有多种社会功能和个人意义上的作用，因而成为现代社会中不可或缺的活动。

(一) 健身、塑身活动

体育有强身健体的作用，这已经在过去的众多研究中得以证实。随着社会物质生活条件的不断改善，社会观念的不断更新，人们已经从原来以满足生存需要的层次上向享受和发展的需求上迈进。

健身活动是为了个人保持自身机体机能的良好状态，促进身体健康地生长发育，使个人的体质水平得以增强和发展的活动。从本质上讲，这种活动完全是一种个人在休闲时间中从事的塑造自身并努力使自己成为更好的人的活动。良好的身体状态是良好的心理状态和精神状态的基础，从社会发展的一般趋势来看，社会生活水平越高，越是追求健康的身体和良好的精神状态。因此，健身活动已经成为大多数现代人主要的休闲活动。

如果说过去人们的健体强身是为了活得更加健康，更加长寿的话，那么，时至今日，人们热衷于塑造身体形态的运动显然是受着一种更高层次的需求所驱使，即追求身体外部形态和身体姿态的完美。这是一种个人发展的具有审美意义的需求。

(二) 体育娱乐活动

人类社会存在的娱乐行为有多种形式，我们把具有一定程度的身体练习，又能在活动过程中使人获得愉悦情感的娱乐形式称之为体育娱乐。

体育娱乐活动（activity of spots recreation），则是指构成体育娱乐这种娱乐形式的各种具体的活动方式。

人类的娱乐毕竟与人类本身的灵性及人类特殊的社会文化密切相关，而体现这种灵性和文化的载体便是娱乐形式，人类的娱乐形式之多是任何动物都不可比拟的。在众多的娱乐形式中，体育娱乐是最为重要的一类。体育娱乐活动的基本构成素材之一是人类特有的游戏活动。就人类而言，游戏是人的想象力和创造力的体现。想象力和创造性使人类对自由的探求达到了一个新的高度，游戏不再具有实用的目的，而是审美与自由的体味。换言之，人类的游戏已经升华到了娱乐的境界。

体育娱乐活动的主要目的就在于愉悦身心。活动者参加和进行活动就是为了从中获得一份乐趣，获得一种愉悦的感受，无论这种感受是来自生理还是心理，抑或是来自活动的场景。因此，体育娱乐活动是一种体验性的休闲活动，强调心理的愉悦感受更甚于身体上的舒适感。

（三）竞赛活动

休闲体育中的竞赛活动与竞技体育的竞赛有极大的差别，休闲活动中的竞赛活动只是休闲的形式之一。这种形式从本质上讲，只是休闲体育的组织方式。休闲体育中的竞赛活动强调活动的过程和活动的形式，对于活动的结果并不在意。换言之，休闲体育中的竞赛活动是以过程和形式来满足参加者的某种需要。

从本质上讲，每一个人都有展示和表现自我的需要，也存在着了解他人的期望，而竞赛活动一方面可以在其他人面前展示和表现自己，也可以通过他人的表现去了解和认识对方。竞赛也是一种十分具有吸引力的活动方式，能够满足人的多种需求。于光远在谈及“作为玩之一种的竞赛”时，对这种活动方式的积极作用作出了如下比较、分析，他说：“人们看戏、看电影、电视、音乐、观光旅游概括起来都是通过感觉器官，使自己轻松愉快，而竞赛则是本人进取心的实现。在竞赛中本人常常并不轻松，甚至有一种紧张的心情，而正是这种紧张的心情，给他带来欢乐。观光之类的玩，第二次的兴趣一般来说比第一次减弱。而人们往往会一次一次地去从事自己感兴趣的竞赛活动，因为在竞争中人们的好胜心理在起作用。败了不服气，想转败为胜，胜了还想取得更大的胜利。”（于光远，2091）为此，于光远提出要对“玩”当中的竞赛给予特别的重视。

（四）放松活动

放松是休闲的主要目的所在，罗歇·苏把它称之为休闲的“第一功能”。他认为“如果没有生理和精神的恢复，就不可能有休闲，从这个意义上说，这可能是最必要的功能。放松意味着休息和解放。一天工作后积累的紧张和劳累的消除，也是对个人约束和限制的心理解放。还有义务的解放，不单是属于工作的，而且是属于它需要或应该完成的义务”。

罗歇·苏还认为：“劳动心理学已阐明了现代劳动精神紧张的起源。继从前劳动的体力繁重后，是目前劳动的精神辛劳。在工业上，流水线劳动孕育了众所周知的一系列的行为慌乱。一项统一的、重复的劳动，因劳动岗位固定而缺乏身体运动，劳动者之间几乎没有交流，等级职权的严厉，由周围环境污染和噪声引起的危害，这些都是各种紧张和激动的诱发因素。”（罗歇·苏，1996）由于现实生活中的人们总是处在这样或者那样的、具有一定压力和紧张度的环境中，因此，摆脱这些压力和紧张的期望是每一个人的心理需要。

在罗歇·苏的研究中还发现：“工作不是生理和精神疲劳、紧张的唯一起源。很多调查都已证明，法国人心理上对从业外时间内的各种危害更为敏感。交通不便，路远导致的辛劳占第一位。在城市，随着居住地区和工作地区日趋显著的分离，特别是交通时间趋于延长。调查表明，居住在巴黎郊区人员的1/3，每天花在交通上的时间在15小时以上。同样深深感受到的是在街上，在管理服务方面的各种拥挤而产生的窒息感。这些就业外‘损失’的时间过得比就业时间还差。其实，工作被看做一种强制约束，而就业外损失时间则是无故约束，是对休闲时间的真正侵犯。为此，它比属于工作的约束更难以忍受。因此，如果说工作时间趋于缩短，那么就业外约束时间则延长。都市生活方式的这一方面，使放松时间尤为必要。放松是休息的同义词，甚至经常是现代休闲的主要构成部分。”（罗歇·苏，1996）

（五）消遣活动

消遣，消闲排遣之意。《现代汉语词典》对消遣一词的解释是，用自己感受愉快的事来度过空闲时间。对于在现代社会中为什么需要消遣活动，罗歇·苏是这样解释的：“因为就业和都市生活方式不仅孕育生理和精神的疲劳，烦恼、忧郁更像现代世界的象征。媒介广泛传播的‘生活病’，它特别触及最年轻的几代人。重复、单一，而著名的‘地铁、工作、睡觉’则表达了这种生活的单调，就像生活局限于一系列靠瞻望消费也不能补偿的日常义务。因此，一切消遣机会都有起伏，是不可缺少的。通过消遣，发生与日常的麻醉节奏的真正决裂。消遣的文字含义是：使散心。投入一项游戏活动，以找到暂时忘记烦恼的方法。”（罗歇·苏，1996）他认为，利用体育手段进行的消遣是一种比较放松的行为，具有更加积极的情感和内容，而“消遣”这个词应该是词义最接近休闲的一个词。他认为休闲和消遣都意味着去寻找乐趣、惬意。通过休闲和消遣活动给自己的生活提供方便，使自己感到舒服，并达到自我身心上的协调。

不管从什么角度来看，消遣有些享乐主义的意味，但事实上，现代休闲本身就具有满足人们日益增长的享受需要的功能。在过去的社会价值观念以及伦理道德观中，消遣行为可能是一种被批评的行为，至少，社会的劳动阶层对此行为持否定的态度（中世纪中叶，欧洲的宗教神权的伦理就谴责娱乐和闲逸）。随着时代的发展和变化，社会价值观、伦理道德观都发生了改变。消遣（无论从词义上，还是对它的态度和认识上）与休闲一词一样，不再让人避讳，人们开始正确地理解和重新构建自己的生活方式及内容。尽管在一些国家和某些文化中仍然存在着两种伦理（一种是清教徒的，一种是享乐主义的）并存而且相互争执的现象，但现代社会的休闲及消遣已经让更多的人接受。

罗歇·苏对游戏的消遣作用似乎更加注重，他认为："在消遣中，人们还找到了游戏的价值。游戏也是休闲的一个基本方面。形形色色的游戏是发泄的主要工具，就是说，解除紧张是解放在劳动和大多数社会生活行为中，被强加于个人的所有规章压抑的冲动。亚里士多德在强调游戏的导泻作用时，已经证明了它的重要性。"（罗歇·苏，1996）按照罗歇·苏的说法，游戏不仅是演出，也是积极参加。他认为体育活动就是一种游戏，一种可以使精神上和生理上都得以解放的游戏。因为体育是"一个无动机的行为，除了其本身无其他目的"，从这个意义上讲，体育活动是一种解放。

（六）交际活动

约翰·凯利认为："休闲可以是体力或精神上的努力，或是与他人的密切交往，而这一切都会产生一种'社会交往上的畅'（social flow）。"休闲是交际活动的最好时机，在工作条件下，人们的相互关系是由劳动纪律和规章制度所限定的，因此，人际交流缺乏一定的自由度和灵活性。只有在休闲的条件下，人们的自由感才能得到充分发挥和拓展，人际交流的过程和结果才会给人带来愉悦感和实效性。

在各种休闲活动中，休闲体育活动似乎给了人一个更大的想象空间和自由空间。在共同的活动过程中没有高低贵贱之分，没有职业的差异，许多社会性差异在这个过程中变得毫无意义。平等使人们很容易地消除了彼此之间的隔阂，在大家都愿意接受游戏规则时，自由的、轻松的活动使彼此之间的交流也没有了障碍。

有研究者认为，即使是商业谈判或者其他的会谈，采用休闲体育的方式较其他方式更加便于交流和完成。有人举证说，在高尔夫球场上与人进行商业谈判比在茶楼或者其他休闲活动场所更加有效，因为在一杆打击后留下了足够的时间让双方去思考一个最好的回应方案，不会像在其他地方那样，因为思考而显得冷场、尴尬和窘迫。这使得交际的双方既保持了自己的独立性，又能够卓有成效地实现彼此的交流和沟通。人们喜欢选择诸如高尔夫之类的休闲体育活动作为交际的手段，其本质原因亦在于此。

（七）探新求异活动

探新求异是人的一种普遍存在的心理倾向。在当今社会，工作方式发生了很大的变化，对于大多数人来讲，工作与日常的生活总是那么按部就班，没有新意。人们的探新求异的需要被压抑，释放的渠道往往只能在休闲时间中去寻找。在现实生活中，人们常常通过休闲活动来满足自己的这种需要。休闲活动中的具有探新求异性质的活动很多，其中属于运动性方式的活动通常被运用于对自然界的探寻。如洞穴探险、背包旅游、野营等活动，一方面，这些活动远离工作和日常生活那些熟悉而枯燥的环境，能够使活动参加者在新异的环境中心旷神怡；另一方面，新异的活动方式、新的情景、新的物体等，这一切无疑都会给予活动者极大的新颖感，也极大地满足了活动者的探新求异的需要。

（八）寻求刺激活动

对于大多数人来讲，生活总是穿衣吃饭、平平淡淡。这些人工作在生产线上、写字楼里或者其他的领域，周而复始的生产动作，单调乏味的数字报表和繁杂枯燥的琐碎事务让许多人厌倦，寻求适宜的方式刺激一下近乎麻木的神经成为许多人潜在的欲望和需求。

休闲体育领域中有许多活动具有刺激性，如激流冲浪、攀岩等，这类活动有一定的难度，对活动者的能力和胆量具有挑战性。这类活动能够使活动者产生兴奋、紧张、激动等引起肾上腺素分泌的情绪，而活动者在这样的情绪状态中，对活动也更加倾心尽力，更加着迷，因而也更加热衷于这类活动。

按照社会原则，人们在寻求刺激的活动时，同样应该遵守社会法则和伦理道德的要求。在众多的休闲活动中，休闲体育活动给人带来的不仅是身体上的刺激感受，在精神上同样能够得到刺激的体验，同时也符合社会规范。

二、休闲体育的特征

休闲体育毕竟不同于其他的休闲方式，它因为其自身所具有的特征而使得参与者从中获得多种活动的感受。

（一）参与性

休闲体育是一种实践性极强的社会活动，它需要人们的亲身参与，在活动的过程中体验和获得某种感受，或者通过自身活动的结果来表达自己的观念和想法。没有自身的参与，就无法得到那种所期望的感受，也不能完整的表达自己。有人把观看体育竞赛和体育表演也纳入休闲体育的范畴，并把休闲体育分成参与型和观赏型两类。我们认为，观看或者观赏的方式属于文化性休闲的范畴，不能纳入休闲体育的范畴，因为这种方式无论怎么看都与观看或者观赏文艺表演，如杂技、大型综合性演出等没有多大的区别，尽管这些现代文艺演出中经常也有演员与观众之间的互动，但我们却始终不能认定这是观众在演出。因此，休闲体育应该是参与性的，是活动者亲身实践的过程。“是通过非正式的、自发的体育活动追求身体放松和舒服。”（罗歇·苏，1996）很显然，罗歇·苏把体育休闲完全视为参与性的活动，认为在活动中才能真正地获得身体上的放松，才能追求到身体上的舒服。事实上，休闲体育所能够实现的各种功能和作用，都是在活动过程中体现出来的。

（二）自然性

众所周知，人的生命活动不外乎分为内部活动和外部活动两种，内部活动便是生理、生化活动，亦即物质与能量的不断消散过程。无论我们愿意与否，这一过程总是在人的有机体内发生和进行着。要维持生命结构的存在，一方面要不断地促使消散过程的积极进行；另一方面则需要通过与外界进行物质交换以补偿已经消散的能量。而这两个方面的活动都必须借助于有机体的外部活动，它们构成了摄入与排泄以及身体运动这些基本需求的本源。我们知道了这一点，就不难理解为什么人会选择大量涉及身体运动的游戏和娱乐方式。

作为生命也必然会遵循生命运动的基本轨迹，保留了生命体本能的需求和活动方式，只是人的这些本能需求在个体的社会化进程中被特定的方式所制约，从而以社会人的特有方式来满足这一些需求。

（三）时尚性

德国哲学家、社会学家齐美尔认为，时尚既满足人对社会的依靠的需要，同时也满足着人的区别的需要，即满足着分化、变换和独树一帜的倾向。因此，他说：“时尚是一种阶级分野的产物，新的时尚，整体而言只有较高的等级才能企及。以此对较低的等级封闭隔绝，它以此来标明其成员们相互间的平等，而且在同一时刻，标明与处于较低等级的人的差异。”（齐美尔，2002）

在社会经济、文化高度发展的当今时代，参与休闲体育已经成为一种社会时尚。一方面，人们参与体育休闲活动以表明自己与某个社会阶层的平等性等级；另一方面则以此标明自己与另外某个阶层之间的差异。因此，时尚性应该是休闲体育的一种较为典型的特征。人们参与体育休闲活动时的动机、目的、心态、情感等通常处在舍勒贝格所表述的时尚的双重性之中。如人们在进行体育活动时，总是要遵守活动的规则和方式，但在从事体育休闲活动时，人们却不愿意遵守这些活动规则和一些规范，因为这些东西多少形成了一种文化性的压力，而休闲活动恰恰是力图摆脱各种外在的压力。

按照舍勒贝格的理论分析。参与体育休闲活动的人们和休闲体育本身完全具有现代时尚的几个重要的双重性特征。如休闲体育一方面并不在乎物质的和实际的东西，但又始终离不开那些具体的东西；人们对待休闲体育的态度也包括了积极参与和完全无所谓两种对立的情绪；人们总是想逃避责任却在休闲体育中不得不承担责任等。

时尚性是一种社会事物与社会发展的趋势和社会需求协调统一的表现，人们对体育的需求由于社会物质文明的发展而逐渐地强烈起来。一方面，作为时代的青年人不仅是时尚的代表，也是时代风气的传播者；另一方面，也因为青年人充满了青春活力，是“娱乐的先锋”。体育，既是表现其青春活力的载体，又能够让他们产生愉悦的情感，形成良好的交流和互动，同时还能宣泄情绪和发散剩余精力。因此，在现代的各种不同的时期，体育活动通常会成为青年人的时尚。

（四）流行性

流行性是指某种社会事物具有十分广泛的影响，并形成了一种其时尚性的外在表现，流行往往是时尚的结果。在现代社会，由于人们的物质生活和精神生活得以前所未有的升华，因此，休闲活动已经成为生活活动的组成部分，而在众多的休闲活动中，体育休闲活动又因为其本身的特点成为人们对休闲方式选择中的首选。然而，在现代社会条件下，新的体育休闲活动项目不断地创造出来，由于传播媒体的作用，许多项目都会在较短的时间内迅速地向全世界传播，并逐渐成为国际性活动项目，奥林匹克运动会的项目设置的不断扩张，就是体育的这种流行性的典型表现。

休闲体育的流行性主要从其活动项目的迅速风行于世，而后又悄然消失中表现出来。一种体育活动经常会在很短的时间内在一个地方流行起来，成为人们在休闲时十分热衷的活动。当然，如同其他具有流行性的事物一样，这种或者那种体育活动也可能风靡一时后，又很快地销声匿迹，取而代之是另一个让人愉悦接受的新的体育项目。

事实上，休闲体育的这种流行性特征完全是由人的自由时间和人性特点所决定的。当人们拥有了自由时间之后，如何支配身心有助于打发时间，自然会成为人们主要的选择。然而人们对活动的选择又是相互影响的，体育项目的流行机制之一就是这种相互影响作用。另一方面，人们求新求异的意识则是他们不断地放弃旧的活动，追求新的活动的动因所在，这是一个体育项目很快地流行起来而后又逐渐消失的原因。当然，周而复始也是社会事物发展的一种具有规律性的特征，休闲体育也是一样，可能过了一段时期后，一个曾经流行而后又消失的体育项目再次流行起来，并为另外的一代人广泛地接受。

（五）时代性

休闲体育总是在一定历史阶段、一定文化背景下产生和发展起来的。在不同的历史时期，存在着不同的物质文明和精神文明，因而会产生不同的休闲活动方式，体育休闲活动也是应其时代的要求和进步而演变和发展起来的。

考察历史的发展进程可以发现，无论在什么样的时代，体育活动总是可能现身于社会中，成为民众乐于接受和参与的休闲活动方式。即使在欧洲的中世纪（5～15世纪）神权统治下，也很难泯灭和抑制民众追求身体游戏的需要，儿童少年则始终是游戏的先锋，他们把武士的打斗也变成自己身体娱乐的活动。当然，体育休闲活动毕竟是社会文明的表现形式，在许多情况下，与社会科学技术的发展水平密切相关。我们看到，21世纪流行的体育休闲活动与20世纪初有了极大的变化，今天的体育休闲活动往往是与科学技术和材料革命的结合，而过去的活动可能更倾向于身体的自然活动，如当时流行的户外运动。

（六）层次性

层次性包含了几个内容：一是活动人群的年龄层次，二是动作内容的难易层次，三是活动方式的经济消费水平层次。这几种层次的划分有着十分重要的社会意义，亦表现休闲体育讲究的不同视角和内容。

通常来说，不同年龄阶段的人有着不同的需要和爱好，这种需要和爱好直接影响着人们对体育休闲方式的选择。儿童少年对一些新奇的个人活动，如滑板、轮滑、小轮自行车等感兴趣；青年人则爱好有一定挑战性和对抗性的活动，如篮球、足球、攀岩等；中年人倾向于活动的品味和档次，而老年人则喜欢交流互动性强的活动。

另外，活动的技术要求和难度，也是人们选择休闲体育活动的依据之一。这种选择主要取决于活动者对自己的运动能力的评价，个人运动能力较强者，一般会选择需要有技术且有难度的项目；而个人运动能力自我评价不高者更愿意选择那些无须多大努力就可以完成的活动项目。

活动方式明显地属于高消费层次，参与者通常须拥有相当大的财力，带有炫耀性消费的特征；而另一些体育休闲活动方式则可能对个人经济情况有一定的要求，既能显示个人身份，也表现个人的运动能力；一些人更愿意选择那些不需要多少开销，就能开心愉快地活动的项目，他们没有更多的钱花费在休闲活动中，因此，他们也不在乎自己玩的活动被人家视为哪个层次。

许多形式的消费，在刚开始时是奢侈的，随着社会的发展，这些形式慢慢地大众化而逐渐成为必要消费的一部分。休闲体育同样也是这样的一种演化趋势，许多项目在开始时总是少数人（通常是社会有钱且有闲阶层）参与的活动。在这样的情况下，这些项目或活动完全成为个人身份的标志。至少，在一段时期中，这样的项目或者活动通常是一定社会阶层特有的，具有炫耀性消费的特征休闲活动。如保龄球初入中国时几乎是白领消费者的运动，能否玩得起首先取决于是否具有一定的经济实力。因此，在这段时期，保龄球成为一种社会阶层区分的活动。随着国内保龄球馆的增多，价格的大幅度下调则使这种活动开始大众化，其原先所具有的社会区分的作用也就在大众化的过程中逐渐丧失，成为一般性的休闲活动。

（七）自发性

正如美国休闲学专家杰弗瑞·戈比所提出的："休闲（leisure）是从文化环境和物质环境的外在压力中解脱出来的一种相对自由的生活，它使个体能够以自己所喜爱的、本能地感到有价值的方式，在内心之爱的驱动下行动，并为信仰提供一个基础。"休闲体育同样也是人们在休闲时间内进行的一种自发性的主体活动。它完全是出于一种个体或某一群体真正的主体需求，在个人可以自由支配的时间里进行体育活动，没有任何强制、被动或非自愿成分。在活动中，由于是主体自觉自愿的参与，因此，不仅直接满足身心发展的需要，而且这种良好的情绪体验会更加激励持久参与的积极性，并较好地形成"需要——满足——更大需要——更大满足"的持续不断的良性循环。

自发性是自觉意识的体现，特别是在社会高度发展的当今时代，休闲已经不单单是劳动之余的休息和放松。随着自由时间的增加，休闲已经成为每个人的生活权利，成为个人生活的组成部分。现代人有充分的自由意识，人们对自由的支配权会在休闲活动中体现出来。

第二节　休闲体育的价值与功能

生活方式的改变，促使各种休闲方式成为现代生活方式的一部分，是人们价值存在的一种表现形式，表达了人们追求自由、自主、个性、满足需求、体验高质量生活、享受幸福的愿望。体育作为休闲娱乐的一种手段，也已成为现代生活的一种时尚。休闲体育作为提高生活质量的媒介，可以使身体、情感、智力、精神上都得到相当程度的益处，为人们提供了丰富的娱乐游戏和休闲体验。

一、休闲体育的价值

休闲体育作为一种具有时代特色的客观现实，它对参与休闲体育活动的人（主体）所产生的效用，以及对主体（人）赖以生存的政治、经济、文化、社会环境所辐射的价值意义，无疑对社会的文明与进步起着积极的推动作用。从一定意义上讲，与休闲体育密切相关的社会政治、经济、文化以及参与休闲体育活动主体（人）在身心等方面的相互关系，共同构成了休闲体育的价值基础，即休闲体育价值。

所谓休闲体育的价值是指：休闲体育在满足人和社会需要的过程中，所能担负的责任和所能作出的贡献。在这一节里，将简述休闲体育的生理价值、社会心理价值、文化价值和经济价值。

(一) 休闲体育的生理价值

休闲体育的生理价值是指：休闲体育在满足人们生理需要过程中所承载和传递的对人体健康状态的作用。

1. 减少疾病的发生

随着现代化进程的加快，人类开始从繁重的体力劳动中解脱出来。由于运动不足而产生的各种“文明病”正威胁着人类，据有关资料统计，长期坚持进行适宜的休闲体育活动，可以增加血液中高密度脂蛋白胆固醇（简称 HDL-胆固醇）的含量。HDL-胆固醇能把沉积在动脉壁上的胆固醇运送到肝脏进行代谢，从而减慢主动脉粥样硬化斑块的形成与发展，防止疾病的发生，同时，还可以增强机体对各种复杂多变环境的适应能力和抵抗力，消除现代“文明病”对机体的侵蚀。

2. 延缓衰老

适宜的休闲体育活动是保持健康，延缓衰老的有效措施之一。自古以来养生学上都积极主张运动。随着年龄的增长，人体逐渐出现各种老化现象，特别是 40 岁以后各种疾病极易发生。研究发现，动脉硬化在脑力劳动者中发生率为 14.5%，而在体力劳动者中仅为 1.3%。有学者对长期参加休闲性跑步的 40 名中老年人研究发现，他们的发病率很低，心肺退行性变化推迟 10～20 年。由于坚持适宜的长跑，改善了心肺功能，增强肌肉组织力量，促进骨质钙化，加强了关节韧性，调节了精神。

3. 增强脑力的活化剂

长期参加适宜的休闲体育活动，可以对机体的相关系统和器官起到良好的刺激和按摩作用，有助于改善神经系统，促进血液循环，改善大脑的营养状况，促进脑细胞的代谢，使大脑功能得以充分发挥。

(二) 休闲体育的社会心理价值

休闲体育的社会心理价值是指：人们通过参与休闲体育活动来调节自己的心理或情绪过程，并达到积极、良好的效果。休闲体育的社会心理价值主要表现：

1. 形成积极良好的社会态度

参与休闲体育活动既可以提高人的认识能力，又能提高人的情绪智力。认知活动主要是依靠大脑高级神经中枢进行。积极参加休闲体育活动，不仅可以使疲劳的神经细胞得到休息，消除大脑的紧张状态，而且还能促进神经系统的新陈代谢，提高神经系统的活动能力，使大脑更加健康和灵活。人的情绪智力主要包括认识自己情绪的能力，妥善管理自己情绪的能力，自我激励的能力，认识他人情绪的能力，人际关系的管理能力五个方面。

在休闲体育活动的参与过程中，人们不仅可以丰富自己的情绪获得情感的体验，而且能提高自己对情绪、情感的认识和控制能力，还能充分认识他人的情绪、情感表现，建立和保持与他人的良好人际关系。使个体认识能力和情绪智力得到提高，有助于加快个体的“社会化”和自我意识的形成，有助于提高个体的社会认识能力，促进个体积极良好社会态度的形成。

2. 构建积极良好的人际交往

在休闲体育活动的参与过程中，增加了人与人直接接触的机会，扩大了人际交往的范围。活动过程中相互间的某些相似特征、互补作用、能力体现、空间上的邻近与熟悉等，均可促进人与人之间的相互吸引。在现实生活中，人与人之间需要进行传递信息、沟通思想、交流情感，也就是心理沟通，但某些因素会造成人际沟通上的障碍，如，地位、组织结构、文化的障碍等。休闲体育活动可以使参与者相互之间不再有地位、职业、年龄、文化背景等的差别，消除各种沟通障碍，能够有利于人与人之间感情的联络。在休闲体育活动中人们得到信息、感情、思想的交流和沟通，同时也得到他人的协作、支持和帮助，进而引起自己思想、情绪和行为的积极变化，促进人们产生协作思想、利他行为，也能抑制人们的侵犯行为。

3. 增强团队意识，推动社会文明进步

群体是指社会成员间相互依赖彼此存在互动的集合体。在休闲体育活动中，人们因为共同的需要、兴趣、爱好而组合在一起，形成相互依赖、彼此互动的正式群体或非正式群体。在活动进程中会自然地形成共同遵循的行为规范或准则，这种行为规范对成员有行为的约束力，能产生压力，促使成员的行为符合规范，产生增强团队意识。人们在现实生活中有关爱和归宿的需要，他们希望成为某一群体的一员而归宿于某一群体，在休闲体育活动中形成的群体既能满足个体的归宿需要，又能引导个体提高道德品质。休闲体育中个体感受到的是民主公平，个体间能够产生信任、依存和关爱，形成良好的社会心理氛围，积极推动社会主义精神文明的建设。

（三）休闲体育的文化价值

随着社会经济的迅猛发展，知识经济进一步推动了人类的文明进程，社会开放、交流、发展的步伐加快，各种价值观念相互冲撞。文化资源和来源的多元化，文化商品的多样化，既适合多层次接受主体和消费主体，也造就了多样化的接受主体、消费主体和制造主体。人们对文化的理解分为广义和狭义两种。广义的文化概念是指人类所从事的各种社会活动，以及在这种活动中所创造的全部成果，包括人类社会生活的各个方面，既包括物质生产和物质产品，也包括精神生产和精神产品，而且还包括各种社会现象、社会过程和社会事物。而狭义的文化概念则是指与精神生产直接有关的精神生活、现象及过程，是相对于物质文化的一种精神文化，仅指人的精神生活领域。它包括三个方面：一是价值观，二是社会意识或思想，三是道德。文化是人类特有活动的积淀，同时也是一种具有社会属性的概念，休闲体育是一定社会发展阶段的产物，是一种特殊的社会文化现象，休闲体育的文化价值是指：休闲体育活动本身的技术规格、形式以及休闲体育设备的品种、款式、装饰、商标等诸方面所承载和传递的反映人们精神文化观念和心理等信息属性的大小。休闲体育的社会文化价值成为社会发展的亮点。

（四）休闲体育的经济价值

现任国际健身大众体育协会主席德国的帕姆教授认为，近 30 年来，体育形象发生了两点突出变化：一是参加体育活动的人数增加，特别是发达国家体育人口迅速增长，是近代体育史上，任何时期无法相比的；另一个是过去许多与体育无关的东西，现在都和体育结下了不解之缘。同时，一些新的认识和理论使传统体育理念受到冲击，并不断地更新和扩展。随着人们物质文化生活水平的不断提高，温饱型生活方式正逐渐被质量型生活方式取代。对体育功能的认识也由培养健壮的劳动者向提高劳动者生活质量转变。休闲体育也在这种认识转变进程中不断扩展其内涵并赋予新的内容。对休闲体育的经济价值，主要表现为以下几方面：

1. 为国家建设积累资金

休闲体育业同其他第三产业的部门一样，对一个国家来说同样可以起到加速货币的回笼速度，增加货币回笼数量的作用，进而达到防止通货膨胀、稳定市场、积累建设资金的目的。

市场经济的任何经济活动都必须借助于货币媒介来完成交换，在纸币流通的情况下，货币的投放与回笼有一定的比例。如果货币投放过多，或回笼过少，就意味着市场上流通的货币量的总面值超过了市场上商品的总价值。由此产生的直接结果就是货币贬值，通货膨胀。为此需要在发展生产的同时，采取积极措施，巩固扩大消费领域，拓宽货币回笼渠道，更好地满足货币流通规律。休闲体育经济活动回收货币主要通过两种途径：一方面是通过参与者直接参加休闲体育活动来进行消费，同时也通过提供相关的指导、咨询和服务而获取货币收入；另一方面，进行体育休闲活动需要配套相关的设备，这些设备的出售或出租，在满足了消费者需要的同时也回收了货币。这不仅回笼了货币，而且从盈利中以缴纳税收金的方式为国家积累了建设资金。

2. 提供更多的就业机会

从经济的角度看，就业是在一定的社会经济条件下，劳动者得到了有报酬的从事生产经营活动或非经营性工作的机会，其实是个人以特定的方式参与社会劳动，从而使自己的物质需求和精神需求获得满足的社会机会。就业问题是任何自家经济发展所面临的一个重要问题，它不仅关系到劳动者的生存发展和享受而且关系到社会的安定。在解决就业问题上，从休闲体育所涉及的诸多因素看，休闲体育产业是一种既具服务性，又具生产性的综合性产业部门。休闲体育活动的发展必然带动为休闲体育业提供服务的各行各业的发展，为社会提供大量的就业机会。

3. 改善国民经济产业结构

第三产业的迅速崛起是生产力发展到一定阶段的必然，也是社会发展的标志。一个国家经济越发达第三产业在国民经济中所占比重就越大。休闲体育业是典型的第三产业，它能促进其他相关第三产业的发展，在优化产业结构方面起着积极作用。

二、休闲体育的功能

休闲体育作为人类休闲活动的重要内容，它不仅具有休闲所具有的基本功能——实现人的全面发展、提高人的生活质量、丰富人的精神文化生活、促进社会的和谐发展，还具有强身健体、娱乐、游戏的多种功能。

(一) 自我实现功能

休闲是人的生命中重要组成部分，是人的本性的充分展现。法国人在《4 万小时——预测未来劳动》一书中算了一笔账，以寿命 80 岁为例，人生在世 70 万小时，纯工作时间是 4 万小时（工作 35 年，周工作 30 小时），饮食、睡觉、家务为 32 万小时（每日 11 小时），尚余 34 万小时是人们可以自由支配的休闲时间，也就是说人的一生有一半是在休闲之中度过，在这一半的生命中，一个人要多方面享受生活，就必须有享受的能力。这个享受能力，可以理解为在个人自由支配的时间里“由于娱乐和休息，从而为自由活动的发展开辟广阔的天地”的能力。休闲体育正是以其独特的自由性、趣味性和健身性充实着人们这一广阔天地，从而满足人们的娱乐、享受需求，其实质也就是更好地利用和享受人的另一半生命。

人类在摆脱了异化状态之后的第一需要——劳动之后，人还有之外的需要，这就是休闲娱乐，即便在原始社会，人们满足对飞禽走兽的生活资料后，也禁不住生命力的涌动而“足之蹈之，手之舞蹈之”用以宣泄生命的活力。在资本主义社会，闲暇成为资本家的专力，为此工人阶级进行了不懈的斗争，最终赢得了享受休闲娱乐的权利。为此，马克思认为，要实现人的自由全面发展，体育则是必要的手段和方法。他说：“把有报酬的生产劳动、智育、体育和综合技术教育结合起来，就会把工人阶级提高到比贵族和资产阶级高得多的水平。”在这里，马克思阐述了体育的价值和根本目的，为已赢得休闲权利的工人阶级在休闲中进行丰富生活的体育活动奠定了理论依据，因为，职业岗位参与者规定着活动的时空和进行方式，规定着具有数量和质量要求的工作任务，因而具有一定的集体性、社会性、规定性乃至强制性，或多或少地带有某种异化性质。而休闲时间则具有自由性、自主性、个人性，是人们可以自由支配的，可以直接用于发展个人非直接生存目的的诸种潜在本质力量的时间，在这个时间里，人们才能够迷恋于自己心爱的体育活动、娱乐活动或发展创造力，完成从兴趣到志趣再到志向的飞跃，才会在运动中寻求到人生的乐趣。另外，休闲体育有利于改变高速刻板单调的生活节奏。休闲体育的功能和价值，将随着21世纪新技术革命的深入发展，随着多样化、小型化、分散化的信息社会的到来，而更加引人注目。随着人们受教育水平和生活与需求的不断提高，人们将越来越重视休闲体育的价值，越来越希望通过绚丽多彩的休闲体育来获得生理、心理、人际交往能力和自我实现需要等方面的满足。

（二）文化功能

休闲时间和工作时间一样，也是一种资源，一种财富。人在休闲中从事的体育活动，是人的创造性发展，是人的本质力量的新的证明和人的本质的新的充实。从经济学的角度分析，只有提高作为生产力最重要的因素——人的素质，才能根本上促进生产效益，这一点，美国商界早就意识到“员工的健康和工厂设备同样的重要”，体育活动的身心复原作用和个性发展作用对生产有重要意义，从这个层面上剖析，体育就不仅具备休闲、娱乐、提高身心健康水平、满足人们的享受需求的价值，其深层次的经济学价值也是不可估量的。

人类在创造物质文明的同时，也在不断创造着精神文明。文化生活的内容是丰富多彩的，体育是一种社会文化，休闲体育则更具有文化韵味。休闲体育可以满足人们对娱乐性、消遣性精神生活的需求，可以满足对美的需求，可以满足自我发展的需求。休闲体育为了人们在日益增多的余暇时间选择和安排休闲生活提供了丰富的内容与方式，成为社会生活中的重要组成部分。休闲时间越多，越需要理智，越需要正确引导，否则，将给社会带来负担。如美国因休闲导致的孤独、自杀和犯罪；日本的“工作狂”因休闲而导致的失落感、愧疚感，进而导致心理失衡；还有因休闲而导致的暴力及通过互联网观看黄色录像等，所有这些都因休闲生活内容不充实、无聊而致。休闲体育的普及开展，无疑对社会风气的好转具有重要作用，因为休闲体育强调内容趣味性，最易博得群众喜好，运动本身又是人类身体健康的自然需要，活动过程的非功利性特征使氛围轻松和睦，人们彬彬有礼、讲究礼仪道德。休闲体育可以提高人的整体素质，对精神文明建设有重要的促进作用。

（三）健身功能

“生命在于运动”的观念已经为人们普遍接受，随着现代化科学技术的发展，人们无论在工作中还是在家务劳动中的体力支出均有所下降。营养过剩和运动不足所引起的心血管疾病、肥胖症等“现代文明病”正逐渐成为威胁人类健康的首要病症。其次，人们开始重视体育运动的功能，在闲暇时间参与各种各样的体育活动。以弥补或消除缺乏运动所带来的对身体健康的负面影响。休闲体育通过丰富多彩的身体运动娱乐方式，给予人健康的身体，努力保持人类作为一个生物物种的生存活力。作为保持与提高健康水平的体育运动，休闲体育将是最积极、最有益和最愉快的方式。

休闲体育在今天之所以引起重视，还有体育自身的内在原因。回顾我国的体育发展，无论是竞技体育、学校体育、还是群众体育，都带有一定的强制性，实践要求封闭体育向开放体育过度、计划体育向市场体育转轨。在这种情况下，法国教育家保罗度朗格朗在《终身教育导论》中提出的终身体育观点普遍被人们接受，人们开始认识到，体育不能只是局限在个人发展的某个阶段的活动，而应是贯穿于人的一生的生活内容。终身体育理论的提高并被广泛地接受，与人们的健康需求密不可分，作为一种理论基础，它对人们的健身意识坚强起到了积极的推动作用。然而，仅有理论是远远不够的，体育要满足人们的娱乐、享受的需求，就要以其趣味性来提高吸引力。而休闲体育强调的就是乐趣，其目的就在于创造丰富的生活，增添生活情趣，在寓教于乐的过程中，可以分散剩余精力，消除疲劳；净化情感，缓解压力，平静心情；回报社会，获得成功与满足感；社会同化，提高人际交往和社会适应能力。另外，休闲体育的内容繁多，方式丰富，雅俗共赏，无需高规格的场地、器械，也没有严格技术要求，可自娱自乐，更宜群众参与。在休闲体育的氛围中，既无身份、地位之分，又无职业、性别和年龄之别，每个人都可从中获得乐趣，进而最大限度的拓展了生命的视野。正是休闲体育这一广泛的社会适应性和极大趣味性，使人们在一半生命中彻底摆脱了以工作为中心的单调生活，真实感受到生活的意义、价值，享受生活情趣，从而为终身体育的推广普及构筑坚实的依托。

（四）娱乐功能

休闲是人们在余暇时间自愿选择、自愿参加的以娱乐为主要目的活动。娱乐指的是有组织、有益于个人及社会的休闲活动。自我满足、即兴自发的游戏与有组织有目的的娱乐正好是相对的两种休闲形式。休闲体育项目极为丰富，具有挑战性、刺激性、冒险性、新颖性、趣味性和艺术表现性等特性，使人们在直接或间接地参与休闲体育活动之中，充分享受体育的乐趣，在表现自身的能力、施展个人的才能的同时，获得身心的满足和愉悦。

（五）教育功能

休闲体育不仅仅是单纯的娱乐活动，还是一种自我学习、自我完善的教育过程。它包括学习运动技术、发展体能的学习、培养人际交往的能力、增强自信心、培养协作精神和竞争意识等。休闲体育是良好的德育教育形式，在参与的过程中，可以汲取相关学科的知识，使身心得到充分自由的均衡发展，完善自我。

随着我国各项事业的发展，我国普及休闲体育活动的基本条件已初步形成。老龄人对掌握一门健身娱乐的运动方法充实闲暇的需求越来越大，中青年人更迫切需要通过休闲体育来消除紧张和烦恼。休闲体育特有的身心复原作用和隐性经济学价值将在其中发挥着不可估量的重要作用。未来社会，休闲体育将以培养人类健康身体的方式来提供快乐、享受。站在人类作为一个生物物种必须保持强有力的活力的高度，休闲体育将是未来人们娴熟不羁地享受生命最愉快的途径。

第三节　后奥运时期中国休闲体育的研究

一、休闲体育理念的兴起

2008 年北京奥运会的成功举办，不仅为中国体育再一次跃升提供难得的机遇，而且对体育之外的影响可能远远超过体育本身。体育作为当今社会的一种重要消遣、娱乐手段，以其强大的参与价值成为人们进行休闲的重要选择，休闲体育开始受到人们的追捧。

一届奥运会的成功举办，不但可以给举办国搭建一个展示本国竞技体育水平的平台，同时也为推进该国群众休闲体育的发展提供了强大的动力和难得的机遇。这其中比较典型的例子就是东京奥运会、汉城奥运会、悉尼奥运会等。尤其是东京奥运会堪称经典。1964 年东京奥运会的成功举办为日本大众体育和休闲体育的发展提供了契机。东京奥运会之后，日本的大众体育和休闲体育得到了迅猛的发展。在几十年的时间里，随着大众体育振兴计划、体育指导员等有关大众体育各项制度的制定及体育场馆、健身俱乐部等建设方面的加强，日本大众体育和休闲体育的普及收到了显著的成效，民众的身心健康和休闲娱乐上了新的层次。

随着当今世界全球一体化趋势愈来愈强，社会变革步伐愈来愈快，休闲作为一个新的社会文化经济现象正在广泛地影响人的生活方式、行为方式和消费方式，按照世界一般的休闲旅游产业发展的规律，当一个国家的人均GDP达到3000～5000美元的时候，休闲消费就将进入一个强劲增长的阶段。2008年，我国的人均GDP已经超过了3000美元，这就意味着我国休闲消费时代正在到来。随着经济的飞速发展和现代社会生产力的不断提高，人们在满足基本生存需要和生活需要的条件下必然向更高层次即享受和发展层次递进，这就使人们的消费结构势必改变。而对休闲体育生活的需要从本质上属于人们享受性和发展性需要。这为我国休闲体育的发展提供了先决条件。对休闲体育的追求无疑是人类生活由低级向高级发展的必然反映。

二、休闲体育发展的热点问题

（一）《全民健身条例》出台，为休闲体育的健康发展奠定基础

我国自1995年《全民健身计划纲要》颁布实施以来，对于推动群众性体育活动，增强公民的身体素质和健康水平起到了十分显著的作用。进入21世纪之后，我国各省市区的地方政府加快了全民健身的立法步伐，全民健身上升为法律法规成为了各级政府的共识。截至2008年底，全国已有20多个省（市、自治区）先后制定并由各省（市、自治区）人民代表大会通过了各地的《全民健身条例》。各地《全民健身条例》的出台和实施进一步激发了群众体育和休闲体育的热潮，各级政府还制定本地区《全民健身条例》（以下简称《条例》）的配套法规性文件，为群众体育和休闲体育的可持续发展争取到了宝贵的政策保障。各地通过法规保障群体事业发展的实践探索，为国家出台《条例》奠定了基础，提供了十分重要的理论和实际保障。2009年国务院批准将每年8月8日设立为“全民健身日”，10月1日我国《全民健身条例》正式颁布实施。《条例》是我国第一部全面、系统地规范全民健身事业发展的专门性行政法规，对全民健身管理机制、全民健身计划、全民健身活动、全民健身保障以及法律责任等做了明确规定。《条例》突出了政府发展全民健身事业的责任，着力于解决影响我国全民健身事业发展的重大问题。同样，《条例》的颁布与实施也为休闲体育的发展奠定了政策支持。目前关于新型休闲体育项目的规划与发展、安全标准的制定、安全保障的要求等已经进入到了实质性的发展阶段。例如，国务院体育主管部门正在会同有关部门制定调整高危险性体育项目目录、相关体育设施的国家标准、相应的安全保障制度和措施、具有达到规定数量的取得国家职业资格证书的社会体育指导人员和救助人员以及相应经营资质条件。

（二）国民休闲体育和参与健身的意识转变

20世纪80年代，当休闲概念刚刚开始进入我国社会生活视野的时候，相当数

量的国民在观念上难以接受，经常把休闲与游手好闲、不务正业画等号。由于国民对休闲和休闲体育的认识存在误解，导致国民休闲体育观念落后。主要体现在休闲体育的文化观念落后、休闲时间观念落后、休闲体育理论研究不成熟、休闲体育实践发展不充分以及休闲体育教育落后等。加之在我国国内，部分休闲体育爱好者在吸收和引进西方休闲体育项目时，大多数注重盲目追求休闲体育的刺激、追求休闲体育项目的新奇、追求休闲体育的高消费，而没有从更深层次去追寻休闲体育的真正意义和社会价值，从而使我国休闲体育的发展经历了一个缓慢的过程。北京奥运会前后，伴随着“全民健身与奥运同行”，国民休闲体育和参与健身的观念发生了重大转变。

目前全国经常参加体育锻炼的人数达 3.4 亿人，占总人口的 28.2%。2009 年《全民健身条例》的颁布和“全民健身日”的设立，标志着我国群众体育和休闲体育进入了一个新的发展阶段。从群众体育活动的类型上看，近年来开展的群众体育活动不仅包括传统性、群众性体育活动，也不断地融入了休闲体育的创新元素，围绕奥运开展的各类群众性创新活动、群众性体育品牌活动，在实践探索中形成了既有传统项目又有时代特征，既特色鲜明又突出创新的休闲体育活动。

以陕西为例，在奥运会召开的 2008 年，陕西省坚持全民健身与奥运同行，广泛开展各种体育活动，规模和人数均创历年最高，积极以实际行动迎接北京奥运会的召开，营造了良好的奥运氛围，深受群众好评，也为北京奥运会成功举办增光了添彩。

陕西省体育总会先后与有关部门举办了“迎奥运会迎新春联欢活动”、“墨舞奥运王蒙师友书法展”、“迎奥运摄影展”等一系列体育文化活动，仅三场“迎奥运全民健身擂台赛”报名参与人数就达 2000 余人，受到群众好评。

陕西省老年体协先后组织广大老年朋友参加了迎奥运全民健身周健步走、千人城墙健步走、庆三八巾帼门球赛、全省健身球操比赛等一系列老年体育活动，参与人数超过万人。

陕西省足球协会圆满完成全国足球超级联赛和中国足协乙级联赛陕西赛区的比赛工作，承办了中国足协 2008 全国五人制业余足球总决赛，陕西中超联赛主场观众人数不断上升，人气名列全国第二。

陕西省篮球协会成功举办了第七届全省领导干部篮球赛，陕西全省共有 30 多支队伍 500 余名运动员参加。配合青少年阳光体育活动，成功举办了全国肯德基青少年三对三篮球赛，全省共有 500 多支队伍，4000 多人参加，历时 3 个半月，举办了 5000 多场比赛，成为青少年篮球爱好者十分喜爱的一项赛事。

陕西省乒乓球协会全年举办各种乒乓球健身比赛活动 10 余次，其中，全省领导干部乒乓球比赛共有 98 个队 500 余人参加，组队参加了中西部领导干部乒乓球赛，并取得了良好成绩。

除此之外，陕西省围棋协会、陕西省桥牌协会、陕西省网球协会和省农民体协、妇女体协等也举办了深受群众喜爱的多种活动。

在 2009 年，全民健身日的第一年，陕西省体育局、体育总会也采取了一定的扶持措施，重点支持了深受群众喜爱的登山、各项球类运动、龙舟、健身秧歌、健步走等一批群众性精品赛事，积极挖掘整理、推广省传统体育项目，将全民健身持续推“热”。

2012 年的 8 月 8 日是全国第四个“全民健身日”，陕西省各地市都举办了群众体育活动，隆重纪念这一日子。其中，西安市举办了全民健身月的启动仪式，并进行了全市的第九套广播体操展示大会，14 区县的 3000 名体育爱好者进行表演展示。在陕西省全民健身月期间，西安市 14 个区县和体育社团在街道、乡镇、厂矿企业、广场、公园开展 100 项以上群众体育健身比赛和活动，参加人数将超过 20 万人。

当日，不仅西安市举办了全民健身活动，陕西省各地市都因地制宜，举办了非常具有当地特色的全民健身活动。宝鸡市首个以体育为主题的城市综合性公园——五环体育公园正式开园，广大市民又多了一个健身休闲的好去处。公园以石鼓路为轴分为东、西两区：东区有体育馆、篮球训练馆、体育健身步道和健身广场区域；西区有体育场、羽毛球场地的羽乒馆、全民健身中心楼和全市最高规格的人工草坪老年人门球场，以及体育健身步道和健身广场区域，共安装各类健身器材 550 余件（套），总投资约 2 亿元。在公园里，国家级、一级社会体育指导员现场指导群众健身，传授健身器械使用方法。全民健身活动热情高涨，太极拳展示、空竹和武术表演阵容强大。

此外，榆林市举办了羽毛球比赛，并向体育健身活动站（点）发放了音响器材；安康市举办了跆拳道邀请赛、羽毛球赛，以及第九届青少年围棋授位赛；咸阳市举办了全民健身成果集中展演活动；延安市、铜川市、汉中市、商洛市都举办了全民健身展示活动。

为解决群众健身需求与场馆不足的矛盾，陕西省体育局对开放场馆的学校提供优惠政策，比如帮助学校配送健身器材等，盘活了现有的资源。

（三）休闲体育规模和市场潜力巨大

群众休闲健身热情高涨，休闲健身服务业快速发展，休闲体育规模和市场潜力巨大。近些年来，“全国亿万妇女健身活动”、“亿万青少年阳光体育运动”、“全国亿万职工休闲健身活动”、“全国亿万老年人健身展示活动”和“亿万农民健身活动”等活动不仅极大地调动了国民休闲健身的热情，而且显示了休闲体育规模巨大的休闲体育市场潜力。各体育单项运动协会和行业体协充分发挥自身优势，积极策划、组织开展具有项目特色和行业特点的全国性单项群体活动，如全国群众登山健身大会、全国百城健身气功系列展示活动、全国农民武术大赛和著名在华企业员工健身大赛等都突出了项目和行业特点，为广大群众积极参与休闲健身活动搭建了平台。为满足并引导广大市民的健身热情，我国相关部门不断完善各级各类群众体育组织网络，特别是百姓身边的体育组织；加大全民健身设施建设力度，特别注重设施的多元化，满足群众的不同需求；加强群众体育活动的开展，既有带动和示范意义的大活动，又有深入基层、在大家身边的小活动；强化群众体育骨干队伍的建设，加强专业化、科学化，不断提升健身服务的水平。这些措施在有效推动群众休闲体育工作开展的同时，也全方位地扩大了全民休闲健身规模。

（四）公共体育场地设施日趋丰富，但与日益增长的休闲健身需求仍有巨大差距

第五次全国体育场地普查结果显示，到 2003 年年底，全国共有各类体育场地 850080 个，比 1995 年末增加了 38.1%；体育活动场地面积 13.3 亿平方米，比 1995 年增加了 70.5%；每一万人拥有场地 6.58 个，人均体育活动场地面积 1.03 平方米，分别比 1995 年末增长了 31.6%和 58.5%。在此期间，中央和各级地方政府利用体育彩票公益金和政府财政，建设群众身边的健身路径工程 33314 条，配置小篮板 16456 副，修建乒乓球台 60645 个，为广大人民群众就近就便参加体育锻炼创造了良好的条件。在 2009 年全国体育局长会议上，国家体育总局局长刘鹏指出，在群众体育方面，体育设施要遍布城乡，我国各类体育场地目前已超过 100 万个，是建国初期的 240 倍以上。公共体育场地设施日趋丰富，为我国国民的休闲体育活动提供了基本条件和保障。并且开展了“体育消费与健康同行”的主题活动，倡导市民树立健康消费的生活理念，推进体育产业社会化、生活化、品牌化的进程。积极开展“走进运动场，健康在身旁”活动，提倡机关、企事业单位、学校的体育设施面向社会开放，实现体育资源社会共享。

《第三次群众体育现状调查公报》显示，在参加体育锻炼的人群中，影响其参加锻炼的主要障碍是“缺乏时间”（41.2%），其次是“缺乏场地设施”（16.6%）和“自身惰性”（13%）。休闲体育场地设施的缺乏和广大人民群众日益多元化的体育健身需求之间仍有巨大差距。

（五）城市社区体育和农村乡镇体育两翼齐飞

社区是广大居民衣食住行以及创造文化活动的主要场所。随着我国社会主义市场经济体制的不断完善，以及“单位体育”功能的弱化，以社区体育为重点的

城市体育进入了新的发展时期，社区体育已逐渐成为社区居民生活方式不可或缺的重要组成部分。社区体育以群众身边的组织、身边的活动、身边的场地“三边工程"建设为主轴，实施体育组织、健身设施、体质测试、体育指导员、健身指导、群体活动“六进社区工程”，并取得巨大成就。

奥运会前后，我国农村体育快速发展。2007年，总局和国家发改委、财政部共同制定下发了《“十一五”农民体育健身工程建设规划》，投入资金1.8亿元，其中体育彩票公益金投入9500万元，在中西部9277个行政村建设农民体育健身工程。截至2007年底，中央投入资金2.8亿元，其中体育彩票公益金1.8亿元，共建设“农民体育健身工程”15000多个。2007年，总局投入1000万元，在全国命名资助了16个全民健身活动中心；投入3000万元，建设了1000条全民健身路径。按照“雪炭工程”2005～2007年建设计划，74个项目正式启动，41个已经建成。2008年中央投入资金3.05亿元，在全国建设“农民体育健身工程”2万个。上述种种举措，使我国农村休闲体育得到了迅速发展，农民在休闲体育和健身活动中得到了实惠。

（六）休闲体育消费促进了休闲体育产业的发展

国家体育总局2007年第三次群众体育现状调查报告显示，在参加体育锻炼的人群中，有72.7%的人有过体育消费，人均消费为593元。其中，购买运动服装的比例最高，其他依次为购买体育器材、订阅体育报刊和购买体育图书、支付参加体育锻炼的场馆费用以及观看体育比赛费用等。2007年的调查与2001年相比，体育消费的比例和人均消费金额均有显著增长（注：2001年的研究报告中体育消费涵盖在文化娱乐消费之中，人均仅为117.15元）。休闲体育消费促进了休闲体育产业的发展，2007年，国家体育总局与国家发改委共同完成了《关于促进体育产业发展的指导意见（草案）》，继续推进体育标准化和体育服务认证工作；体育场馆建设、管理和运营水平有所提高，运营模式日益多元化；先后在深圳、成都和晋江设立了3个国家体育产业基地，探索体育产业发展的新模式。体育彩票工作稳步发展，以技术、网点、制度及队伍为重点的基础建设工作进一步推进，体育彩票全年发行总额度超过385亿元，创历史新高。成功举办了国际体育用品博览会和体育旅游博览会。2009年，我国体育休闲产业发展呈现出了新的局面：体育竞赛表演业蓬勃发展；群众健身热情高涨，全民健身服务业快速发展；巩固发展奥运成果，体育场馆服务业初步实现可持续发展；集聚效应逐渐发挥，体育产业功能区初现规模；体育彩票市场扩大，销售额再创新高。

同时，大力发展和扶持社区体育健身俱乐部、商业休闲健身俱乐部，引导和鼓励社会各界投资健身业，逐步实现投资主体多元化、融资方式多渠道化、经营模式多样化，满足市民日益增长的体育消费需求。截至2009年10月，陕西省拥有主营体育用品制造企业 15 家左右。至 2007 年底，全省拥有各类以体育用品为店名的销售企业 400 余家，兼营体育用品销售的企业有 2000 余家。主、兼营销售企业年营业收入 20 亿元左右，上缴税费近 3 亿元，从业人数两万人左右。全省体育用品销售业已经形成一定规模，成为西北地区主要的体育用品集散地。2007 年、2008 年连续举办的西部国际体育（休闲）用品博览会，为体育用品企业和商家搭建了一个交流的平台。

截至 2009 年 8 月底，陕西省体育彩票已累计销售 52.36 亿元，其中，电脑体育彩票 42.36 亿元、即开型体育彩票 10 亿元，共为国家筹集公益金 16.69 亿元，陕西省体育彩票拥有销售终端机 2897 台，吸纳就业人员 8000 多人。

陕西体育旅游的良好前景吸引着越来越多的投资，专业体育旅游企业相继建立。现有野营、攀岩、摩托、汽车等训练场 10 余处、滑雪场 6 处、漂流景区 10 余处、国际标准高尔夫球场 2 处、水上运动场（馆、池）120 余处、体育旅游主题公园近 10 家。

到 2007 年底，陕西共有体育经营单位 7000 家左右，吸纳从业人员 6 万人左右，资产合计 110 亿元左右。2007 年陕西体育产业总营业收入 50 亿元左右，实现增加值 20 亿元左右，约占全省 GDP 的 0.46%，上交利税 10 亿元左右，净利润 3.4 亿元左右。体育产业正在成为全省经济新的增长点。

（七）休闲体育快速发展，休闲体育项目丰富多彩

国家体育总局 2007 年第三次群众体育现状调查报告显示，在体育锻炼中，有 62%的居民采用的主要锻炼项目是健身走和跑步，其他依次为球类、健身操、骑车、武术、游泳等。后奥运时代，休闲体育包括的项目可用多元化来形容，其内容丰富多彩，大大增加了国民选择休闲体育方式和休闲体育项目的空间。既有不太需要特殊场地的，如武术、散步、跑步、徒手体操等，又有需要有一些专门场地和设施的，需要一定投入的现代体育内容，如网球、游泳、旅游、家庭器械健身等，还有对场地、设施、投入要求都很高的新潮体育，如高尔夫、保龄球、赛车、摩托艇、攀登、热气球、滑翔等。不少省市区充分发挥资源优势，推出以“体育旅游，快乐城市”为主题的体育健身和体育休闲旅游，打造了一批包括漂流、探险、汽车拉力赛、摩托车越野赛、水上运动等各具特色的精品体育旅游项目。在奥运会之后，重庆市奥体中心引进了保龄球、乒乓球、台球、自行车、四轮车、跆拳道、拉丁舞等运动休闲项目，使体育健身休闲区初具规模。

奥运会后休闲体育项目的发展凸显了一些新的特点。例如，向着山林野外发展的如定向徒步越野、登山、攀岩、蹦极、漂流、山地自行车、滑雪、雪上摩托等；向水上及高空方向延伸的如赛艇、帆板、水上摩托、潜水、钓鱼、沙滩排球、

木筏、热气球、跳伞等项目带给了人们新鲜的刺激与挑战，越来越多的人群加入到这些休闲体育的行列，同时也给休闲体育产业带来了发展机遇。探新求异是人们外出旅游的重要目的。在一些奇特景观区，开发奇特景观旅游产品能更好地发挥奇特景观区旅游资源优势，满足现代人追寻奇异、探索奥妙的需要，也为风景区推出攀岩、登山、探险、野外生存、自行车旅游、漂流等休闲体育项目提供了契机。

(八) 体育与旅游融合，体育旅游方兴未艾

近年来，旅游界流行一种说法，那就是“中国的旅游应当从观光旅游向度假旅游转型”，国家旅游局也开展了休闲度假旅游年，掀开了我国休闲度假的序幕。体育旅游作为休闲度假、特种旅游、商务会展中的一个重要要素，以其独特的健身性、娱乐性、挑战性、刺激性、广泛的群众性等成为人们旅游中的首选活动，越来越受人们的青睐。它满足了人们新的休闲旅游理念，即从单一到复合，从疗养到健身，从欣赏到体验参与，从赏心悦目到挑战刺激，从历史古迹到探索发现。由此可以断言，体育旅游必将成为未来休闲旅游中最时尚的活动。

以陕西为例，陕西作为一个发展中的旅游大省，仅就其人文资源、自然资源来说，在全国属于旅游资源富集区，然而比较全国旅游中心省市的旅游经济收入现状来看，陕西旅游业仅仅排在前 10 名左右。究其原因，在于陕西旅游业虽经过 20 多年的开发，形成了以文物古迹为特色的观光旅游产品体系，也开辟了休闲度假旅游、商务旅游和多种专项旅游，但旅游主线一直习惯性地局限于秦兵马俑、法门寺以及周边的文物古迹聚集带和自然景观聚集带。一成不变的旅游线路、旅游环境很容易使人产生“审美疲劳”，难以满足生活在现代社会中的人们的旅游消费需求，“厌旧”意识冲击着人们的旅游理念。有资料表明，人文旅游近年来已渐呈负增长之势。据调查，在观光旅游的人群中一个地方游过两次以上的仅为 21%，而选择两次以上体育健身娱乐活动的人群占 89%。

“发展是硬道理”，面对新一轮的历史发展机遇期，陕西体育事业和旅游业应携手形成旅游搭台、体育唱戏，体育搭台、旅游唱戏的合作关系，牢固树立、认真落实、以人为本，全面协调可持续的科学发展观，切实把经济的着力点放在调整结构、深化改革、转变增长的方式上，对可开发体育旅游的自然资源进行可行性研究。

1. 陕西开发体育旅游的环境优势

(1) 陕西的交通运输业十分发达，铁路网络和高速公路将周边的九大中心城市连接起来，形成了旅游“一日交通圈”，同时还拥有排名全国第四的国际航空港。

(2) 陕西已建成西部最大的光缆电信枢纽，可与 190 多个国家直接通话，特快

邮寄扩展到 90 多个国家和地区。

(3) 陕西的零售业在西北地区较为发达，批发市场具有较强的吞吐力，已成为西部地区一个重要的商贸中心和购物中心。

(4) 陕西现有星级饭店近 200 家，具有一定的规模和综合接待能力。

(5) 陕西的饮食服务业已形成国有、集体、个体、私营、股份制等多元经济成分共同发展的竞争格局。

(6) 陕西境内拥有体育馆近 20 座，同时还拥有水上运动中心和具有国际标准的跳水馆。

(7) 陕西拥有 50 多所高等院校，众多的科研机构和尖端科学基地，是全国第三大高等教育中心和科技中心，具有很强的教育、科技优势。

2. 陕西可开发的体育旅游自然资源

陕西由于地形、地貌、地理、气候的原因，自然形成陕南、陕北、关中三大风格各异的旅游板块。既有陕北黄土高原，又有陕南江南风光，还有被誉为八百里秦川的关中平原，呈现出多种多样的地形、地貌和众多独具特色的自然景观。同时它也是一个可开发体育旅游的资源富集区。在这一富集区内，有以险奇称天下的西岳华山和全国第二大瀑布——黄河壶口瀑布；有中国东经 105 以东最高峰的太白山以及山湖一体的翠华山，有风光旖旎的汉中红寺湖、汉水风情的安康瀛湖；有陕北的榆林大漠和典型的黄土高原以及全国最大的红碱淖湿地保护区等。这些都为开发体育旅游提供了良好的、有的甚至是垄断性质的自然条件。这些自然条件中既有山地、林地、草地、沙石泥地，又有江河湖泊、沙漠、黄土高原。据袁书琪等人对体育旅游资源的特征、涵义和分类体系的研究，上述自然特征很适宜开展具有地域特色的休闲体育旅游、民俗体育旅游、探险体育旅游和竞技体育旅游等体育旅游项目（表 2-1）。

表 2-1　陕西体育旅游可开发项目

体育旅游类型	可开展体育旅游内容
休闲体育旅游	登山、郊游、滑沙、游泳、垂钓、乘骑动物
民俗体育旅游	划龙舟、射箭、腰鼓
探险体育旅游	森林探险、登山探险、沙漠探险、漂流探险、野外生存、极限运动、攀岩蹦极、伞翼、高崖跳水
竞技体育旅游	参观各种大型体育赛事旅游 参加各种形式体育赛事旅游

（九）休闲体育的快速发展，强烈需求应用型休闲体育专门人才

我国休闲业和休闲服务业的快速发展，对休闲业和休闲服务业高级应用型人才的需求变得愈来愈紧迫。现代社会人所必备的素质是能够通过休闲来改善自己的生活质量、能够明确自己的休闲价值观和休闲目的、能够自主地确定休闲在生活中的位置。有关资料表明：1985 年，我国国际旅游休闲业就业人口约为 17 万人，到 1999 年上升到了约 200 万人，年增长率约为 20%。按这个增长速度估算，到 2010 年旅游休闲业的需求量可能达到千万人。庞大的休闲业和休闲服务业市场出现了对人才的急切需求。据 2001 年的相关调查，我国有 10%的人在双休日选择体育运动作为休闲内容，如果把桥牌、棋类也列入体育活动，则这一比例将高达 47%。2003 年"非典"之后，我国国民选择体育运动作为休闲内容的比例明显加大，据 2009 年北京群众体育现状调查的数据，选择体育运动作为休闲内容的比例达到 72.44%。又如，高尔夫球运动是一项深受人们喜爱的休闲体育项目，据了解，我国高尔夫球爱好者已超过 500 万人，且每年以 20%～30%的速度递增。一份由国家发改委、国土资源部、住房和城乡建设部等 7 部门联合发出的"关于开展高尔夫球场建设情况调查的通知"中提出，在过去的 5 年里，国内高尔夫球场由 100 余个增长到 500 多个。高尔夫已被列为 2016 年奥运会竞赛项目。中国目前的球场有 500 多家，每个球场需要专业人才 350 人，按此推算，专业人才缺口近 20 万人。以目前的增长速度，未来 5 年估计中国球场可达 1000 家，专业人才缺口可达 30 万人。目前高校的高尔夫专业毕业人数不到 700 人，无法满足巨大的市场需求。

北京奥运会后，不仅高尔夫球市场火爆，还出现网球、羽毛球市场火爆，健身娱乐市场火爆，冰雪运动市场火爆，游泳和水上运动市场火爆，户外运动市场火爆，体育旅游市场火爆等。相对而言，相关的休闲体育服务专业人才和健身服务指导人员十分紧缺。休闲体育业和休闲体育市场对高级应用型休闲体育人才的需求发出强烈的信号，已经对高等体育院校的办学方向发出了时代的呼唤。但目前我国高等院校招收休闲体育专业的不到 10 所，年招收总量 600 人左右，和日益增长的对休闲体育专业人才的需求极不相符。

第四节　休闲体育发展趋势

一、深度休闲

21 世纪，中国正步入一个前所未有的休闲时代。休闲已成为一种生活方式或

生活品质。收入、闲暇时间的增长与生命的延长，使得人们参与休闲的机会与潜力大幅增加。另外，电话、汽车、电视等科技产品的发明和普遍应用，不仅改变了人们的生活作息和对时间的应用，而且改变了人们从事休闲的形态。人们热衷于诸如看电视、逛街等这种强调短暂性、大众化、被动式的随兴休闲活动，但是这些休闲活动往往难以提供给参与者较深入的体验，且常常易导致休闲者产生无聊等负面情绪。因此，对休闲参与者来说树立“深度休闲”的观念变得越来越迫切：在休闲活动中发展出一种认真的态度，对于自己喜欢的事，能深度投入并愿意承诺；因兴趣加上努力，学习的成效使情绪性的兴趣转化为冷静的思考，深度的学习活动就会萌发，甚至可能发展出个人工作外的第二、第三专长。

目前，深度休闲已经成为国外休闲研究的一个新兴领域，但至今尚未引起国内学者的关注和重视。不过，国内不少城镇居民（尤其是老年群体）正越来越热衷从事各式各样的深度休闲行为，比如，冬泳活动、有规律的登山活动等都具有深度休闲的影子，并因此发现了自己的人生价值和乐趣。

（一）深度休闲的概念内涵

Stebbins（1982）首次提出深度休闲（Serious Leisure）的概念，并将其界定为“休闲活动参与者有系统地从事业余、嗜好或志愿的活动，他们投入如事业一般的专注，并借此机会获得及展现特殊的技巧、知识及经验”。这种看法与当时一般休闲学者认为休闲只是一种心理状态，是一种免除责任义务的活动明显不同，因此，受到了当时休闲理论学者的重视。之后，大部分有关深度休闲的研究均以Stebbins的理论架构作为研究的基础。深度休闲是一种深层的满足感及存在感，通常参与者不单单只是参与，而是将该休闲活动视为生活的一部分，以自由自在的心情去从事活动，认真地向目标迈进。也就是说，所谓深度休闲的“深度”（serious）代表“专注”（concentration）与“奉献”（dedication），而不是“严肃”的意思，是具有相当大的乐趣而非压力的休闲活动。Parker等（1993）对30个澳大利亚人的休闲生活进行了系统研究，认为休闲活动可以划分为深度的、随兴的、中等深度的3种类型。而后，Stebbins（2006）根据人们参与休闲活动所需投入的程度，认为存在3种不同的休闲方式：随兴休闲（Casual Leisure）、深度休闲（Serious Leisure）和主题计划性休闲（Project—Based Leisure），并对相关概念作了解释。Shen等（2010）通过对不同团体女性深度休闲者的调查证实了这一点，发现随兴休闲和深度休闲不是完全独立的两个概念，两者之间是相互关联的。

（二）深度休闲的特征

Stebbins提出了深度休闲具有坚持不懈（need to persevere）、生涯性（career）、个人努力（significant personal effort）、持久的利益（durable benefits）、

次文化（unique ethos）、强烈的认同感（identify strongly）6 项特质。后来，不少学者的研究证实了这些特质的存在（如 Gibson，2002；Green，2005；Brown，2007；Raisborough，2007）。坚持不懈，这与一般休闲极为不同，深度休闲参与者即使遇到很大困难都会以正面的心态去面对，或者在身处怯场、害羞、焦虑、疲倦或受伤等状况时，也会出于对活动的承诺和自我挑战而坚持下去。Jones（2000）研究了足球球迷的深度休闲行为，并对这种持续参与活动者的付出大于收益的现象进行了相关研究，发现由于深度休闲行为提供了较大的社会性认同，使得参与者能用这些认同去补偿休闲活动中的负面要素。

1. 生涯性

深度休闲者在其从事活动过程中都有面临事业成败的关键时刻、遇到突发事件等情况，但他们不会因此而退缩。如参与社区义务消防的志愿者，可以每周连续数次、连续好几年从事义务消防工作，即使遇到挫折也会无怨无悔继续他们的工作。以皮划艇作为休闲活动的人，获得成就或利益并不是最重要的。

2. 次文化

深度休闲参与者之间由于具有相同的价值观、道德标准、工作水平及表现水平等，自然而然就会形成一种次文化，这种次文化就是深度休闲的独特精神。“这种独特的精神是加入这种休闲活动的主要动机，它将尚未定性的、四处分散的行为者、组织和活动都组合成一个特有的团体。”Green 等（2005）的研究也验证了深度休闲参与者之间确实能形成具有高度认同感的次文化。

3. 强烈的认同感

深度休闲参与者对所从事的活动具有强烈的认同感，在与其他人谈论此项活动时会兴奋不已，同时也很乐于与人分享他的所得，特别是面对新认识的朋友时，更是如此。这些业余者也知道对于自己的副业过于热衷，但总是情不自禁。但是 Could 等（2008）的研究发现，虽然深度休闲参与者透过彼此的努力去完成许多计划和作品，并能从中获得成就感，但在参与活动过程中若是单独而非团体活动，则对于团体的认同度就不会太高。

（三）深度休闲参与者的类型

1. 业余者（Amateur）

Stebbins 发现在艺术、运动、科学、娱乐领域中，从事相关活动的业余者以日常生活中的部分时间投入休闲活动，这与专家在全职工作并以此谋生的性质不同。业余者只是因活动的强烈吸引，表现出对休闲活动的认真态度，并怀抱着期许自己能够不断进步与突破的心态。在业余者中，Stebbins（1993）认为存在一个“专家—业余者—一般大众”（professional—amateur—publics，P—A—P）系统，用于区分业余者、专家和一般大众的关系。业余者面对一般大众的时候，扮演着专家的角色，为一般大众提供类似专家般的服务，并要求自己能够维持最优越的表现。同时，由于业余者的存在，也使专家时时警惕要不断努力与进步，因此，专家与业余者之间就存在着“一方面相互竞争；另一方面又一同追求最佳化表现的关系”。Yoder（1997）通过对美国垂钓活动的质性研究，发现商业在某些深度休闲活动中扮演着重要的角色，而P—A—P系统并不能完全解释垂钓这种和商业、器材紧密相连的休闲活动，并在依据此系统的基础上，提出了“商品代理商—职业选手/商品代理商—业余者/一般大众”（commodity agents—professional/commodity agents—amateur/publics，C—P/C—A/P）系统，这个系统揭示了“商品代理商”与“业余者/一般大众”之间存在着新闻、金融结构上的机能冲突的关系，说明了制造者与分配者对于钓鱼设备的赞助，在钓鱼运动的发展上扮演了一个相当重要的角色：“职业选手/商品代理商”或“业余者/一般大众”接收到特别的利益，如经济支持、资讯交换，都是其继续参与活动的有力激励因子；若彼此之间因为兴趣、见解的不同或缺乏对彼此尊重的时候，“职业选手/商品代理商”或“业余者/一般大众”就会产生摩擦。Harrington等（2000）在Yoder的研究基础上，通过对赛车比赛中的志愿者和业余者的支援服务种类进行调查，发现在赛车这种深度休闲活动中，专职的志愿者有着不同于其他活动的特殊地方，他们既是组织比赛的志愿者，同时也是赛车这项活动的业余者，为此，Harrington提出了一个“商业代理—专家/商业代理—职业志愿者/业余者——一般大众”（commodity agents—professional/commodity agents—career volunteer/amateur—publics，C—P/C—CV/A—P）系统。

2. 嗜好者（Hobbyist）

Stebbins（1993）认为嗜好者是利用工作之余，参与一项自己有兴趣并且乐在其中的专门活动，其参与的目的只是为了得到技术和知识，好让个人可借由努力的过程而获得精神上的回馈。但是此类型的深度休闲参与者同业余者比起来，专业能力的程度较弱，有时反而比较具有商业性。

虽然嗜好者的专业程度并不像业余者那么强，但是嗜好者同样对自己所选择的休闲活动有着坚定且明确的目标，就算遇到困难也会有努力不懈的态度，参加活动的目的是基于对活动本身的兴趣与喜好，就算参与活动能带来经济上的回馈，但参与活动却是其最主要的目的。

3. 志愿者（Volunteer）

Stebbins（1993）认为志愿者是一种志愿服务，是个人或集体的一种出于非强迫性的，且经济上的获得并不是其主要目的行为。志愿者从事深度休闲行为的过程中，其持续的利益是来自帮助他人之后获得的快乐，和其他两种从事深度休闲追求价值的过程刚好相反。志愿者乐于奉献，在辛苦的工作过程中获得成就感，在安慰那些受难的人的过程中感受到自己被需要的感觉。Gravelle 等（2001）通过对讲法语游戏的案例研究证实了深度休闲和志愿者的关系，认为志愿者的工作就是深度休闲活动的一种。而 Yarnal（2003）对社区义务消防队员的研究却发现，消防志愿者本身觉得自己是一个很矛盾的个体，他们身上肩负着“双重责任”：社区居民认为他们就是专家（Professionals），并且用专家的标准来衡量他们，但是在志愿者自己本身看来，他们仅仅是义务的、自愿工作的业余（Amateur）消防者。一些学者对运动观光（Green，2005）、跑步（Major，2001）等多类深度休闲活动的实证研究，均证实了深度休闲具有“能提供一个和他人分享成就、经验的契机，能形成相互认同的小团体”，“能带来成就感、健康，有利于社会交往”等利益。Baldwin（1999）认为养宠物也是深度休闲的一种，他以 AKC 俱乐部（American Kennel Club）会员及举办的活动作为研究对象，发现以宠物饲养为深度休闲的人，除了对这项活动具有高度认同外，对 AKC 这个团体和其宠物也有极深的感情，AKC 也得益于会员们的自愿和无偿的奉献，从而能继续健康地发展下去。Siegenthaler 等（2003）和 Brown 等（2008）均研究了深度休闲和积极老龄化的关系。前者研究发现，参与高尔夫运动的老年人按参与程度排序，可以被分为核心爱好者、中庸爱好者、社会性参与者、治疗性参与者 4 种类型，参与程度越高的人，高尔夫对其积极老龄化的贡献越大。后者研究表明，深度休闲活动“在个体生活中扮演着重要的角色，并为老年人的娱乐生活提供了有效的路径”，证实了深度休闲与积极老龄化之间是正相关的关系。

（四）深度休闲活动的阻碍

Stebbins（1993）认为“深度休闲可能遭到亲朋好友的误解，他们无法明白为何休闲参与者如此热衷此道”。针对这一点，Goff 等（1997）针对“从事深度休闲者与所发生的家庭冲突”进行研究，以赛跑者的配偶作为研究样本，发现赛跑者参与状况、家庭冲突状况与配偶的支持程度呈现高度相关，当配偶支持其跑步活动时，则家庭冲突就会相对降低。同时研究也发现，男性配偶对另一半跑步的支持度会低于女性配偶。由此可见，“社会人际阻碍”是妨碍深度休闲的主要障碍之一。“个人内在的阻碍”也会使人们放弃参与深度休闲活动。Siegenthale（1997）就将青少年运动视为深度休闲，对于儿童、成人的正负面影响展开了研究，发现成人督促孩子参与深度休闲活动，的确可以促进儿童的自信、社交技巧与运动员精神等潜在能力；然而若成人太在乎运动比赛的“竞争性”或是“输赢”，这将很容易造成儿童“丧失参与兴趣”、“沮丧”、“丧失成就感”，从而停止深度休闲活动的参与。Yoder（1997）研究也发现，深度休闲参与者受到的经济支援、资讯交换、角色支援等收益都是激励其继续参与活动的原因，也就是说，“商品设备的增加”和“经济因素”在从事深度休闲活动中扮演着重要的角色，即“结构性阻碍”是不可忽视的深度休闲活动的阻碍。除此之外，“社会性认同”（Gillespie，2002）、结构性阻碍的“时间、空间、性别、阶层、年龄”（Stalp，2006）、“被边缘化”（Anderson，2010）等都可能成为深度休闲活动所面临的休闲阻碍。

深度休闲的概念虽出现于20世纪80年代，但直至20世纪90年代此领域才开始受到关注。随着社会经济的快速发展，人们休闲意识日益提升、休闲机会大幅增加，对深度休闲行为研究的价值与意义也日益凸显。目前，国外越来越多的学者涉及深度休闲领域，研究的深度和广度也在不断拓展。

二、运动性休闲

（一）运动性休闲概述

运动性休闲是指以身体活动（按照体育学术语称为身体练习）为基本形式，以健身、娱乐、消遣、放松和探寻刺激等为主要目的的社会休闲活动。运动性休闲活动所作用的客体往往是活动者自身的身体，即活动主体的有机体。运动性休闲的典型表现形态通常是由一些体育类和文化艺术类活动构成。体育类活动的内容和形式十分丰富，从最简单的散步到使用各种高科技器材的运动项目，建构了体育类休闲活动体系。无论是在过去还是在现在，甚至到了未来，体育类的休闲活动都会因为其本身的特性以及对人产生的特殊作用而在人们的日常生活中占有重要地位。

罗歇·苏认为：体育类休闲活动与“传统意义上的体育运动”或者竞技体育（当然也包括那些带有强制性和规定性的体育活动）是有区别的，“它既不是以通过比赛追求成绩，也不是以崇拜力量为目的；它既不要求遵守刻板的规则，也不要求有规律的强烈训练，而是通过非形式的、自发的体育活动，追求身体放松和舒服”。当然，运动性休闲活动并非只是“追求身体放松和舒服”。在现代社会中，人们对生活质量有了更高的要求，身体本身成为审美的对象。因此，塑造优美的身体线条，培养健美的身体形态和姿态，成为运动性休闲活动的目的之一。

据有关研究统计，在众多的运动性休闲活动形式中，除了舞蹈类占有一定的比例外，具有体育性质的休闲活动形式至少占了80%以上。由此可以说明，在现代社会中，体育类休闲活动无论从形式上还是内容上看，都在人类的休闲活动中占有不可忽视和替代的地位。文化艺术类的休闲活动内容历来十分丰富，且历来被认为是休闲创造的最好形式，如琴棋书画、诗词歌赋、戏曲舞蹈，等等，但真正能够归属于运动性休闲范畴的活动形式主要还是舞蹈性活动。各种类型和风格的舞蹈，成为一些休闲聚会和仪式活动中的主要形式。

艾伦·哈里森认为：几乎在全世界的每一个地方，人们都发现，对于原始仪式而言，重要的并不是祈祷、膜拜和献祭，而是模仿性的舞蹈。可见，舞蹈性活动在社会生活中也有着许多种特殊的社会功能。在现代社会中，最富有运动性休闲活动特征的就是那种大众性舞蹈，如交谊舞、广场健身舞等等。运动性休闲活动的舞蹈，可能不再强调表演性舞蹈所具有的叙事性和抒情性，或者也不再要求动作的精准和完美，而更多的是追求随心所欲、顺意而为的状态，充分享受韵律的舞动带来的各种精神感受。无论过去还是现在，以体育和舞蹈建构的运动性休闲活动始终是我国大众百姓休闲娱乐的主要活动方式，并且以不同的形式显现于大众的日常生活之中，随着人类社会的演化发展而发展。

（二）作为本性需求的休闲方式

上古时期，人类何以用运动性方式来表达自己的情感和宣泄剩余精力呢？《诗经·毛诗序》中说："诗者，志之所之也，在心为志，发言为诗，情动于中而形于言，言之不足，故嗟叹之，嗟叹之不足，故咏歌之，咏歌之不足，不如手之舞之足之蹈之也。"由此可见，在言语贫乏的时代，情感及剩余精力的宣泄方式之极致乃运动性的手舞足蹈式！在人类完全依赖于大自然的远古时期，即狩猎、采集时代，为了生存，人们的一切活动都围绕着如何获得生存所需的物质而进行。寻找和猎取食物的活动占据了古人们的大部分时间，当人们的食物需求得到一定的满足之后，便将其活动的注意力转向了休闲和娱乐。而在语言贫乏的年代，人们只能以最本能和原始的身体运动（如相互追逐、攀缘、拉扯）及与生存活动密切相关的运动方式（如狩猎游戏等）作为自己的休闲娱乐方式。从某种意义上讲，在原始的人类社会中，人类的娱乐性质及其方式，与其他的灵长类动物并无多大的差别。在那个时期，参与娱乐者大都是青年以下的人，因为他们正是精力充沛、生命旺盛的时候，他们不仅存在着精力发散的需要，同时，他们还需要提高自己生存的能力和技巧。因此，参与各种运动性的游戏活动成为他们休闲的主要方式。而进入中老年的人们在这个时候则成了各种游戏活动的参观者，他们观看下一代的活动，不失时机地给予指导和教育，并从下一代的娱乐游戏中获得愉悦的情感。在这个时期，人类的娱乐活动与生存活动密切相关，或者可以说，娱乐活动是狩猎、采摘等生存活动的练习方式。

溯源寻踪，在人类发展的历史过程中，以体育类和舞蹈类为主体的运动性的休闲活动始终伴随着人类的发展而发展。有人对狩猎民族的舞蹈进行了研究，依据舞蹈的特点和性质把狩猎民族的舞蹈分成了模拟式和操练式两种。模拟式舞蹈是对于动物和人类动作节奏的模仿，而操练式舞蹈的动作却并不服从任何自然界的范式，而带有更多的想象和意念。操练式舞蹈通常出现在重大事件发生后或者某种仪式举行之中，如祭祀仪式中的那些群体性舞蹈。今天看来，前者更接近今天的艺术舞蹈表演；后者则相当于今天大型活动中的团体操表演。表现人们以操练式舞蹈进行休闲活动的另一个重要证据就是：1973 年考古人员在青海省大通县孙家寨新石器时代后期遗址里发掘的绘舞蹈纹彩陶盆。这件舞蹈纹彩陶盆属距今 4000～5000 年的著名的马家窑文化类型。盆内腹壁以剪影手法绘有三组舞蹈人物纹，每组 5 人，相互手拉手，动作面向一致，每人脑后有垂辫，胯部斜刺出一条似为兽皮服装的“尾饰”，令人想起上古“击石拊石，百兽率舞”的情景。其实，这种连臂的集体舞至今仍为羌、彝、藏、苗族等民族在节日聚会或者举行某种仪式时所采用，载歌载舞的方式渲染着人们愉悦的心情，表达了人们心无旁骛的闲适自在。沧源崖画是我国目前发现的最古老的崖画之一，据研究认为产生于新石器时代晚期。已发现崖画地点 11 处，分布于云南省沧源县的勐来乡、丁来乡等多个乡镇的山崖上。灰色的石灰岩石壁上画有赭红色的画图，佤族人称为“染典姆”，意为岩石上的画。崖画的画幅面积大小不等，画幅小者由数个零散图形组成，大者图像数以百个。图形中有人物、动物、房屋、道路、树木、舟船、太阳、云朵、山峦、大地等，另外还有多种表意符号。人物图形的描绘，均以单色、单线加平涂，省却五官等细部剪影式手法绘制，通过变化多端的四肢的状态来表现人物正在从事的各种活动。内容有狩猎、放牧、采摘、舞蹈、娱乐等，主要反映和记录佤族的先民们从事生产劳动、宗教祭祀、日常生活的各种场面。从崖画所反映的内容来看，一种徒手的、有不少队形变化的集体舞在当时的一定区域内颇为流行。另外还有一些狩猎、打仗游戏和鸟兽装扮的表演，由此看来，在语言贫乏的新石器时代，运动性的活动乃是远古先民打发余暇时间的主要活动方式。

运动乃人类及一切动物的本能，这种本能的需求一定会在其生命过程中表现出来。人类的发展过程如此，个人的发展过程也是如此。直至今日，我们仍然可以从婴幼儿的身上看到这种运动性游戏的需求冲动，从他们的身上，我们看到的是人类原始的、本性的需求，与我们的运动本能密切相关的需求。

（三）社会化改造的运动性休闲方式

随着农业的产生，定居的生活方式给人们带来的不仅仅是物质条件的改善，更重要的是使人类文明的进化从此开始了根本性的发展。雅可布认为：“从游牧到村居的变化，是人类在其上升历程中跨出的最大一步。”农业的兴起使人们逐渐从狩猎、采集的生活模式转变为驯养、种植的生活模式，一些原来具有生存意义的活动和技能，到了村居时代就成了人们在闲暇时间进行的玩耍游戏活动。农业社会的产生，不仅改变了人类的生活方式，而且还促使了人类文明的发展。定居的人类有了共同的生活环境，形成了共同的行为规范，对人们的原始需求进行了一种特有的社会化改造。然而通过这种社会化改造，人类原始的需求被逐渐弱化或丑化了。

在中国，数千年的古代社会完全是一个实行儒家礼教为主的“男尊女卑”的社会，受封建观念和狭隘的、重文轻武思想的影响，运动性休闲活动被文化性休闲活动如琴棋书画等所替代，从而使人们本能的运动需求被限制和制约。这种被社会化的尚文思想，成为人们对休闲活动方式选择的桎梏。即使是纳入礼教范畴的运动性活动方式，如“射”、“御”之类，统统都要按照一定的礼数进行，运动性活动被社会化改造了。用一定社会的“文明”和“规范”对人类本能的表现形态进行社会化改造，以合乎所谓礼数与否作为行为评价标准。《论语》中说：“君子无所争，必也，射乎，揖蹉而升，下而饮，其争也君子。”古代文人君子在场上以射作争，而在场下又可以把盏互敬。我们可以想象，玩射箭游戏的公子王孙、文人墨客是何等的谦谦君子，又是何等的闲适愉悦。但是，封建时代的女性就没有了王孙公子、文人墨客的闲适愉悦。她们的一切行为活动都受到封建礼教的层层制约，以至于被社会压制到“笑不露齿，行不露足”的地步，大庭广众之下参与运动性休闲活动就更是被视为有悖于“妇道”。因此，妇女的休闲活动范围往往被限制于后院闺阁，休闲活动方式也几乎被女红之类的手工劳动所替代。

在欧洲，公元 2 世纪后，被基督教统治的包括希腊在内的整个欧洲，被禁欲主义思想所控制，主张灵肉分开，反对包括身体运动在内的一切肉体欲求，使得欧洲处于一个相当黑暗的时代。公元 393 年，罗马皇帝狄奥多西一世宣布基督教为国教，认为古奥运会有违基督教教旨，是异教徒活动，翌年宣布废止古奥运会。至此，人们完全丧失了追求自我、释放自我的权利。这个时期，在宗教神权统治下，人们的一切欲求都被视为一种罪过，更不用说出现哪种表现快乐的运动性休闲活动了。

不论是在中国还是在欧洲，运动性休闲活动在古代的发展都十分艰难。但是，随着人类社会文明的发展，终有一些运动性游戏方式会被人类创造，并流传下来。这些被创造出来的游戏既保留着原始活动的痕迹又被改造为新文明的模式，如上古时期流传的一种投射游戏“击壤”，这种产生于原始社会，用于训练狩猎技巧的活动被游戏化，并一代一代地被改造以适应新时代的规范和文化模式，“击壤”这种游戏方式的名称已变成“飞石”、“打瓦”、“打板”、“打梭”，等等。同时，所有的运动游戏都开始规则化（规定一定的玩法），以便所有玩要者采取共同的游戏方式并给予同样的评判。本能的需求满足方式按照人类社会的文明进化被彻底地人化了（社会化），于是，满足本能需求的原始动机也与人的一定的社会需求产生了联系。运动性游戏不再只是满足人的运动需求的方式，一些由于参与游戏而产生的社会需求在活动过程中反而被强化，甚至慢慢地掩盖了原始需求本身。事实上，我们看到，人的社会化程度越高，原始需求就越是被弱化，直至模糊到个体不能清晰认识的状态。

（四）回归本性需求的休闲方式

18 世纪中叶，发源于英国的工业革命不仅改变了社会生产方式，也改变了人们的生活方式，加速了人类世界的文明发展。同时，大机械生产、生产节奏加快及城市人口剧增等一系列社会问题也放在了英国新兴的资产阶级面前。也许正是运动性休闲活动的本质特征所决定，解决这些社会问题的手段之一居然是推行发展户外运动和游戏。在短短的一个时期，诸如狩猎、钓鱼、射箭、旅行、登山、赛艇、帆船、游泳、水球、滑冰、疾跑、跳远、跳高、撑竿跳高、投石、掷铁饼、羽毛球、板球、地滚球、高尔夫球、曲棍球、橄榄球、足球等运动项目迅速在英国各地流行开来。这些更加自由、更加随意的运动性活动作为理想的休闲手段，备受英国大众的青睐，并随着英国的对外扩张，户外运动和游戏的影响很快传到了美国、法国及世界其他国家。如果说当初英国新兴的资产阶级选择户外运动和运动性游戏作为解决高度聚集的人口打发空闲时间、协调社会关系的工具之一，只是被一种潮流所驱使的话，那么，在科学技术高度发展、社会生产资料和生活资料日益丰富、城市化程度越来越高的当今时代，运动性休闲活动还能发挥出那种奇妙的功能吗？生在工业革命后期的德国哲学家尼采在他的第一部学术著作《悲剧的诞生》中认为：在工业社会里，尽管物质财富日益增多，人们并没有得到真正的自由和幸福。僵死的机械模式压抑人的个性，使人们失去自由思想的激情和创造文化的冲动。现代文化显得如此颓废，这是现代文明的病症，其根源是生命本能的萎缩。他认为：要医治现代疾病，必须恢复人的生命本能，并赋予它一个新的灵魂，对人生意义做出新的解释。尼采的思想成了后现代主义的先驱。

随着城市生产和生活的自动化程度的提高，人类的生活方式发生了彻底的改变。余暇时间的增多，家务劳动的社会化，高脂肪、高热量食物摄入的增多，头脑思维越来越多，而身体运动越来越少等现代社会特征给现代人带来便利和效率的同时也带来了种种“文明病”，威胁着现代人的身心健康。另外，城市规模越来越大，生活节奏越来越快，工作生活竞争压力和强度也越来越大，诸如此类的要素使现代人的身心健康也越来越差。事实上，在现代社会中，城市人对城市环境和生活的厌烦和无奈已经驱使人们向自然回归，人类开始重新认识自己，重新体验自己的真实的情感，重新思考自己的本性需求。

因此，一些回归自然的运动性休闲方式正以不可思议的速度发展起来，从陆地到水上再到空中，人类让自己的身体在自然许可的空间中随意运动着，没有功利性目的，没有征服感，只是将自己沉浸在大自然中，让自己的四肢和身体在自然的空间里自由地舒展。在我们重新皈依自然的时候，我们剥去了掩盖在我们原始的运动需求外表的一切社会外套，结果发现，原来满足我们原始的运动需求的方式仅是如此简单，我们却在这种简单而直接的活动中，获得了在繁杂而喧嚣的城市中所得不到的身心的宁静。

第三章　城市居民休闲体育

第一节　休闲体育与现代生活质量

一、休闲体育与生活方式

（一）生活方式

生活方式的内涵与外延不仅是一个综合性概念，而且在不同的时代，生活方式所包含的内容有不断发生变化的基本规律和基本特征。

一般来说，生活方式是指人们日常生活内容的总称，不同的生活内容表现出不同生活方式的特征，反映出人们生活的价值取向。现代生活方式与现代生产劳动方式有直接关系，不同社会历史阶段的生产劳动方式决定不同社会的生活方式，不同社会的经济发展水平和物质生产的发达程度决定生活方式的主要内容。马克思和恩格斯在《德意志意识形态》中写道："在社会生产的每一个时代，都有与之相适应的个人生活方式和一定的活动方式。生活方式首先表现为人们的日常生活，表现衣、食、住、行，文化，风俗习惯等基本内容，社会生活方式首先是劳动生产方式，这是毋庸置疑的。"不同的社会制度，生活方式也会有所不同。"如果深入社会关系的本质，就会发现在生产力发展水平大体相同的资本主义国家和社会主义国家的人们在生活方式上的差异。"

生活方式还与不同民族生活的历史沿革、所处的自然环境和条件以及长期形成的生活习惯有很大关联。生活方式在阶级社会中具有一定的阶级性，它制约着一定社会人们的生活活动方式，特别是精神生活。因此，现代生活方式是在现代社会条件下，人们的生产、生活活动本质特征的总和。它包括人们的劳动生产方式、日常生活方式、精神生活方式、物质生活方式等各方面，而且它们之间相互影响、相互作用，其中劳动生产方式起基础性和决定性的作用。

（二）现代人生活方式及特点

全球性的市场经济浪潮影响着现代人追求效率与务实的思维方式。现代人的价值评判标准更倾向于现实生活的成败苦乐，财富与事业为现代人所重视，加上人口增多、资源匮乏，又令现代人的生存竞争日渐加剧。人们所承受的工作压力和生活压力也越来越大。日益紧张的生活环境及竞争环境诱发各种身心疾病。如偏头痛、便秘、高血压、心脏病以及神经过敏、神经衰弱、精神分裂、狂躁忧郁等精神性疾病。

人类社会经济发展与进步的终极目标是最大限度地满足个人需要，使社会中的绝大多数个人达到心理的最大愉悦。现代社会的经济发展速度是惊人的，人们的生活水平日益在提高。然而现代工业社会中的某些不尽如人意的现象，如扭曲的价值观、单纯的拜金主义和物质享乐主义，并不能使人们达到身心健康的目的。现代人已开始寻求身心的解放和回归自然。管理学大师皮特·德鲁曾指出：随着工资的稳步增长和工作时间的不断缩减，人们会将财富积累的一半用于创造休闲。

人类的生活方式可分为：远古社会生活方式、农业社会生活方式、工业社会生活方式、信息社会生活方式。现代生活方式是指后工业社会和信息社会条件下，人们的生产、生活活动本质特征的总和。不同的社会生活方式有不同的特点。现代生活方式也有其自身的特点。

1. 良好行为习惯与不良行为习惯并存

行为习惯是生活方式的重要组成部分，也是生活方式的外在体现。良好的行为习惯促进身体健康，有利于人们对运动休闲的参与；不良的行为习惯降低健康水平，抑制人们对运动休闲的参与。现代生活方式中，喝酒、吸烟、暴饮暴食的风气和行为习惯严重地影响了人们的健康。美国每年有200万人死于不健康的生活方式，主要表现为酗酒、吸烟、吸毒、生活无规律、营养失控、体育运动不足等不良的行为习惯。体育习惯属于良好的行为习惯，它形成于在校学习阶段，现代生活中，许多人在走出校门后就放弃了体育活动，久而久之，就没有了体育运动习惯，这深刻地影响着现代人的健康和体质状况。

2. 劳动时间缩短，余暇时间增加

现代社会，随着科学技术的高度现代化、生产劳动的自动化和效率化、家务劳动的电器化、社会化，人们工作、劳动时间越来越短，休闲时间越来越长，为现代人参与运动休闲提供了时间保证。

3. 生活节奏快，心理压力大

现代经济体制改革促进了市场经济的发展，市场经济的快速发展加剧了市场的竞争，市场竞争则加快了人们的生活节奏。在“适者生存，不适者淘汰”的竞争状态中，人们的生活压力越来越大。

4. 生活空间扩展但运动不足

信息化使“秀才不出门，便知天下事”成为现实。人们不仅可以用网络等现代信息手段通信、了解信息，而且可以在网上工作、学习、购物、聊天、游戏、交友谈恋爱，使生活空间极大扩展。但足不出户或出则乘车使现代人的身体活动极大减少，导致“肌肉饥饿、运动不足”。

5. 既重视物质消费，更追求精神消费

一般而言，生活方式是物质消费和精神消费的内在统一，二者缺一不可。物质生活渗透着精神文化因素，精神文化消费如读书、休闲娱乐等要借助于物质条件，求得精神享受。总之现代生活方式既要满足物质需要，又要满足精神文化需求。在现代社会，人们生活水平快速提高，物质产品十分丰富，物质消费品基本满足或已经饱和，人们进一步的追求是精神消费品如休闲娱乐、旅游、学习、收藏，即便是物质生活消费也要体现比较高的文化品位，如居室装修、餐具、茶具、酒具等都追求一种更高的文化。

（三）休闲体育对现代生活方式的渗透

休闲体育之所以能够渗透于现代生活方式中，在现代人的休闲方式中占有显著的地位，很大程度上与它自身的特点和所具有的功能以及它对个体的自身改造的意义密切相关。加上现代生产的发展，给人们参与休闲体育提供了两个极为有利的条件：一是富裕的物质条件，二是较多的闲暇时间。物质条件为人们参与休闲体育提供了客观条件，闲暇时间则为休闲体育的参与提供了时间上的保证。

1. 现代社会生产对体育的特殊需求，使休闲体育渗透于现代生活方式中

现代生活方式与现代生产劳动方式有直接关系。随着工业社会和后工业社会的到来，人们的生产劳动方式与过去相比发生了革命性的变化。现代社会生产活动是在现代科学技术高度发达的基础上进行的，劳动过程越来越社会化、自动化、电脑化。且随着现代社会生产从生产→科技→生产的模式转变为科技→生产→科技的生产模式，对现代劳动者的知识更新需求越来越快。劳动过程中社会分工越来越精细、严格，劳动者从事的工作从过去单调、紧张、高度肢体运动的劳动向更加自动化、高度脑力化、智能化的劳动转变。但这并不意味着现代社会的生产劳动降低了对劳动者身体素质的要求，相反，现代社会的生产劳动对人们的身体素质和科学知识提出了更高的要求，现代社会的劳动者不仅需要具有丰富的知识，掌握复杂的技术，还需要具有充沛的精力和体力，才能灵活、准确、协调地控制生产过程。而在休闲体育过程，人们所掌握的多种活动技能和快速活动方式，有利于人们准确、协调、敏捷地完成各种生产、生活动作，既可避免多余动作，又不会力不胜任。因此休闲体育渗透于现代生活方式中，正是满足了现代生产生活方式对体育锻炼的特殊需求。

2. 现代生活方式中的健康隐患呼唤休闲体育

生活方式与人们的健康息息相关。生活方式的变化，包括生活内容、生活领域、生活节奏的改变，都会引起个人乃至社会的健康问题。人的一生中，生活方

式不可能一成不变。随着生活方式的改变，在内容上丰富或贫乏，在领域里开阔或狭窄，在质量上提高或降低，在节奏上加快或减慢，都可能给健康带来正面或负面的影响。现代生活方式是在科学技术大发展的时代迅速形成的，它给人们带来了许许多多的实惠，但同时也潜藏着许多影响人们身心健康的隐患。而休闲体育正是预防减弱或消除这些隐患的有效良方和积极手段。通过适度的休闲体育活动的参与，不仅能够弥补现代人在现代生活方式中的“运动不足”、解决“肌肉饥饿”问题，使参与者减少肥胖、提高心肺功能；同时还能增强体质，提高协调、灵敏、力量、平衡等身体素质，并使参与者经常保持头脑清醒、思维敏捷。因此，在提高人们对现代生活方式中的环境污染的承受能力，对抗现代生活方式中的“生活危险”，如楼房倒塌、电梯失控、高层失火、煤气爆炸等火患、水患或交通意外事故、生产中的意外事故等的应对、自救能力都有很高的价值和实质意义。此外，休闲体育还是一种追求人的身心满足、情感愉悦、注重活动过程的快乐体验。科学研究发现，经常参与运动休闲活动，能促进如内啡呔、LHD—Z 等“快乐素”的分泌，这些物质能够调节情绪、振奋精神、诱发积极的思维和情感，达到缓解、释放由于紧张而造成的种种压力，减少抑郁、焦虑和困惑，从而预防、减少和控制现代“文明病”的产生和蔓延。

3. 生活观念的改变、健康生活方式的选择促进了休闲体育对现代生活方式的渗透

体育锻炼是新时代健康生活方式的“四大基石”之一。“四大基石”是指合理膳食、戒烟戒酒、心理平衡、体育锻炼。运动休闲能够宣泄并疏导淤塞、压抑的情感紧张力，使人感到舒畅和快乐，从而缓解和消除心理的不平衡；同时通过休闲体育的参与，可以使人的身心在闲暇时间内得到更好的调整与发展。“运动时尚”、“花钱买健康”、“请人吃饭，不如请人出汗”，说明了现代人既重视物质消费，更重视精神消费，也从一个侧面反映了现代人生活观念的改变和对休闲体育生活方式的选择。现代生产劳动主要是以脑力劳动为主，身体活动较少，因此，集出汗、减肥、健美、快乐、健康于一身的休闲体育深受现代人喜爱。选择了休闲体育生活方式就是对健康生活方式的选择，它促进了休闲体育对现代生活方式的渗透。

（四）休闲体育是一种健康科学文明的生活方式

恩格斯把人的生活需要区分为生存、享受和发展三个层次，而体育始终是人类生存、享受和发展的重要手段。随着时代的发展，人们认识到了体育对于满足自身各种需要的多元价值，体育逐渐融入生活，成为人们休闲时的重要选择。体育文化通过与休闲的结合为人们营造了文明、健康的文化氛围，为人们健康、文

明生活方式的形成起到了重要的文化作用。同时，随着人们对体育文化多元价值认识的加深，体育文化在潜移默化地影响人们社会生活方式的同时，自身也发展成为文明、健康生活方式的组成部分。

1. 休闲体育是一种健康的生活方式

第二次世界大战后，以美国为首的西方工业发达国家的经济发展迅速，科学技术突飞猛进，生产力水平不断提高。科学技术在生产上的运用，不仅使生产方式发生了根本性改变，而且使人们的生活方式也发生了很大变化。生活方式与人们的健康息息相关，生活方式的变化，包括生活内容、生活领域、生活节奏、行为习惯等的改变，都会引起个人乃至社会的健康问题。美国流行病学所做的医学调查表明，生活方式是影响人们健康的首要原因。在美国，年代的死因构成中，来自卫生制度方面的原因占10%，来自生理因素和环境因素的各占20%，而来自生活方式的原因则最高。例如，美国每年有万人死于不健康的生活方式，主要表现为酗酒、吸烟、生活无规律、营养失控、体育运动不足等。同时，由于生活节奏加快，竞争加剧所带来的压力增大，在美国，神经系统疾病和心理失常症的人占全国人口总数的10%。科学技术的发展，使人们越来越认识到，人类的健康状况不仅仅受遗传、物质环境、社会环境的影响，生活方式的影响远比这些原始的环境影响重要得多。以前人类死亡的原因主要是传染病，今天主要原因是心脏病、癌症和意外事故，而这些更多的正是由于生活方式的改变带来的。

从某种程度上讲，当今的死因是由人类自己的行为造成的……正因为如此，许多美国人正在改变自己的行为——减少有损健康的行为，代之以增进健康的行为。工作时间的减少，可利用的余暇时间大大增加，在此情况下，如何利用健康的娱乐方式和体育活动去丰富人们的余暇生活，使之有利于社会的稳定和个人的身心健康，成为一个亟待解决的社会问题。从这时起，“美国把体育活动看做是人们生活方式中‘期望换回最大效益的抵押性’投资”（卡特，1980）。此后，大众体育在工业发达国家成为一项优先考虑的政治课题。这些国家期望通过大众体育来促使每个社会成员在整个生命过程中都能积极、自觉地参加体育运动，对国家来说是最能获得效益的投资。因此，进入本世纪年代以来，各国相继制定了本国大众体育的发展计划表。在发展计划的制度保障和推动下，大众体育开始在工业发达国家兴起，并走向世界。世界范围内大众体育的热潮更是一浪高过一浪，并呈现出几个共同的特点。

首先，由于大众体育与国民个人利益息息相关，其中蕴含着人们普遍关注的健康问题。特别是突出了参加体育活动可以改善生活方式、增进健康的主题。实际上就是倡导将体育活动纳入人们的日常生活之中，期望每个人身上形成稳定的包含体育生活内容的生活模式。

其次，由于城市化、环境污染、生活节奏加快和竞争加剧所造成的紧张与压抑感以及人际关系的淡漠，人们普遍追求体育的健身价值以外的多元价值，期望体育与休闲结合，起到调节心理与情感的作用。特别是大众体育范围内的户外运动强调利用森林、山地、湖泊、海滩、沙漠、冰雪等自然资源开展野营、钓鱼、攀岩、划船、冲浪、滑雪等进行体育活动，具有独特的休闲性，深受人们的欢迎。体育与休闲的结合，是国际大众体育的一种趋势，它使体育不再仅仅是人们健身的一种工具，更是人们调节心理与情感的一种玩具。对于体育走入人们的生活，成为人们维系身心健康的一种生活方式起到了积极的作用。

2. 休闲体育是一种文明的生活方式

休闲体育不仅是一种健康的生活方式，同时也是一种文明的生活方式。“文明是人类区别于其他动物的重要特征，是人类进步和开化状态的标志，是人类改造客观世界和主观世界的物质成果和精神成果的总和，包括物质文明和精神文明两个方面。”文明是与蒙昧和野蛮相对而言的。恩格斯在《家庭、私有制和国家的起源》一书中，根据美国人类学家摩尔根《古代社会》中的历史分期法，把人类的进化和发展划分为蒙昧时代、野蛮时代和文明时代三个阶段。恩格斯指出，人类“文明时代是学会对天然产物进一步加工的时期，是真正的工业和艺术产生的时期”。马克思认为：“文明是一个过程，一定的文明程度反映着人类历史进步程度。”美国人类学家泰勒指出：“从最为广泛的民族意义上看，文化或文明是一个综合性体系。它包括知识、信仰、艺术、道德、法、习俗以及作为社会成员的人所学到的其他能力和习惯。”从上述的各种定义中我们可以看出，文明在某种意义上就是指文化，它包括物质与精神两个方面。体育是一种物质文化，也是一种精神文化。人的肉体与精神是不可分割的，体育运动不仅作用于生物的人，而且也同时作用于精神的人和社会的人。体育运动的功能不仅表现于人有形的物质形态，对人的内心世界和社会行为也有相当影响。体育与劳动一样，是一种生产过程。但它与劳动又有明显的不同之处。劳动改造的是人类外在的客体和对象，而体育却是作用于人自身。因此，从本质上来说，体育才是具有人类社会文化价值的伟大实践活动。马克思曾经说过：“任何一种解放都是把人的世界和人的关系还给人自己。”作为恢复人的本质与价值的生命活动及社会实践，休闲体育意味着一种人的解放，给予人全面、自由、和谐地发展。从文化的角度看，休闲体育绝非仅仅是人的自身潜能的开发过程。也就是说，绝不仅仅意味着人的生物能量的无意义开发和释放过程，甚至也不简单地就是人的社会能量的积蓄和调节过程。从根本上说，休闲体育意味着“通过人且为了人而对人的本质的真正占有过程”，是“人向自身，向社会的即‘人的复归’”过程。在这个意义上，休闲体育意味着一种人与人的关系，意味着人的存在与本质的关系，意味着人的对象化和自我确证的关系。休闲体育的文化价值在于追求人的全面、自由、和谐、平衡以及自我实现的发展，这是体育的本质和终极目标，是人类文明的具体体现。“只有当人通过自己的意志去设计、掌握或运用某种手段和方法来使自我的身心获得同步发展时，当人们去参与一种旨在使自我生理水平和心理水平提高，并同时满足了人的归属本能、自尊本能、乃至最高级的自我实现本能需要时，我们便说他参与了体育。他占有并实现了体育的意义和价值。”从这个意义上说，休闲体育是在人类满足生存需要之后的一种更高级的享受和发展需要。

休闲体育是人的一种需要。它在现代人类生活中起着至关重要、无可替代的作用。它能调节并改善现代文明发展给人类带来的饮食、营养、工作、休息、娱乐、交往、社会化、身心发展等等几乎所有人类生活方面存在着的不合理部分，为形成人类的健康生活、乃至培养具有适应不断变化的自然环境和社会环境的人类自身作出贡献。它在调整人类行为，满足人类生存、享受和发展需要方面做出了其他领域所不能替代的贡献。所以，休闲体育是一种文明的生活方式。

二、休闲体育与生活质量

美国学者杰弗瑞·戈比教授认为：“休闲是从文化环境和物质环境的外在压力下解脱出来的一种相对自由的生活，休闲能使个体以自己所热爱的，本能地感到有价值的方式在内心之爱的驱动下行动，并为信仰提供基础。”

休闲已经成为人类生活的重要组成部分，它绝不仅仅是生活的残余，而将越来越成为决定人生幸福的核心因素。时至今日，我们在进入物质财富高速积累时代的同时，也正步入“准备为取得高级的享受而放弃低级的享受”的新的历史时期；现代文明的内涵越来越意味着，人类需要和渴求有意义地幸福生活。

休闲体育作为一种健康、科学、文明的休闲方式，是人们在空闲的时间里进行的，以一定的身体活动形式为手段而产生最佳心理体验的一种有意义的现代生活方式，人们不受限于活动的严格规定，积极追求内在的体验，使个人在精神和身体上都得到休息、放松和享受。它是人类改造自我的重要手段，在促进现代人的身心健康、提供优秀的精神文化动力、增进人与人之间的情感交流起着重要的作用，也是人自由全面发展的一个重要手段，在参与休闲体育的过程中能充分体现人的社会性及生活意义、生命价值的存在，它为人类构建一个有意义的世界，守护一个精神的家园提供动力，休闲体育是最具人文关怀的休闲方式之一，是一种科学、健康、文明的休闲方式。已有调查表明：成年人的体育活动与幸福感之间的相关关系为0.72，能给个体带来愉快、信心、自豪的情绪体验，并能降低中度抑郁和焦虑。以自由、积极体验为主的休闲体育与人类的生活幸福更应有较高的相关度。

（一）休闲体育成为创造人类高质量生活休闲方式的社会背景

1.“有闲、有钱”时代的来临，为休闲和休闲体育的发展提供时间载体与经济基础

二十多年来，我国改革开放和社会主义现代化建设取得了巨大成就，到2003年我国人均GDP首次突破1000美元，达到1090美元，这是一个具有里程碑意义的数字，标志着我国的经济发展和人民生活进入了注重质量、追求全面发展和进步的阶段。国外大量的经济学研究也证明，当人均GDP从800美元跃进2000美元时，将出现国民经济快速增长时期，这一时期也是休闲娱乐获得快速增长的时间。

从1995年起，我国开始实行5天工作日，1999年9月国家又实施了“3个长假日”，这意味着老百姓1/3的时间是在闲暇中度过的，有闲时代已经来临。到2015年，人类将有50%的时间用于休闲，全国人大常委会副委员长、中国软科学研究会理事长成思危认为，大约一万年前，当人类进入农耕时代，人类只有10%的时间用于休闲；当工匠和手工业者们出现时，则省下了17%的时间用于休闲；到了蒸汽机时代，由于生产力水平的提高，人类将休闲时间增加到23%；而到了20世纪90年代，电子化的动力机器提高了每一件工作的速度，譬如从烧饭到交通……因而使得人们能将生活中41%的时间用于追求娱乐休闲。休闲在人类生活中占有越来越重要的地位，学会健康、科学、文明地休闲成为现代人所关注的重要问题，休闲也成了影响现代人生活幸福的重要因素。

2. 人类在现代化进程所面临的“三大危机”

科技的发展给我们带来现代文明的同时，也伴生了一些人类必须面对的负面影响：一是以物质财富增长为中心的工业化导致对地球资源的过度掠取，对生态环境的严重破坏，使人类文明发展面临着尖锐的生态危机；二是以竞争为基本法则的社会秩序，使人类陷入无休止的、全面性的竞争，这种利益的冲突，导致人类社会的矛盾加剧和分裂，剧烈的社会冲突和共同意志的瓦解，使人类面临严重的社会危机；三是以个人主义为中心，以物质满足为主要社会价值取向的社会价值观引发了人类意志的衰退，使人类文明面临严重的精神危机。如何在分享现代文明带给我们丰富的物质文明成果的同时，又能解除负面影响而幸福地生活，这是现代人所面对的一个现实问题。

（二）休闲体育在创造现代人高质量生活中所具有的独特作用

1. 休闲体育对人类体质健康的促进作用

科学技术革命和现代科技的发展给人们带来许多便利的同时，也改变了人们

的生活节奏，计算机、电梯、电话、传真的诞生，使人不出房间就可以完成人与人之间的沟通。据资料显示，20 世纪 90 年代人的运动量仅是 60 年代的 1/3，体力劳动与脑力劳动的比例由机械化初期的 9∶1 发展到全自动化时代的 1∶9。运动缺乏症：由于运动减少，脂肪沉积，动脉硬化增多。据报道我国人口体重超标率近 10 年剧增，城市成年人体重超标的比例约 35％，一般在 20％～30％；而在美国，由于缺乏运动，每年至少有 30 多万人失去生命。而休闲体育具有强身健体的功能，通过身体练习和各种运动负荷项目的活动，能够加速身体疲劳的消除和恢复，实施积极性休息。提高和改善参与者的中枢神经系统的工作能力，使人头脑清醒、思维敏捷，也可以促进人体内脏器官机能的提高，给人类以最本真的关怀。

2. 休闲体育对人类心理健康的呵护

现代社会转型时期，高效率、快节奏、强竞争，导致人们心理负荷过大，心理紧张感和压抑感成为现代社会最有代表性的心理压力现象。20 世纪 50 年代我国精神障碍患病率为 2％，70 年代为 7.2％，90 年代初为 12.6％，现阶段的发病率为 15.6％。而约有 25％的学生患有心理障碍，最新资料表明，15～35 岁人群死亡占第一位的是自杀，我国每年就有 20 万人自杀，占世界自杀人数的 1/5。另外，由于现代社会科技的高度发展，人与人之间的交往存在许多障碍和隔阂，易产生交往壁垒、情感壁垒等，导致交流减少，感情淡化，沟通贫乏，进而产生心理健康疾病，人际关系出现危机等。而休闲体育具有使人轻松、愉悦、自由、互动等特性，科学研究证明，经常参加体育活动能促使内腓肽、HLD—2 等“快乐素”分泌，从而调节情绪、振奋精神。从心理角度解释，当体内能量积累到一定程度时，容易引起紧张不平衡的状态，而休闲体育能够起到宣泄、疏导淤塞、压抑的紧张情绪的作用，使人感到舒畅和快乐，排除抑郁、焦虑等不良消极情绪。

3. 休闲体育促使人类对自身的哲学反思——“成为完整的人”

休闲学的核心观点是，休闲是人的生命的一种状态，是一种“成为人”的过程，是一个人完成个人与社会发展任务的主要存在空间；休闲不仅是寻找快乐，也是在寻找生命的意义。

随着工业化社会快节奏的工作、激烈的竞争、复杂的社会关系、多重的社会角色使人们承受了强烈的心理紧张感与压抑感，人们越来越感到先进的科学技术和高度发达的生产力往往成为与人相对立的、支配人的异己力量，人类为大工业时代机器所主宰，人沦为物的附属物，竞争成为时代的主旋律，效率成为追求的目标，人沦为生产的工具和手段。尼采曾哀叹“人死了”；马克思尖锐地指出，人被异化；贝尔悲楚地呐喊“我是谁”；海德格尔则追问“存在的意义”；弗洛姆直陈我们正在“逃避自由”。

“成为人”意味着，摆脱“必须后”的自由；超越虚假意识，获得人性的面貌，采取自决的、有方向的行动以实现人性；探索和谐与美的原则；承认生活理性和感性、物质与精神层面的统一；与他人一起行动，将生活环境转变为促进自由与自我创造的场所。

德国思想家席勒从美学的角度赞扬了玩的意义：“人性的圆满完成就是美。这样的美是理性提出的要求，这个要求只有当人游戏的时候才能完成。所以，人同美只是游戏，人只是同美游戏；只有当人是完全意义上的人，他才游戏，只有当人游戏时，他才完全是人。”

休闲体育作为休闲的一个重要内容，无疑具有休闲学所说的休闲本质，即使人“成为人”的过程；同样，休闲体育作为体育的一个组成部分，休闲体育活动具有游戏的性质和属性，人们参与休闲体育从这一角度上也可以说是融入游戏中去体验生活，体验人存在的意义，更体验到“成为完整人”的价值所在。

4. 休闲体育为人类提供精神文化动力

休闲作为一种特殊的文化形态，它往往以渗透、融合、感染、凝聚、净化等多种形式影响人的生活方式和生命质量。因为它的意义不仅在于恢复体力，更重要在于闲暇生活接出的美丽硕果，在于精神的调整与升华，在于人的广泛需要得到全面、完整、自由地发展。

休闲体育集身体活动、游戏、娱乐、休闲于一体，不仅丰富了现代人的业余文化生活，更满足了现代人呈几何级数增长的精神文化生活的需要。休闲体育作为体育的一个重要内容，其崇尚的是奥林匹克格言“更快、更高、更强”，就是“增强体质、意志和精神并使之全面发展的一种生活哲学”，倡导“和平、友谊、团结”的人文关怀思想。休闲体育体现的是对人类自我意识的超越、对人类生命的超越。

5. 休闲体育是人类情感交流的重要途径，促进人际关系的和谐

高技术时代呼唤着高情感。在现代社会中，电子化、信息化的交流是一种简约的、间接的、不那么有人情味的交流方式，在精神、情感上的沟通虚拟多于真实，因而，交流中感情的浓度便不可避免地被稀释了，同时又拉大了人与人之间的情感距离。人们寻求着各种交往方式，力图解决现代社会交往中所出现的负面效应。而人类的情感交流大多来自人们的频繁交往。信任、谅解、支持、互补、共振、协作等，都是在社会生活实践中每一个人所希望和追求的，而且只能在人与人直接的、面对面的情感交流中获得。

正是数字化时代真实的参与，生命的直接体验才弥足珍贵。休闲体育以其亲身参与、体验的方式来感受人与人之间的交往、思想的交流，成为现代社会中人

们调节身心、调整节奏、调剂生活的重要手段和方法。休闲体育为现代人的精神沟通提供了广阔的天地和简易而崇高的方式，即“用一个意味深长的方式将人们汇集起来，通过人们之间肩并肩的表演和比赛，使友谊得以建立和导致相互的尊敬、信任和真诚相待”。休闲体育有它的自身的娱乐性、易于参与性、喜闻乐见的特点，不以高超复杂的技艺、深邃的思索和深厚的文化修养诸条件要求公众，而是以普适的、自娱自乐的、消遣性与游戏性的活动方式迎合公众，使大众不必具有高水准的文化素质条件，就可以在这些活动中得到较直接的、令人愉悦的交往，增进相互的交流，促进人际关系的和谐发展。

6. 休闲体育有利人自由的全面的发展

马克思曾说过：现代社会对体育的需要是由生产力发展的客观要求决定的，在物质生产发展的基础上，使社会成员享受各种权益，在体力、身心、精神、道德和个性等诸方面充分发展。

同西方社会传统现代化相比，中国作为“后发”国家是在全球化、信息化和知识化背景下所进行的现代化，这种现代化不是以实现传统工业文明为目标，而是要完成“双重社会转型”，是具有跨越发展性质的“新型现代化”。“新型现代化”不但在经济发展上超越传统工业化，实现工业化和信息化的双重转型，而且在以人的发展为核心的社会发展层面也将实现马克思所说的从“人的依赖”到“物的依赖”再到“人的自由全面发展”的双重转型，实现物质文明、精神文明和制度文明建设的综合发展。休闲体育不仅能促进人类的身心健康，还有利于增加人们体育文化知识、发展智力水平及锻炼效果，提高审美能力和观赏水平，有利于培养良好的生活方式和锻炼习惯，提升人们的思想情操等，休闲体育在人自由全面发展中具有特殊的、不可替代的作用。

7. 休闲体育是对自身进行改造的最佳手段，体现人类对自身的人文关怀

人类有三种伟大的实践活动：一是改造自然，二是改造社会，三是改造自我。几百年来，人类一直在致力于改造世界，而在新的世纪中，人类将会更多地致力于去改造自身。在一切其他身体文化活动中，人们以身体运动创造的价值或表达的意义，都是外在于身体运动本身的。而休闲体育，它所创造的乃是自身运动的各种体验和对人的身体、心理的积极改造。人在休闲体育实践中一方面以身体运动作为手段，另一方面它所创造或实现的又是身体运动本身的价值，概括地说休闲体育的这种客观存在，本质上乃是人们为娱乐享受和促进身心健全而创造的，以自觉意识支配身体运动作为主要手段对自己的身心进行改造并使之臻于完善的实践，为高质量生活提供丰富的物质文明与精神文明。它更多的是关注人类自身的发展与完善。所以休闲体育是人类社会在不断发展进步过程中，表现出人类完

善自身，发展自我，以提高和改善生命质量与生活品质意识的觉醒，给人类创造高质量生活加上了重重的一码。

休闲是人的生命活动的组成部分，是社会文明的重要标志，是人类全面发展自我的必要条件，是现代人走向自由之境界的“物质”保障，是人类生存状态的追求目标。人们有了充裕的休闲时间，就等于有了充分发挥自己一切爱好、兴趣、才能、力量的广阔空间，有了为“思想”提供自由驰骋的天地。在这个自由的天地里，人们可以不再为谋取生活资料而奔波操劳，个人才能在艺术、科学等方面获得发展。休闲体育不仅在“身心群”等多方面呵护现代人，也为现代人提供健康向上的精神文化动力，是人类全面发展的重要途径，也是人类改造自我的重要手段，是现代人创造高质量生活理想的休闲方式。

第二节　陕西省休闲体育发展

一、城市与休闲

（一）休闲在社会转型期的价值

人类已在理性上认识到，发展现代化本身只是手段，其终极目标是改善人类生活，或是提高人的生活质量。休闲作为一种新的生活方式，其本质是生活态度、生活信仰、生活行为的改变。美国历史学家福勒斯代曾经说过：“一个人选择自己的闲暇方式，也就是选择了自己的生活方式。”丰富多彩的余暇生活是现代人健康生活方式的重要内容。而且良好的休闲生活方式，不仅有益于身心健康，也有益于一个人在社会中实现自己的价值，有益于生活质量的提高，有益于良好社会生态环境的建立。

现阶段，我国经历社会转型的同时也在进行从劳动生产型经济向休闲生活型经济的转化。根据陕西省“十二五”的体育事业规划，“十二五”期间，省上将拿出 1 亿元专项资金，为 1250 个社区配送健身器材，力争到“十二五”末实现城镇社区全覆盖。因此说，休闲不仅是一种生活方式，还是一种城市发展模式。

近年来，我国经济保持稳步增长，党的“十六大”提出的“科学发展观”包含了发展休闲事业的要求，“以人为本”强调人的全面发展，而休闲则正是实现人的全面发展的重要途径。“十七大”提出要构建社会主义和谐社会，而和谐社会正好与休闲发展密切相关，休闲的健康发展有益于构建社会主义和谐社会。因此，随着对“十七大”精神的贯彻落实，以及政治、经济、文化和社会事业的发展，特别是有关科学教育的发展，人们的休闲生活必将有更大的提高，休闲学科的研究对象也会愈加明确。在此过程中，城市人的休闲生活会有更快的发展，内容会更充实，形式会更丰富，要求也会更高。

（二）休闲与社会经济的发展

社会的进步、经济的发展和生活水平的提高，使人们原有的生活方式发生变化。科技进步又使社会生产力大幅度提高，人们的余暇时间也逐渐增多，物质产品的丰富满足了人们物质生活的需要，进而人们便会思考如何运用余暇时间科学、合理地安排健康、有益的休闲内容，以满足身心需求。从这一意义上讲，社会的进步和人们生活方式的改变为体育休闲的逐步发展创造了条件。所以，越来越多的城市人群喜欢依托体育运动而体验休闲，即完全根据个人意愿和爱好，随意地选择适合自己的体育活动项目，随意地消遣和放松。事实上，由于生活方式的改变，需要有体育运动内容去充实人们的日常生活，使人们对生活的享受更加完善。所以说，体育休闲的广泛开展又必然会使人们的生活方式得到改善。

我国经济学家于光远曾说："生活方式是研究中国社会主义发展战略、研究中国式的现代化道路中必须重视的问题。"目前，我国公众全年享有的法定假日有100多天，单就休闲时间而言，已居国际中上游水平，休闲已逐渐成为人们日常生活中的重要组成部分。随着《全民健身计划纲要》的实施，对城区居民体育休闲的研究不仅是一个学术界关注的热点问题，还成为认知我国城市居民休闲生活发展程度的基本切入点。

城市休闲研究是社会学界和休闲学界的研究热点。随着全球城市化进程加快，城市社会学半个多世纪以来就一直是社会学研究的重要领域。这项研究已经在人类的经济生活、政治生活、文化生活、家庭生活、社会生活等方面影响深远。

（三）休闲发展是社会进步的标志

城市的休闲化是一个时代发展的要求，休闲发展是社会进步的标志。通过多年的发展，中国很多城市已经形成了一定规模和一定水平的休闲基础设施，为人们的休闲活动提供了基本的条件，所以城市休闲会首先走在休闲发展的前列。城市休闲的发展是城市健康发展的重要体现，通过扩展城市休闲功能，积极创建休闲城市，有效地规范城市休闲内容，营造休闲生活氛围，能够提高居民生活质量，有助于进一步形成城市休闲文化，提升城市文化品位，呈现独特的城市魅力，并强化城市品牌影响。因此，基于城市休闲研究的现实意义，20世纪80年代以来，围绕城市居民生活方式，宜居城市与休闲城市，城市休闲教育等方面的研究已成为社会学和休闲学的研究热点。

现代生活方式研究是社会学界的研究热点。改革开放以来，整个社会发生了全方位的深刻变化，国民经济的发展、人们生活水平的提高，为生活方式的变化提供了物质基础。随之出现的是人们劳动生活方式、消费生活方式、社会交往方式、闲暇生活方式等方面相应的变迁。为了在更大范围内，更深层次上，积极构建有利于社会发展和人的全面发展的现代化生活方式，社会学界的学者们进行了广泛而深入的研究。

（四）休闲与体育

关于休闲与体育的问题，早在20世纪80年代初期就有体育界学者敏锐地指出："存在着一种社会现象：把体育运动作为一种有意义的活动形式度过自己的闲暇，使个人在精神和身体上都得到休闲、放松和享受……国外把这类活动归为消遣（Leisure）。"随后的10多年间，随着社会休闲问题被逐渐提到议事日程，中国体育学界对体育休闲的研究进入了一个高潮，发表相关文章近百篇。近10余年来，随着"全民健身战略"的实施，更加促进了该领域的理论研究。

体育生活方式研究是社会学界和体育学界的研究新热点。随着我国改革的深入，国家经济发展的突飞猛进，人民生活水平不断提高，关于生活方式的研究备受社会学学者的关注。同时，体育界的学者们也就体育新时代的使命给予了更为深入的研究：通过对体育与生活质量、生活方式、健康社会学等理论的分析研究，明确了体育与人的健康、生活质量和生活方式的有机联系，提出了体育生活方式的概念，建立了体育生活方式的基本框架，形成了体育生活方式的基本理论。在此基础上，体育休闲作为一种健康休闲生活方式，获得了体育界学者的共识，并以此为背景，成为体育学界学者研究的新热点。

2009年12月，胡锦涛总书记在中央经济工作会议上强调，"要适应群众生活的多样性、个性化需要，增加文化娱乐、体育健身、休闲旅游、教育培训、家政服务等消费，引导消费结构升级"。据中国社会科学院2009年中国休闲发展年度报告的估测，我国居民休闲消费规模约达1.7万亿元，相当于GDP的5.07%。全国涌现出了休闲发展大省和一批休闲城市，初步形成了乡村旅游、滨海度假、自驾露营、温泉康体、文化娱乐、高尔夫等休闲产品体系。伴随着休闲的兴起，休闲体育也呈现出良好的发展态势，在国民经济发展中的地位举足轻重。

二、陕西休闲体育发展概况

（一）体育场馆建设现状

陕西现有经营性乒乓球、羽毛球、台球场馆、网球、保龄球场馆、射箭、射击500处左右，极限与户外运动场地或俱乐部200家左右。"十一五"期间全省各级投入场地设施等基本建设资金达8.57亿元，新增体育场馆33个，市、县级体育场地设施得到进一步改善；围绕建设比较完善的城乡体育设施，省体育局整合国家和省上资金近4亿元，着力实施"体育惠民五大工程"。目前，已建成村级农民体育健身工程5154个，乡镇农民体育健身工程138个，城市社区健身器材配送工程 968 个，全民健身示范区（带）工程 40 个，国家体育总局场馆建设“雪炭工程”18 个，全民健身路径 1000 余条。截止到 2011 年，全省体育场馆总数达到 19330 个，人均体育用地 0.9m^2。硬件设施的不断完善为城镇居民参与休闲体育搭建了良好的平台。

（二）历史文化资源和自然资源禀赋

在中华民族 5000 年的历史长河中，曾经有周、秦、汉、隋、唐等 13 个王朝在陕西建都，前后历时 1100 余年。悠久的历史和璀璨的文化，为陕西留下了得天独厚的古代遗迹和文物珍宝。陕西境内共有文物点 35750 处，其中国家级保护单位 554 个，省级 355 个。自 1982 年开展森林生态旅游以来，全省共建立森林公园 75 处，其中国家级 30 处，省级 45 处，总规划面积 30 多万 m^2。全省森林公园累计投资 16 亿多元，森林旅游从业人员 3 万余人，年社会综合收入 120 多亿元。围绕良好的自然资源，全省现建有野营、攀岩、摩托、汽车等训练场 10 余处、滑雪场 6 处、漂流景区 20 余处、国际标准高尔夫球场 2 处、水上运动场（馆、池）120 余处、体育旅游主题公园近 10 家。山水秦岭已经成为陕南和关中群众参与休闲体育的重要基地。

（三）休闲体育发展地域特色

纵横于三秦大地的四通八达、内联外接的立体化高速公路网为居民户外休闲健身提供便利的条件。陕南以秦巴山水为特色的体育休闲项目；关中帝王陵园旅游休闲为特色的休闲体育产业和环山公路为轴的秦岭北麓体育休闲带的开发；陕北以榆林沙漠旅游、黄河旅游带、黄土风情游等特色休闲体育项目和红色休闲体育旅游共同形成陕西休闲体育联动发展的局面。陕北的健身秧歌、安塞腰鼓；关中地区的木兰拳、太极拳、跳绳和球类运动，太白登山节，万人登翠华山，华山攀岩等；陕南地区的龙舟、冬泳和登山活动等，已成为群众最受欢迎的休闲和健身活动。利用秦岭优质的自然资源开展的攀岩、丛林穿越、溯溪、漂流、野战、野外露营等野外拓展类项目日益受到参与人群的青睐。尤其是“舞动陕西”、“大秦岭”等宣传效应以及陕西人文活动、秦岭口号的提出使节假日进行登山活动的居民成倍增加。

（四）居民参与休闲体育的状况

陕西省城镇居民对于大型节事活动往往有着较强的参与意识。其中西安市的群众性体育品牌赛事较为丰富，其品牌赛事的项目开展和组织管理在全国也处于中上水平。参与人群与观赏人群比较多，2007 年在西安浐灞举行的 F1 摩托艇大赛，吸引了世界媒体的关注，全国有 100 余家新闻媒体进行现场采访，2 天观众人数达到数 10 万；中朝联赛主场陕西朱雀体育场的观众人数经常爆满，素有“金牌球市”的美称。

目前，陕西省参加体育健身活动的人数达到1300万，占全省人数的32%左右。西安古城墙健身长廊是古代历史文化和现代城市文化以及休闲健身完满结合的典范，每天约有上万人来此休闲健身，在休闲健身的同时，感受历史文化的厚重。通过对西安、咸阳、宝鸡、安康、汉中、延安和榆林7地市的城镇居民进行参与休闲的状况调查，发现休闲体育已经成为陕西省城镇居民重要的生活方式之一，城镇居民参与休闲体育的比例高达72.4%。方圆1km内的体育场馆和开放性体育健身设施是休闲健身人群的主要场所。单位和住宅小区是居民参与休闲健身的首选区域，占21.2%，其次是公园广场等绿地具有健身器械的区域。陕西省城镇居民选择的休闲项目主要是散步、慢跑、羽毛球、乒乓球和郊游、登山等运动。休闲体育消费的对象主要以实物性为主。在居民选取休闲体育的动机上，由过去以身体健康为主的缘由逐渐向消除身心疲劳、消遣娱乐等身心共同发展的方向迈进。

三、陕西西安休闲体育发展示例

作为陕西省的省会城市西安，是一个生态优美、环境宜人的西部城市，是陕西省交通畅达、区位优势明显的西部城市。西安地处中国陆地版图中心和我国中西部两大经济区域的结合部，是西北通往中原、华北和华东各地市的必经之路。如今的西安是六大国家区域中心城市之一，2011年国务院《全国主体功能区规划》将西安确定为“全国历史文化基地”，着力打造西安为国际化大都市。西安市先后荣获国家卫生城市，国家园林城市，中国优秀旅游城市、中国最具幸福感城市等称号，已成为西部休闲居住、投资创业的向往地。

（一）西安市休闲体育发展历程

1. 新中国前三十年西安市区的休闲体育

作为有着3100多年的建城史，先后有周、秦、汉、唐等13个王朝在这里建都的城市，古时的西安休闲体育内容多样、丰富多彩、技艺精湛，尤其是汉唐时期，休闲体育发展在全国处于领先地位。进入近代后，由于外敌入侵，中国沦为半殖民地半封建社会，体育和休闲娱乐渐行渐远，西安地区的休闲体育在建国前基本上处于空白状态。

新中国成立后，中国人民在共产党领导下开始了社会主义建设。随着经济建设的推进，精神文明也开始复兴，休闲体育重新回到了中国的社会生活中。但休闲体育在新中国前三十年的历程中的地位比较微妙。由于政治、经济、文化等方面的原因，当时的中国社会曾对休闲持一种暧昧的态度，休闲与享受被等同起来，享受是资产阶级热衷的事，而我们反对资产阶级格调，所以我们反对享受，似乎也就反对休闲。当时的社会认为劳动是人们的第一需要，是快乐和荣誉的源泉，个人的快乐应该以足够的劳动来满足，不需要额外的休闲。所以在那时，西安市区居民像全国人民一样，休闲生活是十分有限的，特别是在“十年文革”时期，人们的休闲生活极其贫乏。

但是，那一时期休闲活动的贫乏并不能说明休闲体育也很贫乏，事实上，在那个时期的中国包括西安的休闲体育开展还是比较非常广泛的。原因主要有两个方面：

首先，毛泽东和党中央十分倡导体育运动。毛泽东不仅发出了“发展体育运动，增强人民体质”的号召，而且能够身体力行，毛泽东畅游长江的场景深深刻人中国人民的脑海深处，加上当时中国乒乓球队在国际上取得的荣誉，使中国上下掀起全民参加体育运动的热潮。乒乓球是那个时期非常普及的休闲体育项目，出现了“全民乒乓”的盛景。据一些老体育工作者回忆，当时的西安市区，经常参与乒乓球运动的人大概能占到总人口的10%以上，在大街小巷，都可以看到打乒乓球的人群。由于当时的物质条件所限，球拍缺乏，就有不少人将木板经过简单处理后当拍子用，甚至有人拿着书当拍子。

其次，建国以后的文艺工作由于过分强调“文艺为政治服务”，当时的娱乐生活内容十分单调，而参加体育活动，尤其是上场打球有一定的娱乐性，所以体育项目在某种意义上成了人们极为重要的并且相对安全的休闲娱乐形式。尽管当时休闲体育的“繁荣”是建立在文化荒漠上的，但被广大人民发自内心的喜爱却是不争的事实。

在当时的社会政治环境下，西安市区的休闲体育多是由单位和集体的统一组织，特点表现为项目比较单一、集体意识鲜明、主题思想统一，例如广播体操(行业体操)在当时就开展的红红火火。这种休闲体育与我们现在所说的休闲体育的唯一区别就是缺乏个性。

不过，在那个时期，西安也出现了“非主流”的休闲体育活动。例如，1976年就西安外国语大学成立了开拓者俱乐部，虽然说该俱乐部的成立主要还是为科研提供安全保障，但在无意识中成为中国最早的户外运动俱乐部之一。

2. 改革开放后西安市区休闲体育的发展

1978年12月，党的十一届三中全会确立了解放思想、实事求是的思想路线，作出了将全党全国工作的重点转移到经济建设上来的战略决策，提出了“对内搞活、对外开放”的总方针，开创了改革开放和社会主义现代化建设的新纪元。30年来，西安市国民经济和社会发展取得了令人瞩目的巨大成就。与此同时，西安市居民的休闲生活发生了巨大变化。休闲方式由单一走向多元，休闲消费结构不断升级。

(1) 个性化休闲体育活动的启动期(1978年至1991年)

改革开放以后,中国人的休闲时尚是从交谊舞开始的。1979年除夕夜,人民大会堂的联欢会上,第一次出现了消失多年的交谊舞。交谊舞的活动方式如同它的名字一样温情和浪漫,它一经出现,就被很多的年轻人当做了结识异性和开阔眼界的一种方式而接受。在20世纪80年代的西安各大学里,不少的年轻人还自发在班、系间开展了“扫舞盲”教育。于是,一到周末,成群结队的年轻人便冲向舞厅。

当然,舞禁的开放也经历了一波三折。跳舞在上个世纪80年代初曾一度被看成精神污染,跳舞者成为严打对象。当时,西安有人因举办过两次家庭舞会而被判死刑,缓期两年执行。虽然禁令不断,但民间舞会已势不可挡,家庭舞会开始出现,让这种既高雅又平民化的休闲时尚,渐渐进入百姓家。1987年2月,文化部、公安部、国家工商行政管理局联合下发《关于改进舞会管理问题的通知》,第一次明确肯定了“举办营业性舞会是我国经济发展和人民物质文化生活水平日益提高的一种客观需求”。舞禁一开,交谊舞迅速在中华大地流行开来,20世纪80年代的后期,在古城西安,交谊舞会随处可见。

舞动的是身体,解放的是思想——这是对那个时代舞风日盛的最好诠释。无法思想的年代,身体常常是灰暗的,带着强烈的防犯意识,无张扬之态,有委琐之相。相反,但凡思想解放的年代,其身体反应往往是满面红光的,充满青春朝气的,舒展甚至放肆的。20世纪80年代的思想解放运动,自然首先触及到人的心灵层面,接着又会波及人的身体。于是跳舞,甚至痴迷跳舞就成为思想解放的身体动作。

这种思想解放波及到的身体解放,在体育休闲方面表现也尤为突出,个性化的体育休闲活动开始出现,并在社会上流行开来。除传统的球类等休闲项目仍然流行外,西安市区先后出现了户外运动、飞碟、台球、健美操、保龄球和呼啦圈等活动项目的运动热潮。

在80年代中期出现的健美操热潮中,西安健美操培训班遍地开花,追求健康、追求美成为时尚,许多市民热衷于健美操,每周2至3次地参加,每次1至1个半小时的健美操练习。随着健美操热潮的出现,健身市场开始形成,一些精明的人士,开始涉足体育休闲健身业。

户外运动也在这个时期开始走入百姓家庭,但这个时期的所谓的户外运动还基本是到郊外走走,看看名山大川,实际上和旅游差不多,基本上是不包含探险成分的。当然,20世纪80年代,中国人的休闲词典出现了“漂流探险”这个概念,在调查中,一提到漂流,从那个时代过来的不少西安人都能记得漂流长江、漂流黄河勇士们的壮举。

在这个时期，台球也不声不响地走进了西安人娱乐休闲的视野。这个西方的绅士项目，由于投资小收益大，很快就成了西安城区随处可见的新街景。在极为大众化的台球面前，保龄球的贵族气息是相当浓厚的。当时，西安保龄球的价格是非常昂贵的，一般大众是玩不起的。呼啦圈在这个阶段也非常流行，特别是女性人群中，在当时，如果不会摇呼啦圈，好像就跟不上时代。

(2) 休闲体育发展的爆发期（1992年至2002年）

1992年7月，国务院批准西安为内陆开放城市，拉开了西安外向型经济的序幕。这一时期西安市国民经济的快速发展，使得城市居民收入继续增加，再加上工作制度、休假制度改革，人们的法定休息（休假）时间越来越多，为休闲及休闲体育的爆发创造了必要条件。

这一时期，群众体育蓬勃发展。从1995年开始，西安市政府大力倡导“全民健身运动”，广大市民健身活动开展得如火如荼，人民群众的健身意识大大增强，强身健体逐渐成为人们的自觉行动。这一时期，西安人（尤其女性）对于健身的理解已经大踏步地跟上了世界的流行趋势。对于不少女同志来说，健身不仅仅是为了强身健体和延年益寿，更主要的是为了拥有美丽和自信。为此她们不惜拿出大量的休闲时间和可观的钞票，将自己交给各式各样的健身俱乐部。马华的“天天跟我做，每天5分钟”成为最具号召力的健身口号。

这一时期，体育旅游这一新颖的体育休闲方式开始由上一个阶段的萌芽，进入了一个快速发展的通道。自行车旅游、森林探险、滑草、攀岩、野外生存、蹦极等户外运动吸引着越来越多的西安市民的参与。

这一时期，西安市区见证了保龄球在中国的兴衰。1995年开始，西安市保龄球业开始进入兴盛时期，那时，无论是亲戚朋友，还是同学战友聚会，聚餐之后最流行、最火爆的休闲运动方式就是保龄球。当时西安市区大大小小的保龄球馆近百家，专业的保龄球馆每家都是二三十条专业球道，无论是球道还是设备都是从国外引进的。打一局保龄球最高的价格是近40元，保龄球馆内饮品的价格也都在10元左右，这个价格不菲的运动也曾一度成为贵族运动的象征。然而，曾经辉煌一时的保龄球迅速地走向了衰落。2000年开始，多数保龄球馆相继倒闭或转项，保存下来的也大都依附在各大宾馆之内，价格也从原来的近40元下降到10元左右，而上午场更是降到了不足5元。然而，即使这样的低价格也没能挽救保龄球业的衰退。据了解，目前西安市区保龄球馆仅存不到10家，曾经的鼎盛一去不复返。业内人士认为，导致保龄球出现这种局面的重要原因是：商家的恶性竞争、投机经营理念以及消费者对这项运动认识不够。课题组认为，除了以上原因外，还有一个重要原因是流行易逝，当很多人玩球就是为了赶时髦、追流行，没有把保龄球运动当做一项非常有益健康的活动时，在目前可供选择的低消费运动多种多样的情况下，保龄球的结局早就注定。事实残酷的证明，不少类似于保龄球的舶来项目日后走上了和保龄球相同的道路——引进、推广、繁荣、衰落。如何使得舶来项目真正融入百姓的生活，而不是昙花一现，这是有志投身这类项目开发的人士需要认真思考的问题。

这一时期，随着中国足球职业化改革和各项职业联赛、商业比赛的陆续登场。欣赏比赛、观看体育表演成为了众多体育迷的重要休闲方式之一。2000 年左右，开陕西职业体育先河的陕西国力足球，受到了众多足球爱好者的追捧，当时的西安，曾经创造出全国首屈一指的金牌球市。在良好的群众基础上，西安的体育竞赛表演市场开始发展起来，到 2002 年时，西安已经在足球、篮球、乒乓球等中国顶级联赛中拥有了自己的俱乐部。

（3）休闲体育发展成熟期（2003 年至今）

2002 年底，党的十六大提出了全面建设小康社会的目标，改革进入全面纵深推进的重要阶段。加之西部大开发的推进，西安的社会经济取得了长足的发展，人民收入不断增长，闲暇时间不断增加。休闲成为人们不可或缺的生活方式，人们在休闲消费中变得越来越个性化，越来越成熟。

在此阶段，休闲体育和娱乐体育成为西安市市区群众体育的主流，并显示出强劲的发展势头。在健身运动的热潮中出现了健身运动的娱乐化趋向，以及休闲娱乐的康体化趋向：健身中心如雨后春笋般地建立起来，深受广大居民欢迎。健身活动已经由传统的健身转向趣味性、社交性健身，注重健身中的休闲娱乐性；体育旅游已经逐渐发展成为西安市民体育休闲娱乐的一个重要形式，漂流、滑雪、野外生存等活动被越来越多的西安人所接受；体育竞赛表演市场取得了长足的发展，观看欣赏体育比赛成为人们一个重要的体育休闲形式，鼎盛时期，西安曾拥有足球、篮球、乒乓球等顶级职业体育俱乐部，职业队数量之多在全国屈指可数；新的休闲体育活动形式不断引进、创新出来，人们休闲体育活动的可选择性越来越强。甚至是一些以前我们斥之为色情的活动形式，如钢管舞也开始在经过必要的改造后登上了大雅之堂，参与者越来越多。

广大市民对休闲体育的参与，也促进着休闲体育产业的发展。近年来，西安市区体育健身休闲业取得了长足的发展，经营项目向着多样化发展，进入市场经营的项目达 30 余种，可以满足不同消费群体的需求，人民群众体育健身休闲消费的选择性越来越强。

此阶段西安市区休闲体育的发展有两个亮点：

第一，户外运动成为西安市民周末休闲的重要方式之一。

户外休闲运动是体育旅游的核心内容，深受青年人的欢迎。近年来，在政府有关部门的引导和大力支持下，凭借着以国家公园著称的秦岭，西安的户外运动发展迅速，已逐渐成为西安人热爱的周末体育休闲方式之一。西安户外运动发展迅猛，渐处于国内领先地位。据不完全统计，西安目前有 400 多支户外运动俱乐部，加入西安户外运动组织的有 100 多家。据统计，西安市区现在每年参加户外运动的大约有 30～50 万人次。每逢周六周日，广大户外运动爱好者聚集的体育场、纬二街等地都停放着大量运送户外运动爱好者前去秦岭徒步的车辆，场面浩大。目前西安市区大约有 500 多辆 40 座旅游大巴都在为户外运动服务。户外运动的发展也促进了户外装备业的发展。据西安市区第一家开户外用品店的孙先生保守估计，西安市区目前的户外用品店最少也有 20 多家，年销售额在 1000 万元以上。

第二，民间业余竞赛成为西安市民重要的体育休闲方式。

近几年来，作为全民健身和体育竞赛相结合的一种新型活动形式——民间业余体育竞赛发展迅猛，成为众多体育爱好者一个重要的体育休闲方式。城市业余体育竞赛的健康有序发展，可以使越来越多的参与者具有健康的体魄，并养成锻炼身体的良好习惯，有利于全民健身计划的全面贯彻落实；城市业余体育竞赛由于对组队方式、参赛资格等限制较少，参与费用较低，具有平民化的特点，因而吸引着越来越多的体育爱好者参与其中。目前，西安市已经形成了以民间足球联赛、民间围棋联赛、民间篮球联赛等为代表的民间业余竞赛体系。

以西安开展的最为红火的民间足球联赛为例，该联赛是由西安地区各机关学校、企业事业单位或民间足球爱好者利用业余时间参加的公益性民间足球赛事(简称民足联赛)，创办于 2000 年。民足联赛以赛事规模大、组织工作细、比赛时间长、参与球队球员多、赛场分布广、媒体报道频而闻名，获得了广泛的社会反响，尤其是对足球爱好者的影响非常强烈，深受广大足球爱好者的喜爱。2007 年，英国谢菲联加盟西安民足联赛，标志着西安民间足球联赛正在向规范化、品牌化路线发展。2008 年该联赛共有 213 支业余足球队（其中 4 支外籍球队）参赛，历时近 8 个月，共进行了 30 轮 1326 场比赛，比赛遍布在西安东西南北各个赛场，西安 70%的业余球队约 50 万人次参与到该联赛中来。最近几年，该联赛每年举办比赛都在 1200 场以上，每场比赛费用约需 500 元（场地费、裁判费等)，全年下来，仅竞赛方面的消费就超过 60 万元左右。

综上所述，我们可以看到：建国初期，虽然当时的政治经济条件不利于休闲的发展，但休闲体育在西安市区还是顽强的得到了发展，不过当时的休闲体育是缺乏个性的。改革开放三十年来，经历了启动、爆发、成熟三个时期，休闲体育开始逐步融入西安百姓的生活中，休闲体育在西安市区都得到了长足的发展。通过对西安市区休闲体育发展历程的分析，我们可以发现：国家强盛，民族兴旺，社会物质文明和精神文明全面稳定地发展，是休闲体育赖以发展的保障；西安市区休闲体育的发展离不开全国休闲体育发展的大环境，实质上，西安市区休闲体育的发展历程和我国其他城市在各有千秋的同时，大体发展脉络是基本相同的。

西安市区的休闲体育之所以能够出现较大的发展，是与我国经济社会环境的日益改善有着重要联系的。西安市区真正符合现代意义上的休闲体育是1980年以后产生的，在这一阶段休闲体育的产生和快速发展不是偶然的。我们知道，要发展休闲体育，有三个条件是必需的，通俗地讲就是一要有钱，二要有闲，三要有意识。在建国之初的30年，我国包括西安无论从经济条件、闲暇程度或思想意识等方面都不可能满足休闲体育的全面发展条件。只有在改革开放以后，西安才具有了发展休闲体育的条件。

首先，改革开放以来，西安市人均GDP和居民人均收入大幅度提高。2007年西安市人均GDP达到21339元，比1978年翻了5番。1980年，西安城镇居民人均可支配收入只有414元，2007年，则达到12662元，年均增长13.5%。经济的快速增长，为休闲包括休闲体育的发展奠定了物质基础。近年来，西安市收入分配的恩格尔系数明显快速地下降，2008年，西安城镇居民家庭恩格尔系数为36.4%，人们可自由支配的资金增多，休闲体育消费成为可能。

其次，余暇时间的增多使人们从事休闲体育活动有了根本的保障。改革开放以来，我国社会经历了许多变革。我国自1995年5月起开始实行5天工作制，1999年又开始实施春节、“五一”、“十一”三个长假，即所谓“黄金周”。2008年又实行了休假制度改革，调整法定假日和实行带薪年休假，调整后的中国公民法定休息（休假）日为115天，再加上带薪年休假，每年休息时间应为120天左右。工作制度和休假制度的改革，大大增加了人们的自由支配时间。社会服务业的快速发展和现代化家用电器的广泛使用，大大缩短了人们的家务劳动时间，更使得人们的休闲活动有了充足的时间保障。

第三，改革开放、西部大开发、对外交流使西安人开阔了眼界。西安人知道了闲暇时间的度过原来还可以那样的多姿多彩，休闲理念逐渐开始深入老百姓的内心，在保有传统体育项目的同时，西安人有机会接触到越来越多的国内外的新兴的、时尚的休闲体育项目，对体育的认识也发生了重大改变，体育是积极的休闲方式为越来越多的西安人认可。可以说，今天西安市区休闲体育的繁荣发展在很大程度上是改革开放、思想解放的结果。

（二）西安城市社区休闲体育开展现状分析

2012年7月《国家基本公共服务体系“十二五”规划》正式颁布，其中对体育公共服务体系的建立提出了一些要求。我国正处于社区休闲体育公共服务体系构建与完善的关键时期，建设和完善社区休闲体育公共服务体系是政府的基本职能。但在实际操作中，政府的“服务”职能的体现还很不充分，主要体现在产品供给不足、政府投入不足、体育公共服务产品分配不均匀、社会力量和参与结构公共服务体系意愿低等几个方面。给出的建议是：政府在社区休闲体育中要发挥主导作用；加快相关政策法规的出台，为社区休闲体育的良好发展提供政策法律保障；多渠道筹资金，保障社区休闲体育活动组织与开展等。本节通过对西安市城东、城西、城南、城北和城中社区休闲体育发展情况的研究，了解西安城市社区休闲体育服务的发展现状，为构建陕西休闲体育服务提供参考。

1. 社区休闲体育管理现状

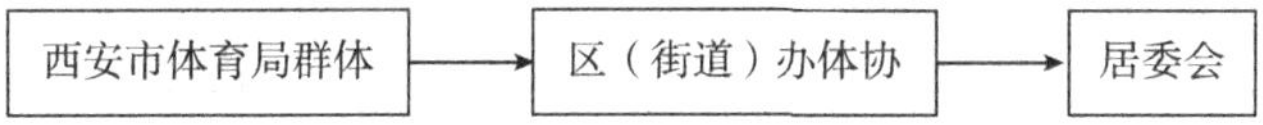

图 3-1　西安市社区休闲体育管理组织结构图

调查显示，西安城市社区休闲体育管理组织，主要由西安市体育局群体处、区（街道）办体协、居委会三大组织构成。但是西安城市社区体育管理部门对社区体育管理和监督尚未形成共识。仅在重大体育活动时，政府才会组织相关人员，采取联合举办的方式来进行一些团体活动，区（街道）办体协是社区休闲体育承办单位，许多街道负责人对所属街道的休闲体育开展情形不了解，不清楚所属辖区居民的休闲活动安排。社区体育活动主要由晨、晚练习群体等自发性的社区体育团体完成。由于居委会受到人力不足等因素的影响，尚未与数量众多的辖区单位、自发性的社区体育组织建立起正常的联系。

2. 西安市城市社区休闲体育开展现状

调查显示，西安市城市社区的休闲体育锻炼的开展，主要是居住社区和单位社区自发完成，其人员组成较为固定且相熟，活动场地固定，指导人员多以自荐为主进行指导。

（1）社区居民参与休闲体育现状

表 3-1 显示，居民平日最为喜欢参加的体育活动依次为：慢跑、器械健身、球类、健身操、太极、舞蹈类等。由于各项目的开展条件不一，多数人会选择开展较为方便的项目，慢跑和器械健身就成为居民健身的首选项目，而慢跑的参与人在各群体中的比例是最高的。

表 3-1 社区居民参与休闲体育健身活动表

	青年				中年				老年			
	男	%	女	%	男	%	女	%	男	%	女	%
慢跑	17	28.8%	19	44.2%	51	35.4%	52	37.7%	42	35.3%	40	31.7%
器械健身	18	30.5%	5	11.6%	38	26.4%	27	19.6%	15	12.6%	21	16.6%
健身操	2	3.4%	6	14.0%	15	10.4%	14	10.1%	19	16.0%	19	15.0%
武术	3	5.1%	2	4.6%	11	7.6%	12	8.7%	14	11.8%	16	12.7%
舞蹈	1	1.7%	3	7.0%	9	6.3%	14	10.1%	8	6.7%	13	10.3%
球类	14	23.7%	3	7.0%	17	11.8%	17	12.3%	18	15.1%	16	12.7%
其他	4	6.8%	5	11.6%	3	2.1%	2	1.5%	3	2.5%	1	1.0%
合计	59	—	43	—	144	—	138	—	119	—	126	—

(2) 社区居民平日锻炼常去的场所

表 3-2 居民锻炼场所

	青年		中年		老年	
	男	女	男	女	男	女
社区	8	6	41	51	42	45
单位	13	9	19	16	4	6
学校	7	4	9	10	18	20
广场	11	13	35	44	39	36
体育场馆	15	9	31	11	11	7
其他	5	2	9	6	7	4
合计	59	43	144	138	119	126

表 3-2 显示，青年人参加锻炼经常去的场所以体育场馆、广场和单位健身场所为主；中年人参加锻炼的场所以社区、广场、体育场馆和单位健身场所为主；老年人参加锻炼的场所以社区、广场和学校为主。年轻人由于工作时间和对锻炼的

环境有一定要求，因此选择收费性质的体育场馆和单位健身场所较多；中年人的工作和生活压力较大，锻炼是以就近的广场和社区健身场所为主；老年人的时间较为空闲，锻炼多以不收费的学校、社区和广场为主。

3. 西安市城市社区休闲体育服务现状

（1）指导服务。社区指导员指的是群众性体育活动中从事技能传授、锻炼指导和组织管理的工作人员。调查显示，西安市城市社区进行体育锻炼群体的健身指导员全部是自发自荐形式产生，由于体育指导员完全是社区体育活动的爱好者，而且他们又没有接受过体育指导的培训，仅凭经验和体育锻炼的热情来对社区内参与体育锻炼人群进行指导，因此在指导时只能够在相关技术上进行简单指导，而不能从锻炼的要求、运动量的控制、运动技术的科学规范等方面进行指导。指导员进行指导的项目主要集中在老年迪斯科、太极拳、健身操等。

（2）信息服务。调查显示，居民在社区参加体育锻炼信息来源主要是锻炼者相互传递，大多居民日常较忙，很多人在参加活动与其他锻炼者闲聊时获得较多的锻炼相关信息，但是健康锻炼信息比较片面。一些社区也通过宣传栏、展板等信息公告来对社区居民进行健康知识的传递，但是这些受到天气、社区工作人员对健身认识的影响较大，且更新较慢，基本不能满足健身参与者的信息需求。

4. 西安城市社区休闲体育服务体系构建现状

城市社区体育服务应在市体育局群体处的领导下，区文体局、街道办社区管理中心参与，在社区成立体育服务的体系结构。主要应具有体育活动服务、体育指导服务、体育场地设施服务、体育组织服务、体育监测服务、体育信息服务等服务。西安市城市社区体育健身服务目前仅存在场地设施服务，是由体育局的健身路径进社区活动来实现的。体育指导服务是由社区或锻炼场地的锻炼者自发形成，体育活动和体育信息服务主要由体育爱好者来实施，体育组织和体育监测服务尚未能够得到实施。

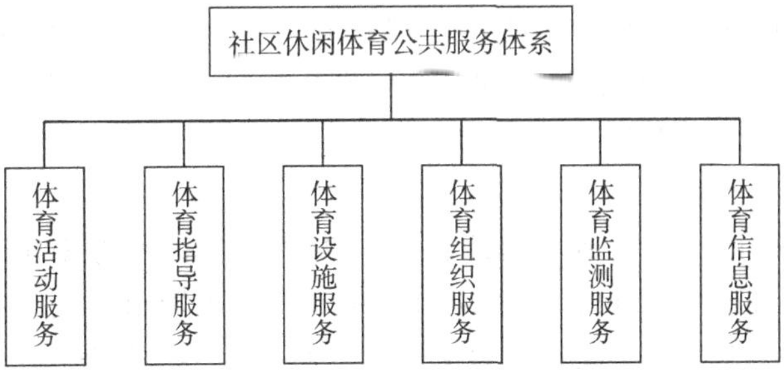

图 3-2　社区休闲体育公共服务体系图

综上，西安城市社区体育管理部门对社区体育管理和监督尚未形成共识；社区体育活动主要由晨、晚练习群体等自发性的社区体育团体完成。居民平日最为喜欢参加的休闲体育活动为慢跑、器械健身、健身操、太极拳等；参加锻炼场所以社区、广场、体育场馆和单位健身场所为主。西安市城市社区体育服务体系尚未建成，社区休闲体育服务状况难以满足居民需求，健身指导服务仅为技术性指导，不能从全方位来指导，体育健身与健康信息服务形式较为单一。

政府应在《国家基本公共服务体系“十二五规划”》的基础上，将社区体育公共服务体系建设纳入经济社会发展的总体规划，按照体育服务的需求构建科学的服务体系。构建以市级政府为主导，区、镇（街道办）政府为指导，社区为核心的健身服务组织，在管理上形成场地设施服务、健身指导服务、健身监测服务、健身信息服务等全方位的体育健身服务体系。以提高社区居民的体育健身发展要求。

第三节　陕西居民休闲体育分析

一、陕西居民休闲体育分析对象

1. 分析对象

陕西居民休闲体育分析的主要对象是陕西省居民休闲体育活动人数，以及居民参与休闲体育的动机、时段、频度、持续时间、形式、获取途径、心理体验、体育项目、场所、消费结构、消费水平等。

2. 选取陕西作为分析对象的因素

（1）历史文化因素

陕西休闲体育历史渊源，具有深厚的历史文化底蕴。汉唐时期高度繁荣的经济为文化的巨大发展提供了物质基础，也为体育的高度发展创造了条件。不管是宫廷娱乐，还是民间的体育游戏活动，都有着广泛的民众基础。据文献记载，当时较为流行的体育项目有蹴鞠、拔河、射箭、木射、抛球、围棋、跳水、竞渡、翘关、相扑、负重、秋千等。

（2）城市人口因素

陕西位于中国西北部，地域南北长、东西窄，南北长约 880 千米，东西宽约 160～490 千米。主要城市包括：西安市，宝鸡市，咸阳市，铜川市，渭南市，延安市，榆林市，汉中市，安康市，商洛市。总面积 20.58 万平方千米，常住人口为 3753.09 万人（2012 年）。

（3）城市经济发展因素

2011年《陕西省国民经济和社会发展统计公报》显示，全省人均生产总值33142元，约折合5131美元，经济发展质量显著提高，人民生活水平和质量进一步提升。人均GDP达到5000美元，将意味着这个地区达到了中低收入国家和地区的平均水平。居民消费将从温饱型向小康型升级，步入享受型、发展型。闲暇时间的延长和生活品质的提高为休闲体育的广泛开展奠定了坚实的基础。

3. 选取分析对象的依据

体育休闲方式是对体育休闲活动状况直观、全方位的体现，而体育休闲活动又是人们闲暇时休闲活动的重要内容。在目前我国社会转型阶段，人们生活方式的变化过程中，分析不同性别、年龄、文化程度和职业等人员的体育休闲方式，可以把握陕西省居民的社会文化、生活实态，为分析和研究陕西省的社会问题提供基础资料。

二、研究方法

1. 文献资料法

根据研究的需要，先后在图书馆进行文献检索，同时利用互联网检索查阅了中国期刊网、万方数据资料中心、超星图书馆等大量有关社会学研究、城市社会学研究、休闲学研究、体育社会学研究、体育休闲学研究、社会学研究方面的文献资料，并将搜集到的与本课题相关的期刊论文、著作资料按同类专题进行整理。

首先，筛选适宜的资料。因本课题研究的内容涉及面较广，要求有大量的资料与之相适应，并回答所要研究的各个问题，这就要求在大量的资料中筛选出最适宜本研究的资料。

其次，处理资料。先是对搜集到的所有资料按研究设想进行分类，以便查用；然后对分类的资料进行分析、提升。

最后，说明资料的来源。对搜集到的资料进行注释，说明其来源。

2. 专家访谈法

对群众体育及休闲体育方面的相关专家进行访谈。

3. 问卷调查法

以陕西省城镇居民为调查对象，随机抽取了陕西省内的西安市、宝鸡市、咸阳市、汉中市、安康市、榆林市和延安市7个地市城镇居民作为问卷的发放对象。

4. 数理统计法

运用SPSS16.0统计软件对所调查回收的问卷进行数理统计和分析。

三、居民休闲体育分析

（一）调查基本状况

研究共调查2714人，调查情况见表3-3。

表 3-3　陕西居民休闲体育调查情况表

		人数	所占比例
性别	男性	1302	48%
	女性	1412	52%
年龄	20～29 岁	712	26.2%
	30～39 岁	698	25.7%
	40～49 岁	882	32.5%
	50～59 岁	276	10.2%
	60 岁以上	146	5.4%
学历	研究生学历	—	5.7%
	大学（含）大专学历	—	52.2%
	高中（含）中专学历	—	33.9%
	初中及以下学历	—	8.2%
月经济收入	1000 元以下	—	16.2%
	1001～2000 元	—	35.2%
	2001～3000 元	—	30.4%
	3001～5000 元	—	15.3%
	5001 元以上	—	2.9%

通过调查得知，认为自身每天家务及其工作时间繁忙，没有空闲时间的人数为 1.9%；每天有 2 个小时以上空闲时间的人数占调查总数的 69.5%。在闲暇时间，居民从事的主要活动为上网（27.5%）、看电视（25.2%）和逛街（17.3%），参与休闲体育活动被排在第四位。

（二）居民参加休闲体育活动的人数统计

《2007 年中国城乡居民参加体育锻炼现状调查公报》中指出 2007 年全国有 3.4 亿城乡居民参加体育锻炼，全国“经常参加体育锻炼”的人数比例为 28.2%（含在校学生）。在我们所调查的陕西城镇居民中，在过去一年里，有 72.4%的人在过去一年曾经参与过体育活动，远高于全国的平均数，但是经常参加体育锻炼的人数仅为16.7%（不包括在校学生），低于2007年中国城乡居民经常参加的人数比例。对于“经常参加休闲体育”的定义借鉴2007年中国城乡居民参加体育锻炼的状况。所谓“经常参加”定义为每周3次以上，每次持续时间30分钟以上，每次锻炼强度达到中等程度以上。

不同年龄组在过去一年里参与休闲体育的人数比例状况，60岁以上年龄组参与比例最大为5.3%，其次是20～29岁年龄组为75.1%。参与率最低的是30～39岁年龄组，其参与比例为69.22%，究其原因，主要是这个年龄段的人群正处于事业发展期和家庭负担较重的时期，忙于工作或者家务而无暇参与。从事不同职业群体参与休闲体育的调查中显示军人的参与比例最高，达到了90%，而无职业的居民参与最低。不同受教育程度的居民随着教育水平的升高，参与人群出现逐步递增的发展态势，由此可见，教育程度越高的居民对于休闲体育的认识程度和参与性都非常重视。

(三) 居民参与休闲体育的时段

陕西省城镇居民平常参与休闲体育活动一般在工作之余和周末及节假日，而在活动时间的安排上还有26.9%的健身时间不固定。在休闲活动的时间段上，每天主要集中在晚上活动者占27.2%、下午活动者占18.1%、清晨活动者占参与总数的17.9%。与2007年城乡居民参与健身活动进行比较，年轻人主要的活动时间以下午和晚上为主，而老年人主要以清晨为主，在50～59年龄段的居民清晨锻炼的比例为42.6%，60岁以上的占50.9%。

(四) 居民参与休闲体育频度

在参与休闲体育活动的居民中，每周1次的人数最高，为28.2%，每周2次占24.3%，每周3～4次为20%，每周5次以上为10.5%，每月1次的为17.0%。(表3-4) 从参与休闲体育活动人群的年龄分布来看，20～29岁和30～39岁两个年龄段的居民主要是以每周1或2次居多，其每周1次占31.1%和31.9%，三次以上较少。从40岁开始，随着年龄的增长，参与休闲体育的次数逐渐升高。在60岁以上的居民中，每周3～4次以上占29.1%，每周5次以上达占40%。

表3-4　居民参与休闲体育频度表

参与休闲体育频度	所占人数百分比
每周1次	28.2%
每周2次	24.3%
每周3～4次	20%
每周5次以上	10.5%
每月1次	17.0%

（五）居民进行休闲体育活动的持续时间

调查显示陕西省城镇居民每次锻炼的时间主要在31～60分钟之间，其比例占参与休闲体育人群的48.7%，其次是活动时间在30分钟以内的为23.6%，61～90分钟占20.7%，91分钟以上占7.0%（表3-5）。在不同年龄段里参与休闲体育活动时间为31～60分钟的人数选取比例也是最高。这说明城镇居民都对于这个活动时间具有一定的趋同性。认为经过30分钟以上的活动时间对身心健康具有良好的效果。由于老年人休闲时间的充足，同时活动期间的强度较小，所以随着年龄的增长，选择较长时间进行锻炼的居民有微弱升高的趋势。

表3-5　居民参与休闲体育活动的持续时间

参与休闲体育活动的持续时间	所占人数百分比
30分钟以下	3.6%
31～60分钟	48.7%
61～90分钟	7.0%
91分钟以上	10.5%

（六）居民参与休闲体育活动的形式

调查显示，陕西省城镇居民参与休闲体育活动的形式主要是以与同事、朋友结伴为主，占参与休闲体育活动总数的55.7%，家庭共同参与体育活动的占26.7%，独自健身的占16.3%（表3-6）。20～29岁年龄段的居民选择与朋友同事一起参与休闲体育的比例高达74.2%。年轻人多与同事在一起共同参与休闲体育活动，主要是通过这种形式进行交流和沟通，达到改善人际关系的目的。而随着年龄的增长，与家人和独自参与的比例有所升高。

从不同性别参与休闲体育活动的形式调查来看，与同事和朋友在一起的比例都是最高，其分别为58.3%和52.4%。在与家人在一起从事休闲体育的选择伙伴上女性（32.9%）明显高于男性（20.7%）。

表3-6　居民参与休闲体育活动的形式

参与休闲体育活动的形式	所占人数百分比
与同事、朋友参与	55.7%
家庭共同参	26.7%
独自健身	16.3%

(七) 居民获得休闲体育活动技能的途径

在参加休闲体育的活动中，有 32%的居民是从学校体育的学习中获得某种运动技能，24.8%的居民是通过自学获得。此外，从事过专业训练、社会短期有偿培训和无偿培训的分别占 5.8%、4.0%和 4.2%。还有 1.5%的人是通过其他途径获得运动技能。(表 3-7)

表 3-7 居民获得休闲体育活动技能的途径

获得休闲体育活动技能的途径	所占人数百分比
从学校体育的学习中获得	32%
通过自学获得	24.8%
从事过专业训练	5.8%
社会短期有偿培训	4.0%
无偿培训	4.2%

社会体育指导员是全民健身服务体系的重要组成部分，截至 2008 年底，陕西省在册社会体育指导员 1.7 万人，其中国家级社会体育指导员 52 人，一级社会体育指导员 1893 人。《全民健身条例》规定加强对公民体育锻炼的指导，提高公民的科学健身意识，防止不适当运动给身体造成伤害。在参与休闲体育活动的城镇居民中，很少有人指导占健身人群总数的 33.0%、偶尔有人指导的占 22.8%、从未有人指导的占 15.2%、总有人指导的占总数的 10.5%。可见，陕西省在培养社会体育指导员队伍的发展速度还有待进一步加大幅度，同时，成立社会体育指导员协会，对于已经培养出的社会体育指导员进行监督，提高每一位指导员的辅导效率。社会体育指导员的培养应考虑到不同区域、不同项目的社会指导员人数。对丁陕西省体育技能培训市场应规范化，培训场馆和教练应取得一定的培训资质。

(八) 居民参与休闲体育心理体验

通过调查，大部分人对于休闲体育活动改良人的心理方面持认可态度。认为通过参与一定的休闲体育活动对人的心理方面有一定促进作用得到了大部分人的认可。有 25.6%的居民认为通过休闲体育活动经常能忘掉烦恼；43.0%的人认为偶尔能忘掉烦恼。47.2%的人认为通过休闲体育活动能比较有效的消除身心疲劳；非常有效的占 16.0%。67.9%的人觉得可以缓解心理紧张，有 40.7%的人觉得通过休闲体育活动可以使身心得到愉悦，产生快乐的情绪，26.8%的人觉得可以产生非常愉悦的心情。

(九) 居民参加休闲体育的项目选择

休闲体育项目的选择受各人所处的环境、经济状况等相关因素的影响。在陕西省城镇居民对休闲体育项目的选取上排在前五位的分别是走、慢跑、羽毛球、郊游登山等户外运动和乒乓球。2007年中国群众体育调查报告中显示健身走、慢跑是城乡居民体育健身活动的首选项目，这和本研究的结果具有一定的相似性。自从2003年“非典”以来，人们认识到了健康的重要性，羽毛球成为居民强身健体、人际交流和消遣娱乐的重要方式。2009年羽毛球杂志对全国参与羽毛球健身锻炼的人员进行调查，每年参与羽毛球这项运动的人数达到了2.5亿人，在西安市的公园广场、城墙根下，到处能见到羽毛球活动者的身影。在许多健身羽毛球场馆，每天晚上、周末等时间常常爆满。陕西省拥有丰富的户外休闲体育资源，秦岭山脉是中国的南北分界线，被尊称为华夏文明的龙脉。秦岭自然风景区既有丰富的自然景观，又有独特的人文景观，截止到2008年陕西森林公园已达72个，其中国家级森林公园26个，省级46个。春季登山、夏季漂流、秋季拓展、冬季滑雪等多种户外资源，为发展旅游业提供了良好的资源禀赋。近年来，随着西康、西汉、西宝、西榆等高速公路的贯通和秦岭北麓环山公路的建成通车，陕西省已经形成了立体化“米字形”的交通网络体系；同时城市家庭人口中拥有私家车辆的家庭越来越多，这些都为城镇居民进行户外运动创造了坚实的基础。据统计，周末去秦岭休闲娱乐的人数在十万左右。

(十) 休闲体育场所建设情况

在休闲体育活动的场所选择上，单位或者住宅小区的健身场所成为陕西省城镇居民首选区域，占参与休闲体育活动人数的21.2%。社区是构建和谐社会的战略空间单元，也就是说，建设和谐社区是构建和谐社会的基础和重要切入点。社区是我们生活中不可缺少的一个综合性群众基础机构。它为居住在一个固定区域的居民群体，起着一种媒介桥梁作用，同时也是居民健身活动的基本场所。城镇居民在选择休闲体育活动场所上，主要是在方圆一千米以内，以社区为主。2009年，陕西省为了改善群众健身设施和条件，使全民健身取得新成效，投入资金2000万元，在全省234个社区实施“陕西省城市社区全民健身器材配送工程”；同时在新建的住宅小区内基本上都配备了健身路径，一些高档小区有网球场、羽毛球场及游泳场馆。

排在第二位和第三位的分别是公园广场和公路街道边。截至2009年，陕西省省会西安市建成区绿化覆盖面积10999万平方米，人均公共绿地面积达到7.8平方米，绿地率31.89%，绿化覆盖率40.33%，广场和街头绿地广场405个，公园54个，其他指标也达到和超过国家园林城市标准，基本形成了以街头、庭院绿化为点，以道路、林带绿化为线，以公园、广场绿地为面，与城郊风景林地、遗址公园相结合，建成“点上绿化成景，线上绿化成阴，面上绿化成林，环上绿化成带”，点、线、面、环相衔接的综合绿地系统。这为城镇居民健身创造了较好的环境条件。

选择收费体育场馆仅占 11.5%，可见，居民休闲活动的消费观念有待提高。2003 年第五次全国体育场地普查中，有 70%左右的体育场馆都存在于教育系统中。2008 年陕西省作为国家关于学校体育场地实行无偿开放的试点地之一，在西安和宝鸡选区了 20 个学校进行了试点。而调查的数据显示，城镇居民到学校开放场地锻炼的人数仅占 8.6%，所以应加快试点工作，构建学校体育场地发展模式，真正使学校场馆的设施提高利用效率，为居民健身创造更加便捷的途径。

（十一）居民参与休闲体育的动机

在陕西省，人们的休闲体育动机逐步由健身强体的动机向更高层次的生理和心理需要迁移。在参与休闲体育活动的城镇居民中，有 56.3%人把消除身心疲劳作为参与休闲体育的首选动机；其次是消遣娱乐，占 49.2%；第 3 位是兴趣爱好，占 47.1%人和 45.1%人选择兴趣爱好和强身健体。

（十二）居民休闲体育消费

在被调查人员中显示，在过去一年里有过体育消费的人数占 84.7%，这个数据高于 2007 年中国群众体育调查 72.7%的比例。说明体育消费已经成为家庭消费支出的一项重要开支。陕西省城镇居民在体育消费的投资上主要是位于 500 元以内，年花费 100 元以内的占调查总数的 33.0%，其次是 100～499 元之间的占 28.8%，随着体育消费金额的提高，消费人数呈递减态势。2000 元以上仅占支出样本量的 3.5%。从消费项目上主要是以实物性消费为主，有 45.1%的人主要体育花费在运动服装的购买上；其次是健身场所、户外门票、车费上；而在观赏性消费中只有 3.8%人在过去一年里有过观看比赛的经历。从调查的结果看，陕西省的体育赛事的规模和层次有待进一步提高。

四、居民参与休闲体育的影响因素

通过对陕西居民参与休闲体育活动现状的分析，影响居民参与休闲体育的主要因素有：场地设施、余暇时间、兴趣习惯、身心状况、经济条件、指导人员等。其中，场地设施、余暇时间、兴趣习惯的中选率排在前三位，可见，场地设施不足、条件简陋，缺乏余暇时间，对体育没有兴趣，没有经常参加体育活动的习惯，是制约城市居民参与体育活动的重要因素。与以往相比，场地设施的中选率超过了余暇时间排在第一位，经济条件的中选率仅排在第五位。这说明了，近年来，城市居民的余暇时间有所增加，经济条件大为改善，体育意识有所增强，相比之下，活动所需要的场地设施虽然也有所改观但还远远不能满足现阶段人们的体育活动需要，因而成为制约人们参与体育活动的首要因素。

(一) 场地设施

调查显示，场地设施是影响城市居民参与体育活动的首要因素。近年来，随着陕西社会经济的发展，城市化进程的加快，全民健身计划的大力实施，体育场地设施的建设取得了明显的成效，但仍然存在着许多问题，如缺乏体育活动场所；场地简陋，设备陈旧；缺乏有效管理，使用不当，破坏严重；活动场所较拥挤；距离居民住所较远等。随着生活水平的不断提高以及对健康生活方式的追求，人们参与体育活动的意愿越来越强，而当前场地设施的建设却跟不上人们体育活动需求的增长，这种情况不利于人们体育活动的参与，也不利于全民健身计划的进一步开展。

(二) 余暇时间

余暇时间是休闲的一项构成要素，也是人们从事休闲体育活动的前提条件之一。城市居民的余暇时间总体上呈不断增长的趋势，但在实际生活中，由于工作压力大和家庭负担重，造成人们（尤其是中青年和中年）的余暇时间短缺，以及城市生活节奏较快，竞争激烈，余暇时间的机会成本大，人们不得不牺牲余暇时间以提高自身的能力，谋求个人发展的空间。因此，余暇时间也是影响城市居民休闲体育参与的关键因素。

(三) 兴趣习惯

兴趣习惯属于主观方面的影响因素。如对体育没有兴趣，没有经常参加体育活动的习惯，甚至学生时代就不喜欢体育活动，是制约人们参加休闲体育活动的重要因素。在调查中，城市居民余暇时间内多从事看电视、上网、读报刊书籍、聊天等非体力负荷型活动，体育活动的选择率为37.6%，仅排在第三位，说明学校体育工作在培养学生参加体育活动的兴趣，形成终身体育观念方面有所欠缺；也说明社会的舆论引导还不够充分，人们的体育意识有待进一步提高。

(四) 身心状况

城市居民的身心状况对其参与休闲体育活动的影响主要体现在正反两个方面：一方面，由于工作负担重，精神压力大或者年龄增高等原因引起的身心健康问题，促使人们积极参与体育活动，以达到健身娱乐养生的目的；另一方面，工作负担重造成的身心疲惫，使其没有过多的精力参加其他活动，而年龄的增长，身体运动能力的下降，则限制了休闲体育项目的选择范围和活动效果。因此，城市居民应根据自身的具体状况，合理安排体育活动的时间，选择合适的体育项目，才能取得良好的活动效果。

（五）经济条件

经济条件对城市居民参与休闲体育的影响主要体现在两个方面。一方面城市中的低收入群体必须付出大量的时间工作以维持基本的生活需要，无暇顾及各种休闲活动，只有在其生活水平得到大幅度提高的情况下才有机会从事休闲体育活动；另一方面，经济条件制约着人们的体育消费水平，体育消费水平的高低反映了从事体育活动的物质条件的优越与否，通过调查，陕西城市居民的体育消费整体水平较低，从事体育活动的物质条件并不充裕。体育消费属于较高层次的发展与享受型消费，只有随着社会经济的进一步发展，人均收入达到较高水平的时候，人们才会更多地投向体育消费，从而为参与体育活动创造更好的物质条件。

（六）指导人员

该因素影响城市居民参与休闲体育活动的具体表现如：由于缺乏相关人员的指导，有些市民不能根据自身情况合理选择活动项目，没有掌握科学的锻炼方法，导致锻炼效果不理想甚至出现运动损伤和危害健康的问题，从而影响了他们体育活动的参与水平；有些市民希望提高自己喜爱的体育项目的运动能力或技战术水平，但缺少专业人员的指导与培训，影响了其体育活动的效果；有些市民参与体育活动的积极性尚且不高，没有形成经常参加体育活动的习惯，如若没有相关人员的组织与指导，其参与水平则得不到提高甚至有所下降。上述情况说明，城市居民的休闲体育活动需要相关人员的组织与指导，而陕西社会体育指导员的工作尚不能满足人们的需求，成为制约城市居民参与体育活动的一项重要因素。

第四章 高校休闲体育

第一节 高校休闲体育开展背景

休闲教育是人的素质和现代教育的重要组成部分，是现代国家管理和服务于公众的途径之一，亦是“育化人”（精神文明建设）的重要手段。那些学会了既能享受工作，又不浪费时间的人，才会感到他们的生活是一个整体，才会感到生命的价值。“未来”不仅属于受过教育的人，更属于那些学过怎样聪明地利用闲暇的人，因此说，休闲是一门科学、一种艺术，也是一种文化教养。

美国学者杰弗瑞·戈比教授认为：“休闲是从文化环境和物质环境的外在压力下解脱出来的一种相对自由的生活，休闲能使个体以自己所热爱的，本能地感到有价值的方式在内心之爱的驱动下行动，并为信仰提供基础。”

休闲已经成为人类生活的重要组成部分，它绝不仅仅是生活的残余，而将越来越成为决定人生幸福的核心因素。时至今日，我们在进入物质财富高速积累时代的同时，也正步入“准备为取得高级的享受而放弃低级的享受”的新的历史时期；现代文明的内涵越来越意味着，人类需要和渴求有意义地幸福生活。

一、高校休闲体育活动开展的社会背景

（一）“有闲、有钱”时代的来临，为大学生开发休闲和休闲体育活动提供时间载体与经济基础

二十多年来，我国改革开放和社会主义现代化建设取得了巨大成就，到2003年我国人均GDP首次突破1000美元，达到1090美元，这是一个具有里程碑意义的数字，标志着我国的经济发展和人民生活进入了注重质量、追求全面发展和进步的阶段。国外大量的经济学研究也证明，当人均GDP从800美元跃进2000美元时，将出现国民经济快速增长时期，这一时期也是休闲娱乐获得快速增长的时间。

从1995年起，我国开始实行5天工作日，再加上现在的黄金周与各种法定节假日，大学生又有多个假期，这意味着大学生约有2/5的时间是在闲暇中度过的，有闲时代已经来临。

到2015年，人类将有50%的时间用于休闲，全国人大常委会副委员长、中国

软科学研究会理事长成思危认为，大约一万年前，当人类进入农耕时代，人类只有 10%的时间用于休闲；当工匠和手工业者们出现时，则省下了 17%的时间用于休闲；到了蒸汽机时代，由于生产力水平的提高，人类将休闲时间增加到 23%；而到了 20 世纪 90 年代，电子化的动力机器提高了每一件工作的速度，譬如从烧饭到交通……因而使得人们能将生活中 41%的时间用于追求娱乐休闲。休闲在人类生活中占有越来越重要的地位，如何休闲，学会健康、科学、文明地休闲成为现代人所关注的重要问题，休闲也成了影响现代人生活幸福的重要因素。

（二）开展高校休闲体育活动也是国家和社会对大学生全面发展的基本要求

积极开展高校课外体育锻炼活动是教育部所倡导和规定的，教体艺［2005］4 号文件《教育部关于进一步加强高等学校体育工作的意见》第四条明确规定，各高等院校要广泛开展学生课外体育活动。高等学校要把开展丰富多彩、形式多样的学生课外体育活动作为学校日常教育工作的有机组成部分。要通过科学安排作息制度，保证学生每天有一定时间用于课外体育锻炼。对学生的课外体育活动要有制度、有组织、有要求、有记录。每个学生每周至少要参加 2～3 次课外体育活动。学校体育部（室）、学生处等有关职能部门要紧密配合，充分发挥党、团组织以及学生会和其他学生社团组织的作用，积极组织开展学生课外体育活动。要把学生课外体育活动作为校园文化建设的重要组成部分，大力营造良好的校园体育文化氛围，使校园充满朝气和活力。要大力宣扬“每天锻炼一小时，健康工作 50 年，幸福生活一辈子”这一具有时代特征的口号，以此不断增强广大青少年学生的体育意识，激励他们积极参加体育锻炼。

二、休闲体育对高校学生的积极影响与作用

（一）休闲体育能增进大学生的体质健康

科学技术革命和现代科技的发展给人们带来许多便利的同时，也改变了人们的生活节奏，计算机、电梯、电话、传真的诞生，使人不出房间就可以完成人与人之间的沟通。据资料显示，20 世纪 90 年代人的运动量仅是 60 年代的 1/3，体力劳动与脑力劳动的比例由机械化初期的 9∶1 发展到全自动化时代的 1∶9。运动缺乏症是指由于运动减少导致脂肪沉积，动脉硬化增多。据报道，我国人口体重超标率近 10 年剧增，城市成年人体重超标的比例约 35%，一般在 20%～30%之间；而在美国，由于缺乏运动，每年至少有 30 多万人失去生命。大学生作为脑力劳动者，在学习中承担着高强度的学习活动和脑力活动，他（她）们必然需要辅之以科学有效的恢复和调整措施，而休闲体育所具有强身健体的功能，可通过身体练习和各种运动负荷项目的活动，加速身体疲劳的消除和恢复，实施“积极性休息”，提高和改善大学生的中枢神经系统的工作能力，使人头脑清醒、思维敏捷，

也可以促进人体内脏器官机能的提高，给高校学生以最本真的关怀。

（二）休闲体育对大学生心理健康的呵护有着重要作用

现代社会转型时期，高效率、快节奏、强竞争，导致人们心理负荷过大，心理紧张感和压抑感成为现代社会最有代表性的心理压力现象。专家分析表明，心理压力的产生有主客观两方面的原因。从客观看，竞争的激烈、失业的威胁、家庭的不稳定、信息爆炸、冲突的增加等都形成对心理的压力。从主观上看，人的价值观、道德观发生了巨大变化，发财欲望的不断膨胀、对生活的期望值愈来愈高、攀比心理日趋严重。其实，真正的症结就在于人的文化精神的失落。现代人在对物质财富占有过程中，异化掉了的是自己的灵魂。竞争激烈的日本人称自己是“经济动物”，他们深感，物质繁荣了，却埋没了真正的人性，使人活得窒息。

20世纪50年代我国精神障碍患病率为2%，70年代为7.2%，90年代初为12.6%，现阶段的发病率为15.6%。大学生中，约占25%的学生患有心理障碍，最新资料表明，15～35岁人群死亡占第一位的是自杀，我国每年就有20万，占世界自杀的1/5。随着我国经济体制改革的不断深入以及现代社会科技的高度发展，“拜金主义，享乐主义”等不良的思想观念也日益影响着当代大学生，人与人之间的交往存在许多障碍和隔阂，易产生交往壁垒、情感壁垒等，导致交流减少，感情淡化，沟通贫乏，进而产生心理健康疾病，人际关系出现危机等。而休闲体育所具有的使人轻松、愉悦、自由、互动等特性，科学研究证明，经常参加体育活动能促使内腓肽、HLD-2等“快乐素”分泌，从而调节情绪、振奋精神。从心理角度解释，当体内能量积累到一定程度时，容易引起紧张不平衡状态，而休闲体育能够宣泄、疏导淤塞压抑的紧张情绪，使人感到舒畅和快乐，排除抑郁、焦虑等不良消极情绪。

休闲提供的不是一条愤世嫉俗的现代意义上的逃避之路，而是一条回归之路，即返回到健康、本能、平和、崇高的状态，在这种状态中，每个人因为他的真诚，将会使人变得更好和更幸福。

（三）休闲体育为大学生提供健康向上的精神文化动力

休闲作为一种特殊的文化形态，它往往以渗透、融合、感染、凝聚、净化等多种形式影响人的生活方式和生命质量。因为它的意义不仅在于恢复体力，更重要的在于闲暇生活中接出的美丽硕果——在于精神的调整与升华，在于人的广泛需要得到全面、完整、自由地发展。

休闲体育集身体活动、游戏、娱乐、休闲于一体，不仅丰富了大学生的业余文化生活，更满足了大学生呈几何级数增长的精神文化生活的需要。休闲体育作为体育的一个重要内容，其崇尚的是奥林匹克格言“更快、更高、更强”，就是

“增强体质、意志和精神并使之全面发展的一种生活哲学”，倡导“和平、友谊、团结”的人文关怀思想。休闲体育体现的是对人类自我意识的超越、对人类生命的超越。休闲的价值不在于实用，而在于文化。它使人在精神的自由中历经审美的、道德的、创造的、超越性的生活方式。它是有意义的、非功利的，并给我们一种文化的底蕴，支撑我们的精神。因而，它被誉为“是一种文化基础”、“是一种精神状态，是灵魂存在的条件”。

（四）参与休闲体育是大学生进行情感交流的重要途径，能促进人际关系的和谐

高技术时代呼唤着高情感。在现代社会中，电子化、信息化的交流是一种简约的、间接的、不那么有人情味的交流方式，在精神、情感上的沟通虚拟多于真实，因而，交流中感情的浓度便不可避免地被稀释了，同时又拉大了人与人之间的情感距离。人们寻求着各种交往方式，力图解决现代社会交往中所出现的负面效应。而人类的情感交流大多来自人们的频繁交往。信任、谅解、支持、互补共振、协作等，都是在社会生活实践中每一个人所希望和追求的，而且只能在人与人直接的、面对面的情感交流中获得。

正是数字化时代，真实的参与、生命的直接体验才弥足珍贵。休闲体育以其亲身参与、体验的方式来感受人与人之间的交往和思想的交流，成为现代社会中人们调节身心、调整节奏、调剂生活的重要手段和方法。休闲体育为现代人的精神沟通提供了广阔的天地和简易而崇高的方式，即“用一个意味深长的方式将人们汇集起来，通过人们之间肩并肩的表演和比赛，使友谊得以建立和导致相互的尊敬、信任和真诚相待”。休闲体育以它的娱乐性、易于参与性、喜闻乐见的特点，不以高超复杂的技艺、深邃的思索和深厚的文化修养诸条件要求大学生，而是以普适的、自娱自乐的、消遣性与游戏性的活动方式迎合大学生的体育需求，大学生在这些活动中得到较直接的、令人愉悦的交往，还能增进相互的了解，促进人际关系的和谐发展。

（五）开展休闲体育活动有利于提高大学生在校的生活质量

休闲体育作为一种健康、科学、文明的休闲方式。它是人类改造自我的重要手段，在促进现代人的身心健康、提供优秀的精神文化动力、增进人与人之间的情感交流起着重要的作用，也是人自由全面发展的一个重要手段，在参与休闲体育的过程中能充分体现人的社会性及生活意义，体现生命价值的存在，它为人类构建了一个有意义的世界，为守护一个精神的家园提供了动力，休闲体育是最具人文关怀的休闲方式之一，是一种科学、健康、文明的休闲方式。已有调查表明：成年人的体育活动与幸福感之间的相关关系为 0.72，能给个体带来愉快、信心、自豪的情绪体验，并能降低中度抑郁和焦虑。以自由、积极体验为主的休闲体育

与人类的生活幸福更应有较高的相关度。

(六)参与休闲体育有利于培养大学生良好的休闲习惯

良好休闲习惯的养成需要正确的休闲观念作为先导，以健康、科学、文明的休闲内容作为基本内核。没有正确的休闲观念，易使人的休闲时间处于一种“放任自流”的状态，休闲行为也易造成低级化、庸俗化，如浙江首份大学生性现状调查显示，平均13.1%的大学生已发生过性行为，其中男生17.6%，女生8.6%。他们开始性行为的平均年龄为19.51岁，且存在少量商业性行为。在青少年的追星大军中，一些影星迷、歌星迷、球星迷，为了追逐他们心中所谓的偶像，可以不吃、不喝、不睡，甚至逃课等现象屡见不鲜，这其中也不乏许多大学生。另据调查显示，大学生、中小学生中，曾光顾色情网站的占46%，热衷聊天室的占76%，选择玩游戏的占35%，只有不到20%的学生上网是搜索信息，而充斥在非法网吧中的游戏软件，多数是带有暴力、征服、色情等刺激性内容的游戏，严重地伤害或危害着学生的心灵。因此，没有正确的休闲观念加以引导，没有健康、科学、文明的休闲内容来填充高校大学生的闲暇时间，易造成学生违纪现象、甚至违法现象的发生，调查也显示，青少年犯罪有90%发生在闲暇无事的状态中。积极地参与到能使人全面发展的休闲体育中去，就减少了大学生参与不良休闲活动的机会，有利于大学生体会到科学、进步、健康、向上的休闲体验，形成良好的休闲意识与习惯，减少违纪现象的发生。

第二节　陕西高校休闲体育开展现状

时至今日，我们在进入物质财富高速积累时代的同时，也正步入“准备为取得高级的享受而放弃低级的享受”的新的历史时期；现代文明的内涵越来越意味着，人类需要和渴求有意义地幸福生活。在休闲法制化、大众化的现代科技信息社会，休闲已经成为人类生活的重要组成部分，它绝不仅仅是生活的残余，而将越来越成为决定人生幸福的核心因素。休闲体育作为一种休闲的重要内容与方式，作为一种社会文化现象是现代人不可缺少的，面对激烈的学习与就业竞争压力，休闲体育更是当代大学生所需要的，也是构建和谐校园所倡导的休闲方式。休闲教育是人的素质和现代教育的重要组成部分，是现代国家管理和服务于公众的途径之一，亦是“育化人”（精神文明建设）的重要手段。那些学会了既能享受工作，又不浪费时间的人，才会感到他们的生活是一个整体，才会感到生命的价值。“未来”不仅属于受过教育的人，更属于那些学过怎样聪明地利用闲暇的人，我们的教育正是要培养这样一批既懂得学习、工作，又懂得享受生活、把握未来的社会主义建设者和接班人。

健康向上的休闲不仅有利于大学生身心健康及人的整个精神面貌和整体素质的提高，而且有利于良好校园风气的形成及校园文化的进步，而不良的休闲嗜好，不仅容易伤害自身，甚至有可能形成违反校纪校规的行为。因此，对大学生进行休闲体育的教育对大学生心理、人格的完善有着积极的作用。休闲体育不仅可以帮助大学生释放过剩的能量，发泄心中的不良情绪，还能替代大学生一些不良的生活方式，使他们远离黄、赌、毒，从而减少违反校纪校规的现象。如果没有正确的休闲教育，学生自然形成的休闲意识是不完整的、零散的，甚至可能是不正确的。本节内容我们以陕西西安地区高校为例，通过对 600 多名学生的问卷调查，对陕西地区的高校休闲体育进行了分析。

一、陕西西安地区普通高校学生休闲生活状况

(一) 闲暇时间

闲暇时间是指除学习时间和满足基本生理需要的时间之外由自己支配的时间。马克思和恩格斯多次指出："闲暇是人的全面发展所需要的自由时间，这种时间不被直接生产劳动所吸收，而是用于娱乐和休息，从而为自由活动和发展开辟广阔天地。"闲暇时间在人类创造精神文明方面起着重要的作用，人类的各种知识、科学、艺术的发展都依赖于闲暇时间的不断扩展。

表 4-1 陕西西安地区普通高校学生闲暇时间状况统计表（651 人）

	1 小时以下	1～3 小时	3 小时以上
大一	16.06%	53.89%	30.05%
大二	11.05%	48.07%	40.88%
大三	6.25%	40.63%	53.13%
大四	7.00%	47.86%	44.44%
合计	10.26%	47.61%	42.13%

从上表可以看出，西安地区普通高校大学生闲暇时间在 1 小时以下占 10.26%，在 1～3 小时占 47.61%，在 3 小时以上占 42.13%，通过对 1～3 小时这个时间段的调查了解，大多数学生的闲暇时间在 2 小时以上，这表明西安地区普通高校大学生拥有比较多的闲暇时间。从年级的分布情况来看，大一生的闲暇时间相对较少，大三生闲暇时间相对较多，在 3 小时以上，大一生占 30.05%，大三生占 53.13%，这可能是因为大一生课程较多，再加上大一生刚进大学还保持着学习

的积极主动性，在课余之时，更多的把闲暇时间用在学习上，从而体现出他们的闲暇时间相对较少。总体而言，西安地区普通高校大学生拥有充足的闲暇时间，这为大学生参与休闲体育活动提供了时间保障。

（二）参与休闲活动的内容

闲暇时间的不断增多，是社会进步的一个重要标志。然而闲暇时间的增多本身也是一把“双刃剑”，如果人们能够合理的利用闲暇时间，不仅能够达到休闲娱乐、放松身心的目的，而且还能够发展自己，如果不能合理的利用这段时间，可能在这段时间里闲得慌，甚至走向堕落。

表 4-2 西安地区普通高校学生参与休闲活动统计表（651 人）

休闲活动内容	男生		女生	
	人数	百分比%	人数	百分比%
逛街	103	30.65	204	64.76
看电视	21	6.25	66	20.95
上网	289	86.01	267	84.76
听音乐	157	46.73	143	45.40
看杂志	89	26.49	132	41.90
社交活动	169	50.30	114	36.19
体育活动	146	43.45	98	31.11
观光、旅游	48	14.29	36	11.43
睡觉	219	65.18	126	40.00
其他	12	3.57	9	2.86

由上表可知，西安地区普通高校大学生在闲暇时间里男生首先的是上网占86.01%，其次睡觉占65.18%，听音乐占46.73%；女生首先的也是上网占84.76%，其次是逛街占64.76%，听音乐占45.4%。男生选择体育活动的占43.45%，女生选择体育活动的占31.11%，在选择体育活动中男、女生之间存在差异，男生明显在闲暇时间里参与体育活动的情况要好于女生，但是他们没有把休闲体育活动作为主要的休闲内容。通过进一步的了解，大多数学生上网不是为了学习，获取知识信息，而是沉迷于聊天、打游戏、看电影等。这表明，大学生的休闲方式整体呈现一种消极状态。大学生正处于从不成熟向成熟过渡阶段，这

一阶段休闲方式的养成将直接影响其一生。因此，关注大学生的休闲生活，引导大学生选择有利于身心健康的休闲体育作为休闲活动，养成良好的休闲习惯显得非常重要。

(三) 休闲生活满意度

休闲生活满意度是人们对自己休闲生活质量的一个客观评价，休闲生活满意度高，说明人们对自己的休闲生活满意，如果休闲生活满意度低，说明人们对自己当前的休闲生活并不满意。

表 4-3 西安地区普通高校学生对个人休闲生活满意度统计表

	很满意	较满意	一般	不满意	很不满意
大一	9.84%	22.28%	44.56%	16.58%	6.74%
大二	7.73%	33.70%	40.33%	13.81%	4.42%
大三	10.63%	24.38%	51.88%	9.38%	3.75%
大四	7.69%	24.79%	46.15%	17.95%	3.42%

从上表了解到，西安地区普通高校大学生对其休闲生活满意度的情况是：大一生选择满意的占 32.12%，大二生占 41.43%，大三生占 35.01%，大四生占 32.48%，这些数据表明：大学生对其休闲生活的满意度评价普遍偏低，尤其是大一和大四的学生，这可能是因为，大一生刚从紧张的高中进入大学，还没有适应大学宽松的生活环境，面临大量闲暇时间不知如何安排，表现出迷茫、无所事事。大四生即将步入社会，面临着竞争激烈的就业压力，这给他们造成很大的心理负担。面对这样的问题，许多大学生没有选择积极的休闲方式来排除这些障碍，而是通过网络这种消极的方式来排解心理负担。而这些休闲活动并没有给他们带来身心的满足，这体现了大学生休闲生活的质量不是很高。

二、西安地区普通高校学生参与休闲体育现状

(一) 对休闲体育的认知度

休闲体育的认知是指大学生对休闲体育活动的认识程度。主要从大学生是否认为休闲体育在其生活中重要、对休闲体育是否感兴趣、对休闲体育理论知识了解情况及获取休闲体育信息途径等方面来了解学生对休闲体育活动的认知程度。

表 4-4　西安地区普通高校学生休闲体育认知度统计表

	很重要	较重要	一般	不重要	很不重要	合计
大一	28	51	71	34	9	193
大二	14	62	82	21	2	181
大三	21	60	65	11	3	160
大四	16	45	49	5	2	117
总计	79	218	267	71	16	651
百分比（%）	12.14	33.49	41.01	10.91	2.46	100

从表 4-4 可看出，西安地区普通高校大学生认为休闲体育在生活中很重要的占 12.14%，比较重要的占 33.49%，一般的占 41.01%，不重要的占 13.37%，从这些数据中反映出，西安地区普通高校中大部分学生对休闲体育认识不足，认为休闲体育在生活中一般，还有相当一部分学生认为休闲体育在生活中不重要，这就充分说明了为什么大学生没有把休闲体育作为主要的休闲内容，因为大学生对休闲体育不太了解，没有参与休闲体育的意识，从而不会把休闲体育看做是生活中重要的组成部分。

兴趣是个体对特定的事物、活动所产生的积极的，带有倾向性、选择性的态度和情绪。兴趣是一种无形的动力，当一个人对某件事物或某项活动感兴趣时，就会积极、主动的寻找机会去参与。一个人如果对体育活动感兴趣，就会积极参加，全力投入，活动的结果将是需要的满足并由此得到积极的情绪体验。所以体育兴趣是体育参与的基本动力之一，它影响着人们体育参与的具体活动方向和强度。

表 4-5　西安地区普通高校学生休闲体育兴趣统计表

		很感兴趣	较感兴趣	一般	不感兴趣	很不感兴趣
男生	人数	52	124	136	17	7
	百分比	15.48	36.90	40.48	5.06	2.08
女生	人数	37	112	129	23	14
	百分比	11.75	35.56	40.95	7.30	4.44

表 4-5 是西安地区普通高校学生对休闲体育兴趣的统计表，在很感兴趣中男、

女生之间存在差异，男生对休闲体育更感兴趣。

休闲体育是人类社会发展的产物，大学生参与休闲体育活动需要一定的理论知识和技能。

表 4-6 西安地区普通高校学生对休闲体育理论知识了解情况

		了解很多	了解较多	了解一点	一点也不了解
男生	人数	19	48	114	155
	%	5.65	14.29	33.93	46.13
女生	人数	17	37	101	160
	%	5.40	11.75	32.06	50.79

通过调查，西安地区普通高校学生对休闲体育的理论知识了解非常欠缺，一点也不了解占的48.46%，了解较多的只占13.02%，并且了解的渠道也比较单一，大多数学生是通过报刊、杂志和朋友的交流中了解到的。

(二) 参与休闲体育频率及时间

任何事物只有达到了量的积累才能引起质的飞跃，体育活动也是如此。每周保持一定的锻炼次数，每次保持一定的时间，才能起到应有的效果。据调查，西安地区普通高校学生每周参与休闲体育情况如下（表 4-7）。男、女生在参与休闲体育活动的次数上存在显著差异，特别是在每周一次都不参与中，男生占6.25%，女生占20.95%；在每周参与3～4次中，男生占30.65%，女生只占17.46%，男生每周参与次数明显要多于女生。

表 4-7 西安市普高校学生每周参与休闲体育次数统计表

		0次	1～2次	3～4次	4～5次	5次以上	合计
男生	人数	21	178	103	23	11	336
	百分比	6.25	52.98	30.65	6.85	3.27	100
女生	人数	66	163	55	18	13	315
	百分比	20.95	51.75	17.46	5.71	4.13	100

每次参加休闲体育活动的时间上，60分钟以上占24.75%，30～60分钟之间的占50.79%，不到30分钟的24.46%。并且，在参与时间上男、女生之间存在显著差异，不到30分钟的男生占13.97%，女生占34.94%；60分钟以上的男生占37.46%，女生占12.05%，男生每次活动持续的时间明显比女生长。

表 4-8 西安地区普通高校学生参与休闲体育时间统计表

		不到 30 分钟	30～60 分钟	60 分钟以上	合计
男生	人数	44	153	118	315
	%	13.97	48.57	37.46	100
女生	人数	87	132	30	249
	%	34.94	53.01	12.05	100

通过对西安地区普通高校学生每周参与休闲体育次数和每次参与时间的调查发现，许多大学生每周参与休闲体育的次数较少，每次持续的时间不长，可见大学生参与休闲体育的积极性和主动性不够，有待于进一步加强教育。

(三) 参与休闲体育的形式及场所

西安地区普通高校大学生参与休闲体育活动的形式以临时伙伴的占 45.34%，独自一人参与的占 27.62%，有固定伙伴的占 27.04%。男、女大学生在参与休闲体育的形式上存在差异，男生喜欢与固定伙伴一起参与休闲体育活动，而女生喜欢独自一人参与休闲体育活动。总体而言，西安地区普通高校大学生参与休闲体育活动的形式以临时伙伴为主，这说明大学生参与休闲体育具有一定的随意性。

西安地区普通高校大学生参与休闲体育活动的主要场所利用免费校内体育场所占 36.47%，校内空地占 34.05%，选择到收费的体育场馆进行运动大学生只占 6.11%。通过进一步的了解，大学生能够充分利用现有的体育场馆和器材进行锻炼，但是对于一些自己喜欢的运动项目，学校没有相应的免费场地和器材，需要到收费的场馆锻炼时，大多数人会选择放弃。从这些数据中我们发现，西安地区普通高校大学生参与休闲体育有一定的随意性，没有形成稳定的锻炼形式，参与场所主要在校内，而没有充分利用校外的场地设施。

(四) 休闲体育参与项目

西安地区普通高校学生参与休闲体育项目排在前几位的分别是篮球、羽毛球、跳绳、跑步、足球、乒乓球等。在参与项目上男、女生之间存在差异性：男生排在前三位的分别是篮球（87.62%）、跑步（53.97%）、足球（53.02%）；女生排在前三位的分别是跑步（80.72%）、散步（75.10%）、跳绳（65.46%）。从这些数据中可以看出，大学生参与休闲体育的项目还处于传统项目上，这些项目对场地器材要求相对较低，并且简单易行。如果条件允许，大学生最想参与的休闲体育项目是游泳、网球、瑜伽、攀岩、保龄球、高尔夫球等，而这些项目对场地、器材的要求相对较高，有些学校的体育场地设施还不能满足学生的要求，使得学生参与休闲体育的兴趣大大降低。

(五) 参与休闲体育动机

表 4-9 西安地区普通高校学生参与休闲体育动机统计表

	男生		女生	
	人数	百分比	人数	百分比
促进健康	205	65.08	210	84.34
缓解压力	259	82.22	177	71.08
休闲娱乐	100	31.75	100	40.16
兴趣爱好	221	70.16	110	44.18
享受运动的乐趣	136	43.17	80	32.13
丰富精神生活	120	38.10	73	29.32
减肥保持体形	90	28.57	189	75.90
扩大交往圈	187	59.37	120	48.19
回归自然享受生活	60	19.05	50	20.08
协调生活节奏	90	28.57	40	16.06
提高运动能力	120	38.10	60	24.10
流行、时尚	40	12.70	30	12.05
其他	9	2.86	8	3.21

调查显示，西安地区普通高校大学生参与休闲体育活动的主要动机：男生排在第一位的是缓解压力，占 82.22%；排在第二位是兴趣爱好，占 70.16%；排在第三位是促进健康，占 65.08%；排在四位是扩大人际交往，占 59.37%。女生排在第一位是促进健康，占 84.34%；排在第二位是减肥保持体形，占 75.90%；排在第三位是缓解学习压力，占 71.08%；排在第四位是扩大人际交往，占 48.19%。从这些数据可以看出缓解压力、增强健康、减肥保持体形、扩大人际交往是男、女生参与休闲体育活动的主要动机，不同只是男生把缓解压力排在第一位，女生把促进健康排在第一位，男、女大学生在参与休闲体育时的主要动机是一致的。

(六) 休闲体育消费行为

休闲体育消费是涵盖了人们休闲时间内参与体育活动和观赏体育竞赛对体育

服务产品、事物产品、精神产品的直接消费以及相关活动的间接消费的行为。

调查显示，西安地区普通高校大学生每学期休闲体育消费在0～100之间的占52.06%，101～200元之间的占31.28%，201～300元之间的占12.15%，在301元以上的只占4.51%。这与我国大学生体育消费水平（平均在200元～400元之间）相比西安地区普通大学生的整体休闲体育消费水平相对较低。西安地区普通高校大学生休闲体育消费主要集中在实物性消费上，排在前三位的分别为体育器材占57.98%，体育服装占54.79%，体育报刊占33.51%。用于非实物性消费相对较低，其中体育彩票占16.84%、比赛门票占11.88%，场馆收费占7.98%。

从以上数据可以看出，大学生休闲体育消费的发展，除了仍有总量约束外，最主要的还是结构性约束。换言之，培育和发展高校休闲体育消费市场既有赖于学生消费总量的增长，也取决于学生消费结构的转换与升级。因此，做好引导和激励学生合理的休闲体育消费的宣传和教育工作尤为重要。

三、影响西安地区普通高校学生参与休闲体育的因素（表4-10）

表4-10 影响西安地区普通高校学生参与休闲体育活动因素统计表

	人数	百分比%	排序
经济限制	287	44.09	4
场地设施	452	69.43	1
没有兴趣	317	48.69	3
没有时间	197	30.26	8
缺乏指导	261	40.09	5
缺乏锻炼伙伴	179	27.5	9
缺乏运动技能	242	37.17	6
缺乏意识	213	32.72	7
身体健康状况不佳	20	3.07	11
受季节和气候影响	123	18.89	10
没有人组织	326	50.08	2

（一）客观条件的制约

大学生参与休闲体育的次数与时间，在一定程度上会受到学校体育场地设施多少的影响，进而对他们参与休闲体育的身心体验和时间持续性产生影响，通过调查发现，西安地区普通高校大学生有69.43%的人认为场地设施不足是影响他们参与休闲体育最主要的因素。场地设施是保障大学生参与休闲体育活动的条件之一，如果场地设施充足，大学生会根据自己的兴趣爱好选择自己喜爱的休闲体育项目如游泳、网球、瑜伽、攀岩、保龄球、高尔夫球等进行体育锻炼，如果场地设施不能满足学生的需求，大学生就会失去参与休闲体育活动兴趣。

（二）个人认识的偏差

现代大学生是引领社会潮流的特殊群体，他们很容易受社会潮流的影响，在休闲时代到来的今天，许多形形色色的事物都加上了一个“休闲”，大学生如果不能充分认识休闲体育的真正内涵，就会错误的认为休闲体育是消费或高消费的，如买休闲运动服，去休闲时尚健身俱乐部是休闲体育的标志，那么参与休闲体育的意义就完全丧失，因此虽然经济基础是影响大学生体育消费的限制因素，但是我们并不提倡休闲体育消费主义。所以应引导和教育大学生对休闲体育的正确认识。

（三）休闲体育教育的缺乏

西安地区普通高校大学生参与休闲体育存在许多问题，这与客观存在条件的制约和大学生个人认知的偏差有关，但不容置疑高等教育不重视大学生休闲体育教育是一个重要原因。教育本质上是一种培养人的社会活动，不应该成为一种功利性的工具。而以往的教育，过分重视学生的学习，忽视学生的休闲需要，造成学生不会休闲的局面。休闲体育教育是为人们的休闲服务，为提高休闲生活的质量服务。大学生休闲体育教育不仅可以帮助大学生树立正确的休闲价值观念，形成良好的休闲体育行为，而且可以使每个大学生认识到休闲中的自我，感知休闲价值中的个体生命意义，获得愉快的心理体验，满足精神生活的需要。所以说大学生休闲体育教育是大学生全面发展和美好休闲生活的保障者。

目前，西安地区普通高校大学生休闲体育教育的意义和作用远远没有得到发挥，其原因不在休闲体育教育的功能上，而是休闲体育教育一直没有得到应有的重视，西安地区普通高校有80.33%的大学生认为学校对休闲体育教育不重视。这是由于许多家长、教师、管理者对大学生休闲生活和休闲体育教育的意义、作用认识不足，在他们的眼里大学生休闲体育可有可无，导致大多数学校不重视大学生休闲体育教育，甚至认为不需要也没有必要对大学生进行休闲体育教育。通过实证调查显示，西安地区普通高校有52.07%的大学生认为有必要对大学生进行休闲体育教育。

在具体的休闲体育活动中，知识、技能的支持是非常重要的，如果大学生缺少休闲体育的知识和技能，他们参与休闲体育的欲望会降低，甚至会失去兴趣。

西安地区普通高校中有57.6%的大学生需要休闲体育的知识和技能，而学校不重视大学生休闲体育教育，导致了大学生对休闲体育知识的匮乏和技能的缺乏，使大学生对休闲体育失去兴趣。

值得肯定的是，目前，已有学校意识到大学生休闲生活存在的问题，开始把教育深向学生的生活，有的高校开设了相关休闲体育的课程，希望增加大学生对休闲的认识，促使大学生在闲暇时间里参与积极的休闲活动，也有高校通过团组织、学生会等团体开展一系列的休闲体育活动，营造大学生参与休闲体育的环境，可以说这是开展大学生休闲体育教育的良好开端。但是，总体而言，高校开展休闲体育相关课程的情况并不乐观，通过对西安地区普通高校开展休闲体育相关课程的调查得知，只有21.20%的大学生所在学校开设了休闲体育的相关或类似课程。

对于大学生而言，休闲体育教育的缺失所带来的不良后果是非常明显的。首先，休闲体育教育的缺失会影响到大学生的健康发展。其次，大学生休闲体育教育的缺失会直接影响以后的休闲生活质量。从小学到高中许多学生都是在家长和老师的监督和关注中长大的，其自主性和选择意识不是很强，等进入大学，面对大量的闲暇时间就会手足无措，大一新生的表现很好的证明了这一点。随着紧张的高中生活的结束和大学生活的开始，面对自由时间相对较多的校园生活，许多学生会觉得无聊和空虚，这也正是为什么大学学生沉迷于网络等一些不健康休闲方式原因所在。因此，对大学生进行休闲体育教育，通过教育让学生学到休闲体育知识、技能，形成稳定的休闲技艺显得非常重要。

第三节　高校休闲体育教育

一、休闲体育与教育的关系

（一）教育应该包括休闲体育的内容

教育本质上是一种培养人的社会活动，其目标不仅使受教育者获得谋生的手段，而且还要实现获得幸福生活的手段。教育的本源是面向生活的，虽然教会人们谋生手段是人们得以在社会生存的条件，但是教育不应该成为一种功利性的工具。还应该成为人们幸福生活的保障。美国教育家曼蒂认为：教育是提升个人生活质量的整体活动，是促进个体提升休闲的价值、态度和目的的过程；休闲教育增进个人在休闲过程中自觉、自促的能力，帮助个人决定休闲在个体生活中的地位，增进个人对自我的认识；建立个人需求、价值、技能与休闲的关系并体会休闲经验，协助个人评价休闲行为与个人生活和目标关系的过程。因此，教育不仅仅是为人们的工作和生存服务，还要为人们的休闲服务，即教育人们选择什么样的休闲方式度过休闲生活，选择哪种休闲内容提高生活质量。

随着休闲时代的到来，休闲已经渗透到人们生活的方方面面，每种文化都不断地以自己独特的方式对休闲进行构建与重构。体育作为社会文化的一部分，它的发展必然与社会进步和时代潮流紧密联系在一起。休闲体育可以将人们的生活带入精神层面，既让人们脱离物质主义的束缚，去寻求精神生活的进一步完善；也能使人们的生活同自然达到一种和谐，从而克服由于人们的生活方式的扩张而引起的人与自然的冲突。从这个意义上说，休闲体育是人们生活走向和谐的有效途径。休闲体育可以塑造人们的生活，面对社会生活中诸多不良现象，也是有效的解决途径之一。因此，教育也应紧随社会的步伐，把休闲体育纳入教育的范围，转变人们对体育功能的认识，教育人们真正理解休闲体育的内涵，教会人们参与休闲体育的技能和方法，教育人们学会科学、合理、健康地利用休闲时间，充实和丰富休闲活动的内容，提高生活质量。

（二）休闲体育需要教育的引导

心理学家奇克森特米哈伊认为：只有那些学会了既享受工作又不浪费自由时间的人，才会感到他们的生活是一个整体，体会到生命的价值。对于一个尚无休闲准备的人来说，漫无目的、兴趣游离不定地消磨休闲时间是不大可能感受到生活的快乐的，同时容易产生厌烦情绪。因此，真正能感受到生命价值的人，不仅属于受过教育的人，更属于那些学过怎样合理的利用休闲的人。亚里士多德也说过：有些人生来就拥有休闲，有些人需要通过努力才能获得休闲。可见每个人对休闲的正确认识和运用的能力不是与生俱来的，需要认真地学习，才能真正享受休闲。同样，大学生是否具备休闲体育的能力，需要教育的引导，休闲体育对于大学生有着重要的意义，它不仅是增强体质，促进身心健康的载体，也是拓展交际、增进情感交流的润滑剂，对于大学生的全面发展有着积极地作用。因此，休闲体育对于大学生而言不是可有可无的附属品，而是与学习和工作一样，是决定人生意义和幸福的因素。对于大学生来说他们参与休闲体育需要准备，这包括对休闲体育价值的了解，对休闲体育知识的理解，对休闲体育技能的掌握，因此，大学生参与休闲体育需要教育的引导。而这个过程是一个完整的规范的教育发展过程，在这一过程中，大学生能够逐步理解自我、理解休闲体育、认识休闲体育与自己的生活方式及社会结构的关系，从而对休闲体育的信念、情感、态度、知识、技能和行为方面发生积极的变化。所以，大学生对休闲体育的认知和能力的培养离不开教育，需要教育的引导。

二、大学生休闲体育教育的理论基础

（一）人的全面发展理论

江泽民在“七一”讲话中强调指出：“我们建设有中国特色的社会主义的各项事业，我们进行的一切工作，既要着眼于人民现实的物质文化生活需要，同时又要着眼于促进人民素质的提高，也就是要努力促进人的全面发展。”人的全面发展是社会主义发展的要求，也是马克思主义的重要理论之一，马克思说过：“每个人的自由发展是一切人自由发展的条件。”个人的全面发展强调人的全面、自由、和谐的发展，包括各种能力的充分发展，社会关系的全面丰富，个性的全面发展。因此，要促进人的全面发展，进一步说要促进大学生的全面发展，就必须把发展的着眼点集中在如何发展大学生的各种能力、社会关系及个性的全面发展上。人的全面发展与每个人自身的客观条件有密切关系，而一个人的身体素质无疑是实现全面发展的基础条件。因此，提高大学生的身体素质，是促进大学生全面发展的基础。休闲体育教育不仅能够让大学生树立正确的体育价值观和体育态度，掌握体育知识和技术，提高身体素质。还能让大学生在轻松自由的环境中形成和谐的人际关系，极大地调动大学生的主观能动性、积极性、创造性，发展其智能，最终实现大学生全面发展的目的。

（二）终身体育理论

终身体育是20世纪90年代以来体育改革和发展中提出的一个新概念，1970年在崇尚体育的日本把终身体育列为终身教育的重要组成部分，并在1988年设立了“终身体育”推进委员会专门的组织机构。终身体育是指一个人终身进行体育锻炼和接受体育指导及教育。其内涵包括两个方面的内容，一是指从生命开始至结束的一生中，学习参与身体锻炼活动，使体育真正成为一生中始终不可缺少的重要内容。二是在终身体育思想的指导下，以体育的体系化、整体化为目标，为人在不同时期、不同生活领域中提供参加体育的实践过程。终身体育的确立，显示了人类对自身生命质量逐渐重视，对体育运动本真意义的扩大和延伸。终身体育的思想要求一个人始终应把体育作为生活中不可缺少的重要内容，它着重培养人们对体育的兴趣、爱好和情感，使人们从动机、情感及审美等方面树立正确的体育价值观。而休闲体育的特点恰恰与之相吻合，休闲体育强调的是人们在进行体育活动时体验体育的魅力和生活的美好，注重的是生活情趣的培养。这些就决定了休闲体育需要通过终身体育思想贯彻到人的一生，而终身体育思想则需要休闲体育这种方式加以实施。大学期间是掌握体育的知识、技术、技能，养成锻炼身体的习惯，培养体育意识的重要时期。这个时期，体育行为和习惯的形成将直接影响人的一生。休闲体育教育对促进大学生身心健康，掌握体育的知识、技术、技能，培养休闲体育意识，养成在闲暇时间参与休闲体育的习惯有非常重要的作用。因此，在大学期间有目的、有计划、系统全面的开展休闲体育教育是人们奠定终身体育基础的关键。

三、大学生休闲体育教育的价值

休闲体育教育为大学生全面发展提供了有力保障，大学生休闲体育教育的开展有利于大学生重新认识健康，积累健康，有利于提高大学生的时间素质，在以后的生活中合理的利用休闲时间，有利于大学生在和谐、共进的教育环境和学习氛围中感受休闲体育的魅力，真正爱上体育，把体育看成是生活当中不可或缺的一部分，并在提升大学生的生活质量，促进生命的和谐发展方面，具有其他教育不可取代的巨大作用。

（一）有利于大学生蓄积健康

健康虽然不是人生的一切，但人的一生决不能缺少健康。有人曾经形象地把健康比喻为“1”，而把事业、地位、金钱、声誉等都比喻为“1”后面一个又一个的“0”，如果“1”不存在了，后面的“0”再多也没有任何意义，这个比喻形象的告诉我们健康是人生最大的财富，也是生命存在的基础。大学生休闲体育教育的目标是引导和教育大学生养成稳定休闲体育观和休闲体育行为习惯。而要树立大学生正确的休闲体育观，首先要做到的一点就是树立大学生正确的健康观。大学生休闲体育教育提倡的健康观不仅指身体健康，还包括精神和社会等方面都处于良好的状态。这与世界卫生组织提出的现代健康观“健康不仅是躯体没有疾病，还要具备心理健康、能够适应社会，而不仅仅是没有疾病和虚弱”相吻合。休闲体育教育所提倡的这种健康观有利于大学生重新认识健康，积累健康。

（二）有助于大学生合理地安排和利用休闲时间

马克思说过“自由时间，可以支配的时间，就是财富的本身。”他说：“这里，可以自由支配的时间以及对别人劳动时间里创造出来的东西的享受，都表现为真正的财富。”马克思在这里所谈论的自由时间其实就是指休闲时间，因为只有把自由时间用于休闲时，才有可能真正去享受“别人劳动时间里创造出来的东西”。马克思表达了休闲时间的真正含意和价值。休闲时间具有自由性、个体性，是直接用于发展个人非直接生存目的的诸种潜在本质力量的时间。然而，一个人的时间素质不同，对待休闲时间的认识和行为也就不同，从而在休闲生活中表现出主动与被动，积极与消极，有益与无益，有效与无效的区别，体现出不同的休闲质量与品位，可见一个人的时间素质对其休闲时间安排和运用有很大的影响，时间素质是在环境和教育的影响下逐步形成。教育是培养人们时间素质的有效手段。大学生休闲体育教育的主旨是教育大学生远离庸俗消极的休闲活动，用积极健康地休闲方式度过休闲时间。换句话说，大学生休闲体育教育的主要任务就是提高学生的时间素质，健康地度过休闲生活。从人的一生来看，虽然大学期间接受的休闲体育教育只是人生当中一小部分，但这段时期的教育对大学生形成良好的休闲体育态度、休闲体育价值观、学会合理有效地利用休闲时间而言，具有重要的奠基作用。因此，大学生在这段时间里接受良好的休闲体育教育，有利于提高他们的时间素质，在以后的生活中合理的利用休闲时间，提高生活质量。

（三）有利于培养大学生体育生活方式

随着人们社会生活条件和生活环境的不断提高和改善，人们对精神生活有了更多的需求，对生命的价值有了新的认识，对生活方式有了新的思考。于是人们迫切在寻找一种能够提高现代人生活质量，同时能够满足人们日益增长的享受和发展的一种新的更为健康的生活方式，体育生活方式正好满足人们的这一要求。它与人们的现实生活相融合，满足人们日益增长的物质与文化生活的需要，关注人生的意义、目的和价值。大学生休闲体育教育对大学生而言，不但可以学会休闲体育的知识和技能，学会如何规划休闲，如何运用休闲时间的能力，而且更注重培养体育生活方式的理念，让学生在和谐、共进的教育环境和学习氛围中感受休闲体育的魅力，真正爱上体育，把体育看成是生活当中不可或缺的一部分。

（四）有利提升大学生的生活质量，促进生命的和谐发展

物质文明的飞速发展并不会直接带来生活质量的同比提高。当温饱早已不成问题之后，休闲时间里是否拥有充实丰富的精神生活，就成为判断人们生活质量高低的重要因素。现代社会带给大学生机遇与挑战的同时，也带给他们前所未有的竞争压力，造成他们精神高度紧张，情绪压抑、孤独和不良生活方式，严重影响着他们的生活质量。这已经引起国人的高度重视，学者们已经开始注重研究教育除了其社会功能外，对人的自身发展的作用。休闲体育教育的出现恰好弥补了传统教育对人自身发展和精神需要方面关注的不足。休闲体育教育的理念是满足大学生精神世界和情感需求，培养身心健康、人格完整、热爱生活的人。其任务就是让每个大学生认识到休闲中的自我，感知休闲价值中个体生命的意义，使生活世界里充满休闲的情趣，培养大学生健康优雅的生活理念和方式，提高生活品质。因此，休闲体育教育对提升大学生的生活质量，促进生命的和谐发展，具有其他教育不可取代的重要作用。

四、实现高校学生休闲体育教育的对策

大学生休闲体育教育是一种适应社会时代发展，为达到学生的休闲目的，运用体育的活动内容，通过传授休闲体育知识、技能和技巧，引导学生确立科学的休闲体育价值观，有效地利用休闲时间，提高休闲生活质量，促进个性全面发展

的教育过程。大学生休闲体育教育不仅可以帮助大学生树立正确的体育价值观念，形成良好的休闲体育行为，而且可以使大学生通过体育活动获得愉快的心理体验，满足精神生活的需要，为形成终身参与体育锻炼的习惯，享受高质量的生活提供保证。因此，高等教育应根据时代发展和学生需要，承担起大学生休闲体育教育的任务。并且与社会教育、家庭教育相比，高校都拥有一定的体育场地、设备和比较雄厚的体育师资力量，更适合引导和教育学生利用休闲时间去从事有益于身心发展的休闲体育活动。因此，学校是开展大学生休闲体育教育的主要场所。

（一）明确休闲体育教育目标

休闲体育教育是为适应社会发展和满足学生休闲需要，让学生获得愉快的心理体验，满足精神生活的需要，为形成终身参与体育锻炼的习惯而建立的。它的目的是使人能够通过休闲来改善和提高生活质量，明确自己的休闲价值取向和休闲目的，帮助人们自主地确定休闲在生活中的位置及从休闲的角度认识自己，并终身从中受益。由此可见，休闲体育教育目标不是单一的，而是多元化的。因此，明确休闲体育教育的目标，有利于大学生休闲体育教育内容的实施。

1. 休闲体育教育的普适性目标

高校休闲体育教育的普适性目标，首先是帮助大学生树立科学休闲体育的观念，传授休闲体育的知识和技能，使大学生明确休闲体育活动在其休闲生活中的重要地位和价值；其次是培养大学生对休闲体育活动的兴趣，引导大学生自主参与到休闲体育中来，同时要让大学生明确休闲体育是大众化、娱乐化的休闲活动，讲究休闲体育的意境、休闲体育的精神和文化含量，淡化休闲体育的物质欲求、功利心态；第三是积极探索适合当代大学生的休闲体育教育的内容和方法，探讨完善的休闲体育发展体系，使休闲体育教育更好地为大学生的休闲生活服务。

2. 休闲体育教育的个性化目标

高校休闲体育教育实施有利于素质教育、生活教育、终身教育等教育目标的实现。休闲体育教育是实现人全面发展和终身体育的有效途径之一，休闲体育教育是以人为本的教育，在高等教育中以人为本的实质就是以学生的生活学习条件来分析和解决与学生相关的一切问题，其核心内容是要尊重学生的生命、利益、劳动、人格、权利、创造、个性、自由，把人作为手段和目的的统一。休闲体育教育是使每个大学生认识到休闲中的自我，感知休闲价值中的个体生命意义，使生活世界里充满休闲的情趣，不断提升个体生命的质量。所以休闲体育教育的个性化目标包括以学生为主体、尊重个性差异，重视体验。

3. 体育教育的终身性目标

终身教育最大的特点是把教育看成是个人一生中连续不断的学习过程，是人们在一生中所受到的各种培养的总和，实现了从学前期到老年期的整个教育过程的统一。既包括正规教育，又包括非正规教育。它包括了教育体系的各个阶段和各种形式。休闲体育教育要渗透终身教育的理念，明确终身教育的目标，通过教育让大学生有能力在自己的一生中利用各种机会从事休闲体育活动，提高休闲生活质量并终身受益，因此，休闲体育教育目的不仅仅把培养着眼于现在，更要放眼于未来。

（二）休闲体育教育内容

社会需要规定着教育的方向和内容，在目前大力提倡素质教育的同时，在未来普遍有闲社会要求大学生要具备休闲素质的前提下，高校教育不仅要教给学生生存的本领，还要教会学生如何才能获得幸福生活的本领。因此，大学生休闲体育教育在向大学生传授休闲体育的知识和技能的同时，还要不断的丰富休闲体育教育的内容，还要培养大学生正确的休闲体育观，教会大学生休闲的技能，培养大学生自主规划休闲的能力。

1. 教育大学生树立正确的休闲体育观

正确的休闲体育观是大学生参与休闲体育活动的前提保证。树立大学生正确的休闲体育价值观是大学生休闲体育教育的首要任务。那么什么样的休闲体育观才算正确的，换句话说，大学生参与哪些休闲体育才是健康正确的。首先，大学生参与的休闲体育活动能够帮助他们缓解压抑紧张的情绪，远离庸俗消极的生活，有利于身体健康、心理健康、精神健康、社会健康和环境健康，能够增进个人休闲技能，激发个人兴趣，有助于提高体育行为习惯等；其次，参与休闲体育时要根据自身的情况，选择适合自己身体并能满足内心需要的项目和场所；第三，要让大学生明白休闲体育是在一种轻松自然没有任何压力下所从事的休闲活动，不能把休闲体育看成是一种高消费的休闲，要根据自己的经济状况量力而行，树立正确的休闲体育消费观。与此同时，在参与休闲体育活动时不能给他人带来不便，给社会造成不良影响。

2. 教会大学生休闲的技能

一个人要想在休闲中获得快乐和幸福就要有一定的休闲技能，这是因为，有休闲技能的人比没有休闲技能的人更容易理解休闲的真正内涵、享受到休闲活动带来的乐趣。因此，要想真正享受休闲，就需要获得某些休闲技巧，而这些技巧需要学习。有什么样的休闲技能就决定了人们参与什么样的休闲活动。例如，会唱歌的人就会选择在休闲时间里唱歌，会跳舞的人就会选择在休闲时间里跳舞，同样想要大学生在休闲时间里参与休闲体育活动，就必须让大学生掌握一定的休闲体育技能，才能让大学生有信心参与休闲体育。所以，大学生休闲体育教育不仅要让大学生树立正确的休闲体育价值观，还要教会大学生参与休闲体育的技术和技巧，只有学生掌握了一定的技术和技巧，才能体验到体育的乐趣，激发体育兴趣，养成参与休闲体育习惯。

3. 培养大学生自主规划休闲的能力

长期以来我国的教育只重视培养学生工作和生存的能力，忽视了学生规划休闲的能力。一个人能够很好的规划休闲就能够很好的规划人生，但是规划休闲的能力不是与生俱来的而是需要学习，这就给教育增加了新任务，如果把这一任务交给学校，学校单一的开展这门课程不但会增大学校人力物力的投资，而且还会增加学生的额外负担，得不偿失。休闲体育教育主要是为休闲服务，为提高大学生的休闲生活质量服务。因此，休闲体育教育要承担起对大学生休闲规划这一能力的教育。休闲体育教育要突破传统体育教育的严格的课堂要求和考核评价，强调学生参与的自由性和自主性，注重学生的情绪反应和心理感受，在这一过程中有效地激发学生学习的积极性和主动性，逐步培养大学生自主规划休闲的能力。

（三）设置休闲体育教育课程

目前高校相关休闲体育教育课程相对较少。因此，高校要根据大学生全面发展和休闲体育活动的需要，尽快把休闲体育教育列入高等学校教育课程体系。培养大学生正确的休闲体育观和休闲体育行为习惯，使他们充分认识到休闲体育对提升休闲生活意义。大学生休闲体育教育课程可通过选修课程来实施，也可以通过体育教育改革，推进休闲体育教育的实施。大学生休闲体育教育与其他的课程一样，课程设置由理论课与活动课组成。休闲体育教育理论课侧重休闲体育文化、知识及价值的培养；休闲体育教育活动课侧重休闲体育技能和技巧的培养。

1. 重视休闲体育教育理论课

休闲体育是社会发展的产物，它所蕴含的文化精神和价值观的传播需要通过教育。休闲体育的内容包括休闲体育发展，休闲体育特点，休闲体育对人和社会的重要意义及作用。通过理论课的学习要提高大学生对休闲体育认知水平，也就是让大学生认识到休闲体育活动在生活中的重要性，掌握休闲体育知识，理解休闲体育功能与价值，形成自觉参与休闲体育活动的意识。休闲体育教育的理论课应从大一开始授课，因为这样有利于大学生确定大学生涯的目标，健康快乐地度过大学四年。

2. 优化休闲体育教育活动课

大学生休闲体育活动课应根据学生需要，在正确对待传统体育项目的基础上，优化活动内容，要有所创新，使传统的体育项目有利于提高大学生休闲体育技能。例如，篮球运动的技战术复杂多变，如果在篮球教学中教师过分强调完整、系统的技战术，常常会导致学生掌握不了这些复杂的技战术，而对篮球课产生抵触情绪，所以，教师要根据大学生个性差异，灵活改革篮球课的内容，在课堂中引入花式篮球、街头篮球或各种篮球游戏等，以满足大学生的实际需要。同时还要将时尚体育项目如健美操、球类活动、瑜伽、游泳、滑轮；民间体育项目如跳房子、踢毽子、舞龙、跳大绳；户外体育项目如爬山、攀岩、郊游、野营等项目纳入休闲体育活动课堂，尽可能的丰富、优化大学生休闲体育活动课堂。

（四）营造休闲体育教育环境

1. 多种渠道加强休闲体育教育的宣传

任何事物的发展都是人们从认知到熟知再到参与其中的过程，同样要在高校开展休闲体育教育，就必须先让更多的人认知休闲体育教育，只有人们真正理解了休闲体育教育的内涵和意义，才能促使更多的人支持休闲体育教育，提倡休闲体育教育。目前，在我国高校中休闲体育教育仍是一个不为多数人所熟悉的概念，要推进大学生休闲体育教育在高校的实施，就必须先让教育行政管理人员、教师、学生了解休闲体育教育的目标内容，了解休闲体育教育对促使人全面发展和社会和谐的作用，可见做好对休闲体育教育的宣传工作显得尤为重要。

高校要充分利用校园广播、网络、宣传栏等资源大力宣传休闲体育教育的价值及内容目标等。同时加强对教育行政人员、教师、学生的引导，让教育行政人员从思想上转变对休闲体育的看法，真正意识到休闲体育对提高大学生生活质量的重要性；让教师对自己的角色重新定位，真正成为大学生休闲体育教育的促进者和指导者；让大学生自身意识到休闲体育教育是生活化的教育，是他们追求健康、文明生活方式的权利保障。这样才能发动更多的人支撑休闲体育教育，为大学生提供休闲体育资源，为学校设置休闲体育课程提供良好的发展环境。

2. 建造方便、多样的休闲体育设施

大学生参与休闲体育活动需要一定的场地设施，所以尽可能为大学生的休闲体育建造方便、多样的休闲体育场地设施是高校校园建设不可推卸的责任。目前，高校基本都有田径运动场、足球场、篮球场、体育馆等与体育教学有关的传统体育设施。这些设施对提高大学生身体素质、调整身心健康、充实休闲活动有着重要的作用。随着社会经济的不断发展，人们对休闲的需求也在不断更新，因此，在建造体育休闲设施时，要结合大学生的年龄和心理特征，增设他们喜爱的项目。可以在校园里建造旱冰场、素质拓展中心、形体训练馆、健身馆等现代体育趣味设施，能够更好地满足大学生的时代需要，激发学生的热情和参与性，扩大高校的社区辐射功能，正确教育引导大学生参与健康有益的休闲活动。

第五章　女性休闲体育

第一节　女性休闲体育概述

一、女性休闲体育发展概述

作为中国古典生命美学的源头，《周易》中载曰：“至哉坤元，万物资生，乃顺承天”，“行地无疆，柔顺利贞，君子攸行”，乾向阳，坤向阴，此乃体现中国女性生命美学的源头，作为万物之源的坤卦，万物都靠她的资元而有生命，她柔顺地承受着天道的法则，同时具有巨大的潜力。《周易》中文言又曰：“坤。至柔而动也刚。”女性的整体本质是至柔的，但一动便变为刚。柔，乃女性生命美学之至要，加之中国几千年文化礼仪传统的熏染和约束，中国历代无数佳人已把“柔”性之美发挥得淋漓尽致，让无数人惊叹不已。刚，作为女性的另一种生命之美，悉数历代，除少数如花木兰类的女英雄，女性的“刚”美还只是黑暗中的玫瑰，还没有让人在光天化日之下惊叹它的魅力。女性之刚美可分为两个方面，身体与精神，精神方面，几千年来特别是随着近现代女权主义的蓬勃发展，女性在争取自身平等，在争取权利与自由方面已有很大的突破，这可谓女性精神之刚的最好证据。但女性在争取精神这个内在自由的同时却忽视了对外在身体之刚美即女性身体强健、健康之美的追求，其最好的例证就是女性整体对体育运动、体育锻炼和体育教育的忽视，以及体育观念的薄弱。作为万物之始，人类生命之源，一方面，女性构成整个人类半边天，也正因为女性，整个人类才显得丰富多彩，熠熠多姿，如果女性个个都是残弱病衰，人类世界将暗淡无光，女性如何能撑得起另外半边天；另一方面，从生而来，女性就负有巨大的生命传承的使命，女性是生命发展的源泉，正如庄子所说“且夫水之积也不厚。则其负大舟也无力”，如果女性自身还是病弱之身，如何能够孕育出强壮健美的后代？

随着体育运动的发展和日益组织化，在体育文化中就经常包含着一种与在文化整体中占支配地位的性别意识形态相一致的性别逻辑。这一性别逻辑通常为男性的利益服务，而不利于女性的发展，因而，当人们参加运动时，他们经常会达成这样一种“共识”，女性在体能训练和认知策略上的任何活动都“天生”地逊色于男子、“本能”地不如男子。这种性别逻辑严重地影响着女性体育文化的发展。

中国女性体育的发展，经历了曲折漫长的历史阶段。尽管在古代的大多数时间中，女子体育处在边缘或压制状况，在唐代女性体育出现了前所未有的繁荣。其原因有三：一是经济的繁荣，政治的清明，社会秩序的相对安定，为女性体育的兴盛奠定了坚实的基础；二是汉朝末期的农民起义，冲击了两汉时期确立的封建纲常礼教，使隋唐两朝代的女性获得一定自由；三是北方少数民族风俗的影响，为女性体育的发展创造了条件。随着民主自由思潮的发展，19 世纪末妇女性有了自己的选举权，如美国的怀俄明州（1890）、科罗拉多州（1893）。20 世纪初的美国妇女有了自己的财产和独立的地位，女权运动在 20 世纪初迅猛发展。19 世纪末 20 世纪初美国社会的进步和变化，使这一时期的妇女参与体育运动的情况有所改善，一些保持身体平衡和协调，被定义为“女士”特质的健身活动得到了社会的认可。在这一时期，我国也出现了一大批竞技体育名人，其中焦玉莲于 1934 年在华北运动会中获得女子 50 米、100 米、200 米跑和跳远冠军，其 100 米破当时全国纪录；又如张汇兰女士，她是中国第一位女体育博士。她们为中国的体育发展奋斗了一生、贡献了一生，这些伟大的女性体育先驱不仅为中国的女子体育运动的发展作出了不朽的贡献，同时也为中国的体育发展贡献了一生，在中国女子文化观念的更新中起了中流砥柱的作用。

当 1840 年现代体育由西方传教士引入中国时，中国女性还普遍裹着被称为“三寸金莲”的小脚，而中国人也被西方蔑称为“东亚病夫”。160 多年过去了，今天的中国已是世界公认的体育强国，而中国的女运动员也已经成为世界体育舞台上一道亮丽的风景线。在 1992 年巴塞罗那奥运会上，女运动员张山以资格赛与决赛都满环的成绩击败众多男选手，夺得金牌。具有讽刺意味的是，随后该项目被奥委会取消，历时五年后恢复，同时规定让男女选手分开参赛。女性不但参加健身、娱乐和竞技活动，还是记者、解说员的主要力量，不少女性出现在教练、领队、俱乐部经理和体育部长等体育领导和决策部门。女性已经成为体育事业不可或缺的一部分，甚至有资料显示在我国中老年体育人口中，女性所占比例显著高于男性。1840 年鸦片战争后，西方传教士在中国传教或兴办学校。女学生们在接受文化教育的同时也接受了体育。以康有为为代表的资产阶级维新运动（1896 年）发起者宣传“女不可无学”的新女学思想，并抵制女子裹足的陋习。1897 年起，中国人自己创办的女校都设有体操课。20 世纪初留学日本的女性回国后多从事包括体育在内的女子教育工作，秋瑾、汤剑娥等便是其中的代表。夏晓陵强调：“近代女子体育与中国近代妇女运动的发展有着密不可分的内在联系，尤其是在妇女运动初期，它的先锋作用、启蒙示范作用，乃至于对中国革命的促进作用是非常显著的。”

新中国成立以后，我国的女子体育发生了翻天覆地的变化，女性在国际体育竞争中，为中国撑起了“大半边天”。“阴盛阳衰”或“凤先飞”现象引起了不同层面、不同视角的学术讨论。曾小松认为，这一现象是全社会多方位、多层面因素综合交织影响的结果。主要体现在三个方面：①优越社会制度的保证；②刻苦精神与科学训练的结晶；③受益于男运动员的陪练。董进霞在其英文专著：《Women，Elite Sport and Society in New China——Holding up More than Half the Sky》一书中则指出：中国女运动员在竞技体育领域取得成功是众多因素相互作用的结果。这些因素包括国内和国际政治风云、爱国主义、传统文化、共产主义的意识形态、经济发展水平、中央计划、以取胜为导向的体育方针、体育商业化和兴奋剂的引进以及社会对女性期望和要求上的变化等。孙玉军、孟凡强认为：“我国竞技体育‘阴盛阳衰’现象是在社会环境因素和体育事业内部诸因素的共同作用下形成的。”尽管多年以来我国女运动员在国际大赛上的成绩好于男运动员，但我国一些报纸的体育版和体育类报纸存在不同程度的性别偏见问题。这一现象除与体育报道本身的特点分不开外，还与社会环境、传统观念等有着千丝万缕的联系。首先，我国的体育新闻采编队伍中男性比例极高；其次，体育运动对健美、力度的追求，充满了激烈的对抗与大幅的身体摆动，这与传统文化对女性的要求是格格不入的。虽然如今大众思想发生了一定的改观，但是，受到广泛认同的女性体育运动项目也仅限于体操、跳水、网球、射击、花样游泳等那些观赏性强、对抗不激烈的“软对抗”类项目。虽然媒体也会认真报道女足、女篮、女曲等对抗性较强项目的辉煌战绩，但是包括媒体在内的广大受众，并不鼓励女性从事这类运动；最后，体育新闻的受众群体是以男性为主、女性为辅，男性比例极高。身兼女性和运动员双重身份的女运动员在为自己拥有平等的体育竞赛机会而欢呼的同时，又不适应或面对与体育竞争相去甚远的社会对女性的期待、要求和限制。她们往往采取现实主义的态度和做法来应付体育和社会对女性充满矛盾的要求。所以认识和把握社会转型期价值观念的变化与家庭、性别和运动训练之间的关系是十分必要的。

性别有“性别”（sex）和“社会性别”（gender）之分。前者指男性和女性的生理差别；后者指男女两性在社会文化的建构下形成的性别特征和差异，即由社会文化形成的对男女差异的理解，以及在社会文化中形成的属于男性或女性的群体特征和行为方式。Huston 指出，概念上的混乱是导致以往性别研究结论不一致的主要原因。因此明确性别角色认同的概念是搭建性别角色认同研究平台的关键。以性生理为依据的性别角色认同的定义。科尔伯格认为，性别认同是指个体对自己性别状态的认识、理解或自我意识。Schaffer 认为，性别角色认同指对自己和他人性别的正确的标定。蔺桂端等人也指出，性别角色认同是个体对自己性别的确认。这一类的概念的最大特点是强调个体对生理性别的一种心理自认。以社会性别为依据的性别角色认同的定义。Sherif《性别认同研究中必需的概念》一文的发表为性别角色认同的概念界定提供了新的思路，即把性别作为社会范畴来考虑。海登认为，性别角色认同意指个人认同他或她自己的性别群体的理想的心理结构，它具体表现在适合个人性别的行为、态度、情感上。林崇德认为，性别角色认同指获得真正的性别角色，即根据社会文化对男性、女性的期望而形成相应的动机、态度、价值观和行为，并发展为性格方面的男女特征，即所谓的男子气（男性气质，masculinity）和女子气（女性气质，femininity）。这一类的概念强调的是在生理性别基础上个体对社会文化所期待的适合个人性别群体的理想行为模式的认可程度。通过研究发现，生物因素和社会文化因素共同影响人的性别角色社会化进程。

性别和谐是社会和谐的基础，男女性别平等和女性发展是社会发展的重要组成部分，也是衡量社会进步的基本尺度。没有男女的协调发展，就没有社会的全面进步，更不会有人类的可持续发展。体育上的两性和谐，包括两层意思：一是两性体育都得到发展，即共同发展；二是两性体育之间的和谐发展，即两性体育的发展是互为条件的，相互依赖的，相互促进的。如果女性体育得不到发展，男性体育的全面发展也是不可能的，反之也是如此。社会发展实践充分证明，没有妇女的发展，就没有人类的全面发展，就没有社会的和谐进步。因此，有力加强女性体育是和谐社会的重要根本，发展女性体育是构建社会主义和谐社会的重要保证。和谐社会不仅是物质文明，更重要的是人的身心健康、自我价值的实现，直到最理想的人的全面发展。

社会的主体是人，人的活动是构成社会活动的最基本的成分，社会的进步发展与否最终要体现在社会主体的人身上，因此构建社会主义和谐社会要坚持以人为本，促进人的全面发展。人的现代化，社会的现代化，离不开体育对人的促进。生命在于运动，这就是体育的根本，它在于体育的日常性和它的平民性。体育只有深入到每个人，只有人人懂得了体育的重要性，人人都健康，特别是女性参与社会的能力的高低、参与力度的大小、参与领域的宽窄，很大程度上影响着一个国家、一个地区的和谐、稳定和发展。社会主义和谐社会要紧紧依靠占人口总数一半的妇女，因为她们是一支伟大的人力资源，是发展先进生产力和先进文化的一支重要力量。妇女的生存状态和发展水平不仅影响着社会的协调运行，而且关系到后代人的可持续发展。女性与男性同是社会物质文明和精神文明的创造者，同是人类历史进步的推动者。女性体育发展不仅是体育界的问题，它的解决依赖于全社会，它的进展也必将极大地推动社会前进。我们必须把女性发展放在改革开放和现代化建设的大背景下去思考、去筹划、去推进，充分认识到全面建设小康社会必须有占人口半数的妇女的广泛参与，女性的进步与发展必须以社会主义物质文明、政治文明、精神文明的协调发展为根本基础，把女性发展与全面建设小康社会有机地结合起来，充分认识女性思想道德素质、科学文化素质和健康素质的全面提高是妇女全面发展的内在动力，女性与经济社会的同步发展、与男性的协调发展、与自然的和谐发展是衡量妇女全面发展的重要尺度，把妇女个体的发展与妇女群体的发展有机地结合起来，多措并举使构建和谐社会与妇女平等发展真正落到实处。今天，在世界的许多地方，越来越多的女孩们和妇女们自由地参加各种类型体育活动，大众对竞技体育的热情也在上升，在促进体育发展中，政府、媒体在其中起了推动作用。在女性竞技体育优势的带动下，在构建和谐社会的精神动力推动下，目前城市女性体育普及率在提高，越来越得到人们的重视，健康体育观、大众女性的体育意识逐渐扎根在脑海中，但是我们不能忽视农村体育的女性体育意识，要加强农村体育知识的普及，农村是建设社会主义和谐社会的重点和关键。没有农民的小康，就没有全国的小康；没有农民的健康，就谈不上全民族的健康。有调查显示，农村体育几乎没有得到开展，更谈不上农村女性的体育。在农村还存在体育上的性别歧视。另外，学校体育教育要系统化，加强对女性体育观念的培养，使她们树立终身体育的健康体育观念，女性体育的兴旺，就是对构建社会主义社会的最好促进。女性参加体育活动，不仅对自己的形态、机能是有益的，而且影响妇女的健康水平，直接影响到下一代乃至几代人的体质。总而言之，体育锻炼正在被越来越多的女性朋友所认同，但女性参与体育锻炼的行为还受到社会和自身诸多因素的影响和限制，我们应正确进行指导和组织，在宣传上加大力度，创造良好的体育氛围，引导女性投入到体育活动中来，促进女性体育的发展，促进体育内部和谐，促使社会主义社会更加和谐。

二、历史上的中国女性休闲体育

中国古代女性生活在一个相当压抑而封闭的社会环境中。经济地位、政治地位和社会地位的低下，使得她们不可能投入较大范围、较大规模的休闲娱乐活动中，不可能和男子一起参与休闲。从总体而言，她们并没有成为古代社会休闲文化的主要参与者。对相当多的女性来说，休闲娱乐、追求人生的享受和精神的满足，这一切都还是陌生的或者是闻所未闻的事情。然而，我们并不能因此而下结论中国古代女性完全没有休闲生活。固然，终生劳作使古代下层女性无暇休闲，儒家文化的压制使女性没有条件休闲。但这只是她们生活中悲的一面，古代女性的生活中还有欢的一面。虽然她们在中国古代休闲文化中所占的分量与地位并不显耀，但仍是不能忽视的一个休闲群体。而且，值得注意的是，封建时代女子们所处的较低的经济、政治和社会地位又使她们比男子有较多的空闲时间来进行各种各样的游戏娱乐活动，尤其是上流社会的夫人、小姐。一般的民女也是休闲的成员之一。虽然她们平时要参加生产劳动，家庭事务也十分繁忙，但每逢劳动之余，如农闲季节或节日之中，她们也经常要参与各种游戏活动，以此来驱除疲劳，调节情绪。再加上在节日中，统治者对于人们的行为限制较少，对于女性们的管束和制约也较松，因此，节日往往成了古代女性们最集中的游戏玩乐的时间。总之，古代中国女性的生活画面并不是完全单色调的，它既有暗色，也有亮色，既有苦难与悲哀，也有快乐与欢愉。认识到这一点，才能对古代女性有一个完整的认识。

(一) 女性休闲体育形态

1. 游春、踏青、观灯等游乐活动

游春、踏青是我国古代女性最喜爱的一项游乐活动，在我国，这种风气早在先秦时代便开始了。《诗经》中《汉广》篇“汉有游女”以及《出其东门》篇写到“出其东门，有女如云”，都描绘了女性在郊外游玩的习俗。周朝至汉代，三月三日为上巳节这一天，女性们还要到东流水上去洗涤污垢，祛病除邪。所以这一天前后很自然地成了女性们的游春节日。其后，女性的游春踏青活动不断得到发展，元宵节后到三月三、清明节前后，都是历代女子游春最盛的节日。游春、踏青活动的鼎盛时期是在唐朝。唐朝时每年三月三日盛行女性游春。这从古代文人才子的大量诗词画赋中亦可见一斑。张登的《虢国夫人游春图》中描绘了唐玄宗时煊赫一时的皇亲杨贵妃姐妹骑马游春的情景和奢华排场。杜甫的《丽人行》中“三月三日天气新，长安水边多丽人”，施肩吾的《少妇游春词》中“簇锦攒花斗胜游，万人行处最风流”，都将唐朝妇女们游春的景致描写得淋漓尽致。唐代以后，游春、踏青的节日逐渐转向了清明节，和清明扫墓活动结合了起来。宋代女性多在清明前后到郊外“探春”。北宋都城汴京（今开封）的贵家妇女，多乘小轿出游，轿上插花，不挂轿帘。洛阳、杭州的妇女们在清明前后浓妆艳抹，华服丽饰，接踵连臂，翩翩出城游玩。宋代女词人李清照就是个极爱出游的女性，“常记溪亭日暮，沉醉不知归路。兴尽晚回舟，误入藕花深处。争渡，争渡，惊起一滩鸥鹭”。明清时代，女性游春风俗已不像唐宋时代那样兴盛，但许多地区仍保留女性清明扫墓踏青的习俗。观灯、闹灯，也是中国古代女性最喜爱的游乐活动之一。正月十五元宵节，古代也称“灯节”。自古以来，元宵节就是民间闹灯娱乐的好时节，也是一年中女性外出游玩最自由、快乐的日子。正月十五前后几天，历代朝廷往往都要弛禁数夜，即使京城也不再禁止夜行，让人们尽情游玩，自由自在地看灯。各都市乡镇大展灯会，火树银花，映如白昼，街上还有杂技、歌舞演出和各种游艺活动。女性们无论贵贱，全都梳洗打扮整齐，成群结伴，上街观灯游玩。这一习俗唐宋时极为盛行，一直延续到明清。《唐诗记事》中生动地描写了唐代元夜的倾城出游，说是“美人竞出，锦帐如霞，公子交驰，雕鞍如月。同游洛浦，疑寻税马之津争渡河桥，似向牵牛之渚。实昌年之乐事令节之佳游者也”。明代谢肇淛的《五杂俎》记道闽中民众观灯时，游人仕女，车马喧闹，夜尽才散。《儒林外史》十一回描述江南民众观灯“各庙社火扮会，锣鼓喧天，人家仕女，都出来看灯踏月，真乃金吾不禁，闹了半夜”。

2. 荡秋千、放风筝、蹴鞠、猜谜、斗草等游戏活动

荡秋千，这在古代几乎是专属于女性的一种游戏。据说，它原是汉武帝后庭的一种游戏。汉武帝时，每到皇帝诞辰，宫中祈祷“千秋”之寿时，便让宫女们玩这种荡绳游戏，寓指长命一百岁，千秋永在，为了避讳，后将“千秋”倒了过来，称做“秋千”。早在南北朝时期，荡秋千游戏已经在女性中非常普及。到了唐代，荡秋千不仅成了清明、寒食节中的一项十分盛行的习俗，而且对荡秋千之戏非常热衷，《开元天宝遗事》这样记载道“天宝宫中至寒食节，竞竖秋千，令后宫嫔辈戏笑以为宴乐”。除了宫廷以外，民间女子的荡秋千活动更是非常盛行。杜甫诗云“十年蹴鞠将雏远，万里秋千风俗同”，可见，在唐代，清明、寒食节荡秋千的风俗之普遍。唐代以后到明清时期，荡秋千这种传统游戏风俗仍长盛不衰。据《燕京岁时纪胜》、《永平府志》等书的记载，每到元宵节、清明节等节日，京城和许多市镇中的民众“家家树秋千为戏”，场面非常壮观。古代女子们对荡秋千的钟爱在文人的诗作中也有鲜明反映。最著名的当属苏东坡的《蝶恋花》：“墙里秋千墙外道，墙外行人，墙里佳人笑。笑渐不闻声渐悄，多情却被无情恼。”寥寥几笔，将闺中女儿家荡秋千时的生动、活泼的欢声笑语描绘得淋漓尽致。李清照的“蹴罢秋千，起来慵整纤纤手。露浓花瘦，薄汗轻衣透”也很形象，并富有意趣。荡秋千也是少数民族女性们十分喜爱的游戏活动。蒙古语、维吾尔语、哈萨克语中有“花朵”一词，指的就是“秋千”。此外，我国妇女喜欢的其他游戏活动还有放风筝、蹴鞠、猜谜、斗草等，而且还成了一项风行朝野的时髦游戏活动。

3. 吟诗结社、琴棋书画等文化娱乐活动

无论是宫廷中的贵族女性，还是普普通通的民间女子，都进行吟诗结社、琴棋书画等文化娱乐活动。读书习文、吟咏诗赋，是古代有文化女性的普遍爱好和闲暇生活的重要内容。由于文学、诗词包含丰富的情感内涵，所以它们不仅是女性闺中消遣的良伴，也成为她们抒发胸臆、寄托情思的方式，并且由此产生了一大批才女佳人。东汉的班昭、三国时的蔡文姬、唐代的薛涛以及宋代的李清照、

明朝的马湘兰、清朝的顾太清等，不胜枚举。明清时期，士大夫阶层女性、闺阁女诗人甚至结社会友，或拜名士为师入门学习。

《红楼梦》中《秋爽斋偶结海棠社，蘅芜院夜拟菊花题》、《林黛玉重建桃花社，史湘云偶填柳絮词》这两回就是专门描写这方面内容的。这些内容不仅真实地反映了吟诗结社是古代知识女性的一种高雅的文娱活动，而且向我们展示了当时士大夫之家闺中女子结社赋诗风气之浓厚和女子们的聪明才智。除诗词之外，琴、棋、书、画也是古代女性钟情的高雅文化娱乐活动。自古淑女都以工于诗文章句和长于琴、棋、书、画四艺为最高境界，这也是男性心目中理想的风雅女性的修养，这种价值观使得诗、文、书、画、琴、棋成了古代长盛不衰的女性文化娱乐活动。音乐教育是中国古代中上层社会女子闺中教育的一项重要内容，许多家庭都让女儿从小学习琴、筝等乐器，使我国历史上具有非凡艺术天才、能歌善舞的女子比比皆是。汉代富商之女卓文君、唐代出身宦门的杨贵妃，文学作品中的佳人淑女无不通晓丝竹音乐。《红楼梦》中也写到林黛玉秋夜“抚琴悲往事”。观赏歌舞、戏曲等也始终是各朝代女性乐而不疲的娱乐活动。作为文人青睐的书法和绘画，也不乏闺中高人。我国古代“书圣”王羲之，先前就曾拜过东晋著名女书法家卫夫人做老师。唐朝的武则天所写的《周升仙太子碑》，是历来被人们所盛称的著名唐碑。五代蜀中才妇李夫人和江南童氏都以善画丹青载入史册。元代管道升以善画墨竹兰梅、人物山水并写得一手好字而著称于一时。明清时期金陵的秦淮女子，喜爱书画的不少，其中马湘兰善画兰花，在当时和后世都很有名。古代文化层次较高的女性对敲棋对弈也表现出了极大的兴趣，围棋就是从宫廷贵妇到小家碧玉都喜爱的娱乐竞技活动，特别是下围棋那种高雅的格调和安静的气氛，与常年深居闺房的贵族女性的生活方式非常一致。加上围棋需要花费大量的时间，而古代贵族女性生活优裕，百无聊赖，所以围棋就成了她们打发时日的最好方式，成为古代贵族女性情有独钟的游戏活动。古代中国女性从事的休闲娱乐活动还有很多，如投壶、双陆、藏钩、摸骨牌、抓子儿、巧戏、行酒令等闺中游戏，还有相扑、马球、射箭等体育竞技活动。唐朝宫廷女性还常常举行拔河、划船竞赛，民间女性还有跳绳、踢毽子等。

（二）古代女性休闲特点

通过对女性休闲娱乐活动的考察，我们发现，在男性本位文化的历史中，女性不可避免地要充当附属或从属性的角色，这种悲剧的角色地位会影响女性方方面面，当然也会影响到她们的娱乐生活，这使得我国古代女性休闲活动表现出一些独特性，主要表现为：

1. 参与主体的不平衡性与休闲内容的差异性

从古代女性休闲活动的参与主体来看，休闲娱乐活动并没有成为所有女性的一项权利，表现出明显的不平衡性，不同的休闲主体，其参与的休闲内容也有明显的区别。古代女性休闲娱乐的参与主体主要局限为三大层次：

一是宫廷女子。这主要指的是生活在宫廷中的皇后嫔妃，她们在深宫高墙里过着奢华却冷清寂寞的生活，有大量的闲暇时间过着百无聊赖的生活，她们只能以游戏娱乐来打发时日，以弥补精神上的空虚。所以，她们无疑是女性休闲娱乐群体中最重要的角色。她们不仅可从事民间女性所从事的一般休闲活动，而且还能参加一些专属于宫廷的休闲活动，如打马球等。另外，宫廷女性还时常成群结队戎装骑马、携弓带箭，随皇帝到山野打猎，还可以和男人一样骑马、射箭，而这在民间女子则较少。

二是生活在贵族、官僚家庭中的上流社会的夫人、小姐，她们也是古代休闲娱乐活动中的主要成员。她们也和宫廷女子一样，身着绫罗绸缎，吃着山珍海味，过着养尊处优的生活，但她们由于受着封建社会中的门第观念、封建礼教的束缚，平时从不迈出家门，刻板的生活方式和严格的闺房戒条，使得这些处于社会上层的贵族女性们常常难忍寂寞，因此，也要寻找一些高雅的文化娱乐活动来消遣。例如，读书做诗、琴棋书画，主要是上层社会名门闺秀的娱乐消遣活动，民间普通百姓较少从事。就拿下围棋来说，由于下围棋要花费较多时间，又必须精于计算，所以这种游戏活动主要是在一些生活条件优越、又有许多闲暇的贵族和士大夫及他们的夫人、小姐们中间进行的，一般老百姓很少问津。另外，从我国游戏发展的历史来看，由于唐宋以前游戏主要局限在以封建帝王为首的、由大官僚、大贵族、大地主所组成的上层统治集团中，或者说许多游戏活动仅是在上层统治集团中盛行，使得汉魏时期的游戏活动带上了浓重的官家色彩。这是当时社会权力和财富高度集中、娱乐消费需求急速增长的产物。只是到了宋代以后，由于市民文化和商品经济的发达和繁荣，游戏才进入市民阶层，具有了通俗化、娱乐化的倾向，这也是游戏活动参与主体不平衡性的一个反映。

三是妓女。这是古代女性休闲中的一个特殊群体。妓女，尤其是艺妓，在中国古代女性休闲活动中是不可忽视的重要参与者。古代妓女们为了要取悦男客，挣到更多的钱财，游戏娱乐就成了她们常用的一种手段。掷骰子、玩纸牌、搓麻将或猜拳行令，文化层次高的还会吟诗作赋，抚琴吹箫，几乎每人都掌握一定的娱乐本领。加上古代贵族女性和良家女子社交活动要受到种种限制，也从各个方面成全了妓女们，使她们成为社交场合上的一种特殊角色，从而在中国历史上留下了不少艺妓的名字。如苏小小、薛涛、马湘兰、柳如是、董小宛、陈圆圆、李香君等，个个技艺精湛，为后人所称道。民间普通女性休闲活动中还要受到很多的局限。一是在时间上，主要集中在节日，平时整日忙碌于劳动生产和操持家务，一年很少有空闲玩乐的机会；二是她们的休闲多是与劳作结合在一起，如在劳动的间隙或丰收时节的劳动歌舞。并且，有很多游戏，如斗百草、巧戏、荡秋千等活动主要是闺中少女参与的多，出嫁后的女性很少有时间参与。另外，古代女性的休闲娱乐主要是局限在家庭之内，具有明显的家庭局限性。

2. 时代上的不平衡性

从中国古代女性休闲游戏的总体发展趋势来看，显示了一种时代上的不平衡性。在政治较为开明、思想较为解放的时代里，女性的地位有所提高，女性的行为较少受到社会的约束，因此女性的休闲活动便能够广泛地兴盛、发展起来；而在政治较为黑暗，思想较为保守的时代里，女性受到的压制十分深重，其行为上常常没有多大的自由，因此女性的休闲活动也就不可能得到较大的发展。这种情况在唐、宋、元、明、清几代表现得尤为明显。例如唐朝是一个社会经济繁荣、封建礼教相对松弛的时代，再加上鲜卑胡风的渗透，女性们较少受到思想、行为上的约束，女性常常抛头露面，与异性来往也较自由，甚至男女同席共饮、谈笑唱和而无所顾忌，因此唐代各阶层女性参加休闲娱乐活动的比较多，玩的花样也和男子的无多大区别。诸如骑射、蹴鞠、马球、秋千等，都是唐朝女性经常玩乐的游戏形式。但是到了明清时期，统治阶级大力提倡封建礼教和封建道德，对于女性思想、行动上的限制日益增强，因此，此时期女性休闲活动的发展受到了一定的阻碍，难以形成像唐朝时那样的热闹红火、各色纷呈的态势。再比如明代是封建礼教发展的顶峰，女性受到了前所未有的禁锢，交游自然也受到了限制。据说明中叶正德、嘉靖年间以前，“南都风尚最为醇厚。妇女以深居不露面、治酒浆、工织纴为常，珠翠绮罗之事少，而拟饰娼妓、交结姏媪、出人施施、无异男子者，百不一二见之”。这段记载说当时南京一带的妇女多深居简出，不出头露面，结交三姑六婆或像男人一样出入者，百人之中不到一两个。其时妇女交游已与汉晋、隋唐时代不可同日而语了。

总之，男耕女织是中国古代数千年不变的传统生产方式。古代劳动女性的主要劳动是蚕桑纺织。“一夫耕，百人食之；一女桑，百人衣之。”从有文字的历史开始，纺织就被认为是女性天经地义的职责。《诗经》说：“妇无公事，休其蚕织”，将蚕织看做女性的公事。历朝历代，大多数女性都被迫终生与织机相伴，不仅晚上要挑灯纺织，甚至通宵不寐，夜以继日，而且白天还要从事田间劳动，没有一刻休闲。女性不仅是国家赋税的主要输送者，而且是家庭生活的主要维持和操劳者。“上供赋税，下给俯仰，全靠此女红末业。”许多家庭衣食费用全从妇女十指间出。在古代，妇女们不仅采桑养蚕，而且还要从事农业劳动和繁重的家务。绝大多数的农家妇女在成年累月的纺织之余，也从未脱离过农耕、采拾、畜牧、砍樵等农业劳动。“夫耕于前，妻锄于后”就是最常见的农家劳动景象。同时，家务劳动几乎全部由女性承担。如种菜、浇地、烧饭、浆洗、缝补、收拾庭院、喂养家禽、抚养孩子、伺候丈夫、照顾公婆等。各类繁重的劳动几乎占据了古代妇女全部的人生和生活，耗尽了她们的精力和时间，使她们无暇也没有精力去顾及除生存以外的其他事情，更谈不上休闲了。在社会生产力还不十分发达的古代社会，我们可以看到这样的事实：社会分为有闲等级和被奴役的群众，即存在着有闲阶层和无闲阶层的差别，明显地表现为等级的不平衡性。这种不平衡性表现为广大劳动群众参与休闲要受到种种限制，没有参与休闲的权利和条件。中国古代的广大劳动妇女在两千多年的男尊女卑的封建社会里，深受封建政权、族权、夫权和神权的压迫和奴役，他们是我国无闲阶层或少闲阶层的典型代表。

第二节 女性休闲体育研究

一、女性休闲问题的提出

在全国迈向小康社会之时，休闲体育的速度发展之快令人惊叹。1995 年，我国实行五天工作制；1999 年又设立“春节、五一、十一”三个长假，全年的法定假日达到 114 天；进入 2008 年，我国又开始实行新的休假制度，取消了“五一黄金周”，借周末新增了清明、端午、中秋三个三天的假期，至此调整后的假期反而相应增加了一天，成了 115 天；另外在《十五规划纲要》中规定要合理地通过增加人们闲暇时间、实施职工带薪休假制度等手段来提高人们的生活质量。目前，我国居民已有超过 1/3 的时间是在闲暇中度过，而且随着社会的发展，未来自由时间会越来越多。

党的十六大提出，要全面建设惠及十几亿人口的更高水平的小康社会，要更好地坚持协调发展、全面发展、可持续发展的发展观，更加自觉地坚持在经济社会发展的基础上促进人的全面发展。妇女发展是社会发展的重要组成部分，妇女的发展水平是衡量社会发展和进步的重要指标。因此，妇女的全面发展和进步是全面建设小康社会的必然要求。

经过五年长足的发展，党的十七大又提出了实现全面建设小康社会奋斗目标的新要求：增强发展协调性，努力实现经济又好又快发展；扩大社会主义民主，更好地保障人民权益和社会公平正义；加强文化建设，明显提高全民族文明素质；加快发展社会事业，全面改善人民生活。妇女在政治、经济、文化、社会、家庭等领域应享有与男子同等的权利，其特殊利益应受到保障，作为国家维护和保障基本人权的一个重要组成部分，妇女工作将越来越受到政府和社会的关注。因此，女性作为人类社会中的另一半，是全面建设小康社会和和谐社会不容忽视的一部分。是否参与休闲，不仅对休闲业的发展具有十分重大的意义，而且也标志着我国经济发展、社会进步、文化繁荣的程度与状况。

然而，休闲差距依然存在，女性在绝对休闲时间和休闲场合的拥有上仍受到很多限制，与男性在休闲活动与机会上依然不平等。长期以来，由于女性在体重、身高、肌肉力量等方面均差于男性，加上社会和历史原因造成的女性社会地位劣于男性，女性被拒之于“休闲体育”的大门之外。但是，改革开放以来十多年的时间，占我国人口总量1/2的女性，不仅在政治、经济、文化等领域占据了一席之地，也逐渐意识到了自己也有“生活的权利，自由的权利，以及追求幸福的权利”，并以此在生活中寻求平衡。现代城市中的俱乐部、健身房、体育主题公园、室外拓展、体育旅游等有体育休闲设施的地方都能够看见女性的身影。我国妇女社会地位明显提高，妇女的整体素质全面改善，妇女的发展进步进入了一个前所未有的大好时期。抓住这个发展机遇，以职业女性为先导，以休闲体育为主要媒介，改变女性传统的社会角色定位，提高女性在休闲领域的地位，就可以开辟一片女性休闲的新天地。

二、女性休闲研究的意义

现代职业女性的工作、生活发生了很大的变化。她们对自身形象的塑造、在配偶心中的形象和在工作岗位上的成功等都十分重视，体育锻炼能够满足她们很多方面的需求。但是，如何选择合适的休闲体育项目，所采用的锻炼方法是否能够达到预期的效果等很多问题还有待进一步的解决，因此通过对职业女性休闲体育态度与行为特征的研究，提出影响其变化的主客观因素，具有很大的现实意义。

职业女性对休闲体育具有一定的认知和参与，有较强的经济独立能力，有一定的“闲钱”用于休闲体育消费，愿意“花钱买健康”、“花钱去享受”。她们走在休闲体育和时尚前列，具有一定的预见性和前瞻性，她们会和男性一样去攀岩、徒步旅行、蹦极，从事一些极限性的休闲体育活动，她们也会走进健身房、俱乐部、体育社团去选择自己喜欢的运动项目。从某种意义上讲，她们代表着我国未来女性休闲体育发展的趋势和方向。职业女性往往还能带动身边人群参与到休闲体育的行列，吸引和壮大女性体育人口，有利于推动体育生活化进程，逐步改变女性传统生活方式，提高女性生活质量，促进家庭和睦幸福，减少极端行为的发生，从而促进社会主义物质文明和精神文明建设。

就女性个体而言，不同生活方式、生活情境、成长阶段都会影响到女性如何安排自己的时间和精力；也会因人生的不同阶段扮演不同的角色和身份，产生不同的休闲态度和行为。

26～34岁的青年职业女性，大部分刚开始工作或已工作一段时间，是结婚与生育的繁忙期，承担着照顾家庭、社会生活、社会生产等多重责任和负担，需要花费时间和精力来抚养和教育孩子。因此，其参与休闲体育活动的态度是被动的，活动形式以围绕家庭和孩子为中心而进行。有关资料表明，职业女性患身心疾病的比例远远高于非职业女性，她们忽视自己的健康无疑对自身及子女身心健康极其不利。然而这部分人群离开校园的时间不长，且经受过比较系统和正规的学校体育教育，对体育价值的认识程度较高，在学校里养成了锻炼的习惯，如果能够处理好工作、家庭、闲暇三者之间的关系，引导她们正确选择积极、健康、科学的休闲方式来缓解压力，调节情绪，并在活动中广交朋友，使自己从紧张的生活状态中解放出来，走上女性休闲体育行列。

35～55岁的职业女性处于中年时期，他们大部分已经历过生育阶段，孩子基本已经具备自理能力或子女已长大，开始逐渐从孩子的束缚中解脱出来，重心也逐渐转移到事业上来，事业逐渐进入相对稳定期，开始有了一定的成就和地位，加之具有一定的经济实力做后盾，闲暇时间相对较长，相应增加了参与休闲体育活动的机会。但是，这一时期的女性生活压力更加多元，且经过生育的特殊期后，身体形态、身体机能、体育意识等都发生了巨大的变化，变得更加敏感，并以自我为中心，盲目地关注自身的身材、体重，希望通过各种方法、手段来体验自由年轻的感觉，恢复到生育前的苗条身材，进行体育锻炼无疑是大家的首选。但是，过分盲目地以“减肥”为主要目的，往往适得其反，引导这部分女性形成正确的休闲体育态度，重新找回其在学生时代掌握的体育技能，形成适合于本年龄段的锻炼方式十分必要。55岁以后（老年）的职业女性身体机能逐渐衰退，老年病多发，更加注重体育和大众化活动，去休闲场所享受高额消费的机会逐渐减少。

综上所述，大部分26～55岁的职业女性由于生活处境的不同，不同年龄阶段有不同的家庭、社会角色，且不同的角色有着各自的行为规范，致使职业女性的闲暇生活并不理想。因此，本章第三节我们将通过以陕西省西安市职业女性的休闲体育为例子进行分析，总结其休闲体育行为的特征、变化及其影响因素，为不同年龄段的职业女性在家庭和工作之间寻求平衡，形成系统的休闲体育行为和健康、积极向上的生活方式提供宝贵意见。

三、女性休闲体育研究综述

（一）国内外女性休闲的研究

休闲学兴起于19世纪西方发达国家，其标志是1899年凡勃伦发表的“有闲阶级论”，他主要是从经济学角度研究休闲。继他之后，许多学者分别从哲学、教育学等角度开展了休闲研究。在20世纪70年代之前，对休闲的研究还仅限于休闲行为研究。进入20世纪80至90年代，西方学者开始更多地关注休闲的意义和休闲模式问题。当代妇女解放运动兴起于20世纪60年代末期，但直到20世纪80年代末才增加了妇女休闲问题。人们往往认为与工作和家庭有关的女性问题很重要，相比之下休闲则是次要的。女性休闲的理论研究起于20世纪70年代末和80年代初。英国的Talbolt于1979年发表了第一篇文章名为“妇女与休闲的现状”，这是第一篇用女权主义观点对女性休闲进行研究的文章。其针对的主要是运动中的男女不平等现象和女性研究被忽视的问题。1980年，Stanley又进一步指出应该用社会女权主义、民主女权主义和激进女权主义的观点对女性休闲进行研究。因为现代社会是一个男女性别不平等的社会，其经济结构，社会机制和文化观念都是以男性为主的。休闲，作为一种文化现象，也不例外。20世纪90年代以来，对女性休闲的研究引进了更多的社会学、心理学、经济学、人类学和文化学的理论和观点。美国卡拉·亨德森博士等编著的《女性休闲——女性主义的透视》一书主要采用社会心理学、社会学和文化学的研究方法，揭示女性与休闲的关系，讨论了女性休闲的公平、赋权与社会变迁等问题，旨在增强女性的力量与地位的可见度，重新调整现有的社会结构与存在方式，使每一位女性都有生活自由与人身自由的权利，从而在家里家外都能享有公平、尊严与自由选择权。

由于社会、经济发展的客观实际情况，我国的休闲研究起步较晚。我国真正意义上的休闲研究出现在当代。休闲学作为一个学科是在20世纪90年代中期才由西方逐渐传入中国，直到21世纪初才受到人们的关注。经济学家于光远先生极富预见性地指出，应重视对休闲文化的研究。在他的带领下，已有一批学者进入到休闲研究领域中，发表了一批理论性较强的文章，翻译了多部西方休闲研究论著，相关的研究机构开始出现，有关高校也相继开设了休闲研究专业，培养这方面研究的后备人才。随着时代的发展，休闲已经渗透到社会生活的方方面面，我们已经紧跟发达国家的步伐，逐渐进入“普遍有闲的社会”，用自己传统文化的独特方式不断地对休闲进行本土化的构建与重构。对不同人群的具体实践研究也进入了一个全新的时期。

大部分研究者对女性在家务劳动、生育、婚姻及带薪工作等方面受到的压迫研究较多，忽略了休闲的拥有量和休闲参与的研究。而女性拥有休闲量的多少和参与休闲的程度对于女性利益和权利的权衡更有意义。经过20世纪90年代我国学者的理论探索与长足发展，女性休闲的研究领域越来越宽泛，已经进入了一个比较系统的发展阶段。对具体人群休闲态度与行为的研究也有了一定的摄入，涌现出了一批女性休闲研究的专家、学者。目前，我国学者对女性休闲的研究：有吴超的《我国女性休闲初探》、王小波的《女性休闲——解析女性的新视角》、孙琼如的《休闲文化对女性发展的价值研究》、郭景萍的《浅论我国妇女闲暇生活方式的合理化建设》、夏怡然的《女性闲暇生活状况——以福建省为例》、张建萍的《我国女性休闲生活的历史变迁及其当代形态》、田翠琴的《农村妇女发展与闲暇时间的性别不平等研究》等等，这些大多数从休闲文化、休闲内容、休闲时间、休闲空间、参与状况、女性自身等领域提出影响我国女性休闲的诸多因素，参与休闲对女性身心的利弊，指出了女性休闲的特点和存在的问题，并提出了一些具有建设性的合理化调控意见。另外还有何立平的《论 20 世纪上半期的英国女性休闲活动》、张敏杰的《西方国家女性的闲暇》、王斌的《中外女子体育健康及休闲研究的综合考察》等，通过对西方国家女性休闲的探讨和研究，对比研究国外与我国女性休闲的特点和影响因素，指出了存在的差距。但是这些研究都很少涉及休闲运动这一领域，忽略了女性在此领域与男性存在的不平等和追求积极、健康生活方式的权利。

（二）国内外女性休闲体育研究

休闲运动作为社会文化的一部分，它的发展必然与社会进步和时代潮流紧密联系在一起。同时，休闲运动研究作为休闲研究的重要组成部分，它的发展是与休闲的兴起与发展紧密相连。关于休闲运动的研究，在 20 世纪 60 年代国外就初见端倪，英美等国家高等院校把休闲纳入体育研究和人才培养计划中。80 年代后期，英国开始通过地方政府、体育组织以及社会机构对女性休闲实施从政策到场馆的改革。许多地方开始实行“妇女活动时间”，即在一定时间内只允许女性使用活动场馆和设施。类似对女性优惠的措施对妇女参加包括体育设施在内的公共场所的休闲起了一定的推动作用，但并没有从根本上解决问题。Coalter 在谈到女权主义者对女性休闲的贡献时指出：“在休闲体育的研究领域，女权主义者坚持对意识形态和社会结构进行研究，从而使休闲体育的研究有了实质性的飞跃，她们的研究具有全球性的影响。”

近年来，我国学者对休闲运动的研究也在不断增加。关于休闲与体育的问题，我国体育界学者胡小明在《体育休闲娱乐理论与实践》中认为，卢元镇是国内论及该问题的第一人。20 世纪 90 年代，随着社会休闲问题被逐渐提到议事日程，我国对休闲运动的研究出现了一个高潮，发表相关文章百余篇。21 世纪初，随着“全民健身战略”的实施，更促进了该领域的理论研究。从收集到的文献资料来看，对于女性休闲体育的研究主要有：卢峰的《休闲体育学》把女性休闲体育列为一章，从女性的社会地位、女性休闲体育的历史、现状和不同时期的休闲体育状况进行了描述，是比较具体、全面的对女性休闲体育的概述；万仲平的《浅谈女性休闲体育之益处》、姜秀芝的《论女性休闲体育的发展策略》、杜熙茹的《广州市女性休闲体育活动的参与特征》、陈建国的《影响女性休闲运动的因素》、李国红的《休闲体育与中年女性身心健康研究》、袁继芳的《从女性主义视角探析女性休闲运动》、邱亚君的《对中国妇女休闲体育的思考》。这些研究分析了女性参与休闲体育的认知、特征、影响因素和对女性身心的积极与消极作用等，从宏观理论层次剖析了女性参与休闲体育的策略，但没有提出解决其参与和缩小与男性差距的具体和实际的方法措施，对影响女性参加休闲运动的主要社会、经济和文化因素等还缺乏研究，譬如：女性在哪些休闲运动中与男性存在不平等？政府是否采取了一些具体措施来鼓励女性参加休闲运动？适合女性生理、心理特点的休闲运动项目有哪些？女性社会角色对女性休闲运动有何影响？对女性参加休闲运动的研究，是一个社会学、人类学、心理学和女权主义等多维度的综合研究。它从一个侧面反映了女性的社会地位和妇女解放运动中的进程。女性争取休闲运动的权利是争取男女平等的一个里程碑，是女性在全球范围内争取民主、自由和平等的一个组成部分，对这一领域的研究是女性权利的获得的具体体现。

我国在经过了一段时期的发展后，女性参与休闲体育运动已经取得了一定的成就。但我们仍应清楚地认识到，长期以来，受固有的传统的本土文化男性至上论的影响，女性一直处于从属地位，这深深禁锢着女性人群的思想，束缚了女性休闲运动的发展。女性参与休闲体育运动需要有正确的思想指导和理论支持。

(三) 职业女性休闲体育领域理论研究

16 世纪的欧洲，随着市场经济体制的出现，早期的性别分工模式开始呈现，家庭和工作场所开始分离，逐渐形成了男性在外工作，女性一部分在家生儿育女、料理家务，另一部分则因生活所迫而进入工厂劳动，由于有了自主支配自己的劳动、赚取独立收入的能力，逐渐成为不依附于男子而独立生活的职业女性。新中国成立后，中国妇女摆脱了政治束缚，通过就业获得了经济上的独立，人们习惯上管她们叫做“职业女性”。职业女性从出现的那一刻起，就是从女性人群中分离出来的一支特殊群体，她们性格坚强，生活自立。希望通过自己的努力能够与男性在生活、工作等领域达到平衡。

随着女性接受教育程度的提高及人类文明社会的发展，女性的就业机会变得十分广泛，现代的知识女性可以在多种行业中展现自己的才华和能力，成为社会发展的中坚力量，所以现代的职业女性不但拥有一定的科学文化知识，而且大部分女性能力非凡，积极要求参政、议政，而不仅仅是原来意义上的经济独立。但是，据世界卫生组织调查表明，女性异常心理发生率高于男性，而在女性人群中，职业女性比非职业女性更容易产生心理疾病。她们承受着来自社会、家庭、生理因素的困扰以及就业压力和不公平竞争的冲击。职业女性的身心健康问题已经是摆在社会、家庭和体育工作者面前的一个非常重要的课题，为其构建良好的体育生活方式已迫在眉睫。通过查阅大量的文献了解到，职业女性的休闲运动研究主要从社会学角度进行现状调查和影响因素两方面的研究。例如关彦丽的《兰州市高知女性闲暇体育现状调查与分析》，宋红连的《南京地区职业女性健身现状的调查与研究》，臧超美的《北京市城区四种不同职业已婚妇女体育态度与体育行为的研究》，从对象的区域分布分析了本地区职业女性对体育活动的认知、对健身活动项目的选择、场地设施、组织形式、体育消费等。刘淑芬的《浅析职业女性的体育锻炼》，李春风的《对我国职业妇女健身观念的分析研究》，通过描述职业女性体育参与特征的现状，指出时间已不是限制职业女性参与休闲的主要原因，而传统的性别观念、经济收入水平、体育健身知识的缺乏和社会角色定型是主要影响因素，提出了正确引导职业女性休闲体育参与的建议。另外，王立男的《对职业女性构建良好生活方式的探讨》，徐晖的《试述休闲体育对城市女性休闲生活的特殊作用与构建措施》，通过职业女性的现实社会处境，构建良好社会生活迫在眉睫，提出了具体的构建措施和适合职业女性锻炼的一些项目和手段措施，是比较具体和有现实意义的研究。

近几年我国部分高校也加强了对职业女性休闲体育的研究，涌现出了一批有建树的学子。浙江大学周丹的《城市职业女性参与休闲运动的影响因素研究——以杭州市为例》，湖南师范大学彭小静的《长沙市 35～55 岁职业女性的休闲体育行为和影响因素分析》，武汉体育学院刘晓莲的《沂蒙山区职业女性体育健身现状调查与研究》，华东师范大学李仕丰的《上海市职业女性参加健身锻炼动机的特点与影响因素的研究》等硕士论文，均通过具体的研究方法，对职业女性休闲体育这一新生事物进行系统研究。

第三节　陕西女性休闲体育

本节通过对陕西省西安、咸阳、宝鸡、渭南、汉中、安康、商洛、延安、榆林、铜川等十个地市的随机的 761 名 16 周岁以上的城市女性进行调查，总体情况如下（表 5-1）：

表 5-1　陕西城市女性职业分布

职业	企业管理人员	私营人员	公务员	离、退休人员	学生	工人	其他	合计
人数	89	101	133	196	74	136	32	761
百分比%	11.70	13.27	17.48	25.76	9.72	17.87	4.2	100

为了更准确的了解不同年龄时期女性的情况，特将其分为五个年龄段（表 5-2）。

表 5-2　被调查对象年龄分布

年龄	16～24	25～34	35～44	45～54	55 以上	合计
人数	55	174	269	195	68	761
百分比	7.23	22.86	35.35	25.62	8.94	100

一、陕西城市女性参与休闲体育的现状

（一）参与休闲体育活动的女性比例

1. 周参与频率

表 5-3　周参与频率和所用时间

参与次数与时间	3 次或 3 次以上	2 次	1 次	0 次
人数/人	242	311	145	63
百分比/%	31.80	40.87	19.05	8.28

由表 5-3 所示，按每次休闲体育活动时间以 30 分钟为界，陕西省城市女性每周参加 3 次或 3 次以上的占 31.8%，2 次的占 40.87%，1 次的占 19.05%，从不参与的有 8.28%。根据我国对体育人口的界定“通常指每周参加体育活动不少于 3 次，每次活动时间 30 分钟以上，运动负荷与自身体质和所从事的体育项目相适应的中等或中等以上的体育活动者”，那么陕西省女性体育人口已达 31.8%。体育人口是衡量一个国家和地区群众体育发展程度的核心指标，据不完全统计，2007 年我国的体育人口已达到人口总数的 37%，显然陕西女性体育人口低于我国体育人口均值，但从“从不参与”的所占比值仅占 8.28%来看，陕西城市女性参加休闲体育活动的人数还是占绝大多数，她们的健身意识已大大提高，只是将这部分人群转变成体育人口，还需要大力引导。

2. 不同年龄段女性参与休闲体育活动的比例

16～24 岁占 10.1%，25～34 岁占 8.3%，35～44 岁占 10.7%，45～54 岁占

34.3%，55岁以上占36.6%，反映出日常参与休闲体育活动的女性主要在是中老年女性，访谈得知，25～34岁年龄的女性受"子女较小"、"工作压力"，故参与比例是最低的。

3. 从事不同职业的女性参与休闲体育活动的比例（表5-4）

表5-4　不同职业女性参与休闲体育活动的比例

职业	企业管理人员	私营人员	公务员	离、退休人员	学生	工人	其他
百分比%	11.3	9.8	28.4	35.2	5.0	4.8	5.5

离退休人员最高占35.2%，她们空闲时间较多；其次是生活工作相对稳定的公务员，占28.4%；工人和学生较低，分别是4.8%和5.0%。

（二）参与休闲体育活动的方式

陕西城市女性休闲体育活动的参与方式选择"个人独自"、"与家人一起"和"与朋友结伴"占大多数，表现出一定的自发性和松散性。按不同年龄分组的调查结果为（见表5-5）：16～24岁年龄段的大多为单身，选择与朋友结伴的占多数；25～34岁和35～44岁这两个年龄段的女性往往已成家，要考虑家人对休闲活动的需要，大多选择与家人一起；45～54岁和55岁以上的女性子女大多已长大或已成人，不需要过多照顾，所以这两个年龄段大多选择独自活动。

表5-5　陕西省城市女性参与休闲体育活动的方式

年龄/岁	个人独自/%	与家人一起/%	与朋友结伴/%	单位组织/%
16～24	22.7	14.2	41.2	11.2
25～34	13.2	42.3	19.6	11.3
35～44	14.3	43.8	12.5	13.2
45～54	40.3	20.6	19.3	10.5
55以上	30.7	17.5	45.6	7.1

（三）参与休闲体育活动的项目

表5-6反映出陕西城市女性参加的休闲体育活动项目的选择特点表现为：兴趣广泛、参与内容具有多样性；锻炼方法简单，且大多经济实惠、不需太多资金投入。35岁以下的女性大多选择节奏快、动感强的项目，如健身操和羽毛球，而35岁以上女性大多选择节奏舒缓、动作柔美的项目，如健身走和太极类。这些项目里不仅有单人还有相互配合的，不仅可以满足身心的愉悦，还能达到人际关系的

沟通与交流，甚至是一种社会交往的手段，这一点在“参与休闲体育活动动机”的调查中也有所体现。

表 5-6 陕西省城市女性参与休闲体育活动不同内容人数统计（多项选择）

年龄/岁	健身走/%	健身操/%	跑步/%	羽毛球/%	瑜伽/%	民间舞蹈/%
16～24	14.2	32.5	14.2	21.3	9.3	6.3
25～34	18.3	31.7	17.6	20.6	5.1	9.1
35～44	20.4	29.3	11.3	11.4	7.4	2.7
45～55	24.1	17.2	6.4	9.3	8.1	4.1
55 以上	30.4	9.3	3.2	9.4	2.4	4.6

（四）参与休闲体育活动的场所

在对“主要活动场所”的调查中显示为：“公园广场”占比例最高，达到 38.32%，其次依次是“小区空地”占 24.11%，“街道路边”占 17.67%，“免费公共体育场所”仅占 11.22%，“健身会所及其他”占 8.68%。这样的调查结果反映出陕西城市中免费公共体育场所较匮乏，与人们健身需求存在着较大差距。这与我国整体休闲体育定位过高有关，在我国很多投资者都热衷于开发高投入、高消费、高利润的高档休闲体育产品和服务，既导致了高档休闲体育产品和服务供过于求，资源闲置，也导致投向大众休闲体育的资金不足，又导致了大众休闲体育供给不足的局面。

（五）参与休闲体育活动的时间段

在活动时间的选择上也反映出了明显的年龄特征（表 5-7）。

表 5-7 陕西省城市女性参与休闲体育活动的时间段选择

年龄/岁	清晨/%	晚饭后/%	周末/%	时间不定/%
16～24	21.42	41.47	19.45	18.36
25～34	15.36	29.22	41.18	14.24
35～44	15.10	25.89	43.58	15.43
45～55	38.98	41.31	6.56	13.15
55 以上	50.21	40.24	5.33	4.25

16～24岁的大多选择“晚饭后”，这一部分女性大多还是单身，自我支配时间较多，又处于“早上起不来，晚上不想睡”的时候，因此体育活动选“晚饭后”的就居多；25～34岁和35～44岁年龄组的女性由于“养育孩子”和“事业上升期”，生活节奏大大加快，平日空闲时间极少，因此大多选择的是“周末”，健身的同时放松自己；45～55岁是享有休闲时间相对较多的年龄段，一是孩子基本已具备自我管理能力或子女已成人，二是事业已处于一个相对稳定期，早晚的时间都可自我享用。所以绝大多数选择在“清晨”和“晚饭后”而且相差不大；55岁以上年龄段的女性子女成人，职业女性大多数也已退休，使她们进入休闲高峰期，人的生理变化也达到“早上早早醒”的时候，因此她们更多的是选择“清晨”，其次是“晚饭后”。

二、陕西城市女性参与休闲体育活动的动机目的

随着经济的发展和女性地位的提高，陕西省城市女性参与休闲体育活动的目的也反映出了时代特征（见表5-8）。

表5-8　陕西省城市女性参与休闲体育活动的目的（多项选择）

年龄/岁	强健身体/%	防病治病/%	审美追求/%	社会交往/%	消磨时间/%
16～24	36.14	16.35	36.00	18.33	10.32
25～34	38.21	12.54	38.55	21.00	8.65
35～44	48.47	15.32	39.14	2.35	9.77
45～55	49.11	18.67	45.32	19.00	8.33
55以上	51.34	47.32	46.20	49.36	38.25

在调查中显示出除了传统的“强健身体”外就是“审美追求”，而且选择的比率相差很小，正如波德里亚所言“美丽之于女性，变成了宗教式的绝对命令”，女性希望通过体育活动提高自身的美丽程度，从而获得更高的社会认同，高雅的气质、完美的体型正成为女性一生的功课；在55岁以上年龄组里“防病治病”、“社会交际”、“消磨时间”均占有较大的比重，这个年龄组的女性身体逐渐走向衰老，职业女性大多也退休，空闲时间较多，因此她们参与休闲体育活动的目的就更加多样化。

三、影响陕西省城市女性参与休闲体育活动的主要因素

表5-9显示出“无空闲时间”和“无人指导”是影响女性参与休闲体育活动的

主要障碍。虽然我国妇女地位不断提高，但中国传统“男主外、女主内”的观念还是根深蒂固，就家务劳动而言，男女分工模式依然没变，女性较男性承担着更多的家务，有资料表明，女性每天平均用于家务劳动的时间比男性多2.7h，城镇职业女性每天用于家务劳动的时间比男性多1.6h，这在一定程度上制约了女性参与休闲体育活动的意识和行为；目前在群众体育工作中发挥作用的社会体育指导员的数量和递增的速度明显滞后于全民健身计划的进程，因此“无人指导”成为影响女性参与休闲体育活动的另一主要因素，而且各年龄组对此项的选择无明显差异。另“无合适场所”和“无合适群体”也是不容忽视的影响因素，这说明陕西城市中缺乏女性体育组织和符合女性特点的健身场所；值得欣喜的是在调查中“无锻炼习惯”竟然是各年龄组选择比率最小的影响因素，反映出陕西虽然属经济欠发达省份，但健身习惯已深入人心，在人们的主观意识上已得到了认同，这对休闲体育活动进一步深层次的开展无疑是非常有利的。

表5-9　影响陕西省城市女性参与休闲体育活动的因素

年龄/岁	无空闲时间/%	无合适场所/%	无合适群体/%	无人指导/%	无锻炼习惯/%
16～24	36.14	16.35	36.00	18.33	10.32
25～34	38.21	12.54	38.55	21.00	8.65
35～44	48.47	15.32	39.14	2.35	9.77
45～55	49.11	18.67	45.32	19.00	8.33
55以上	51.34	47.32	46.20	49.36	38.25

四、陕西女性休闲体育发展对策

（一）转变原有休闲观和消费观，提升自我参与休闲体育活动的兴趣和主动性

虽然陕西省女性的休闲观和消费观已经有所提升，但相比之下还是相对落后，她们对休闲体育的重要性没有足够的认识，往往偏好静态休闲方式，没有把休闲体育活动当做日常生活的必要组成，很多参与休闲体育活动的女性的消费水平也较低。观念的落后往往源于知识的匮乏。因此，女性要主动接触体育类信息，通过大众媒体、书报、杂志和网络等媒体增加对休闲体育的本质和功能的了解，从而转变原有观念，提升参与休闲体育活动的兴趣。同时，主动学习休闲体育知识和技能，从众多休闲体育项目中寻找适合自己的项目，并积极的参与到自己感兴趣的项目当中去。

（二）政府部门要加大对健身场馆设施的人力物力投入，改善硬件条件

虽然公园、广场等免费健身娱乐场所较为可观，分布情况也较合理，但是场地设施器材种类较少，大多为空地和发展力量、活动关节的大众健身器械，适合女性休闲活动的专门设施较少；场地设施器材质量较差，例如：公园内羽毛球场地多为土质或水泥制，乒乓球多为石质，缺乏耐久度，使用寿命较短；缺乏管理和维护，设施器材存在不同程度的破损，一些破损较严重的健身器械已无法使用。政府部门一方面应投入资金兴建一些高质量健身娱乐场所，增设设施器材，可以兴建收费较低、面向包括女性群体在内的大众羽毛球馆、乒乓球馆、操类馆等，并配备专业的管理人员和技术指导人员。另一方面，加强对现有场地设施器材的管理、维护和更新。增设专门管理人员，对设施器材进行监管和维护，对故意破坏公共健身器材者进行教育和处罚。维修和更新原有器材，提高健身场地器材的质量。

（三）大众传播媒体要加大宣传力度，加强对女性参与休闲体育活动的引导

大众传播媒体应充分利用其受众多、信息量大等特点，主动承担起宣传、普及和推广休闲体育活动的主力军作用。广播电视媒体应适当增设一定时段的休闲体育专栏或公益广告，宣传休闲体育的功能和作用，广播、播放健身知识和技能，通过声音、视频、图片、动画等多种形式对受众形成多感官刺激。报纸应增加有关女性健身娱乐的专刊、专版或专栏，对休闲体育的信息进行宣传。报刊媒体有保存性强的特点，有助于女性深入细致的学习。网络媒体是新兴的大众传播媒体，具有数量庞大的受众群体，但是网络媒体中女性休闲健身的信息比较杂乱，缺乏系统性。因此，各网络媒体应制作或链接专业、完整、系统的休闲体育信息板块供女性查阅和浏览。

（四）各单位要尽其所能为女职工提供健身娱乐硬件条件，努力营造休闲健身氛围

各单位领导要转变思想，在追求工作效率和效益的同时，加强对女职员身体健康状况和休闲文化生活的重视程度。要在资金允许的范围内，在单位兴建健身娱乐场馆，为职员的休闲健身提供便利。场地紧张的单位可以联系就近的学校或收费场馆，租用其场地。例如：近年来，西安市一些银行和国企在周末租用西安体育学院田径场，举办趣味田径运动会。此类活动丰富了广大员工的业余生活，同时极大调动了她们健身锻炼的积极性。各单位应大力开展此类集体活动，同时加强对休闲体育活动的宣传。要通过单位会议、制作宣传栏、印发传单等形式宣传休闲体育活动对于健康、对于改善工作状态和提高工作效率的重要作用；普及休闲健身知识，同时聘请技术指导人员或单位内部有体育特长人员为员工传授方

法和技术。

(五)居委会等基层组织要积极组织各项休闲体育活动，丰富女性的业余生活

居委会是群众自我管理、自我教育、自我服务的基层群众性自治组织，与社区居民的联系较为紧密。居委会应充分发挥基层优势和纽带作用，结合女性的兴趣爱好，利用社区体育设施，积极组织社区职业女性开展秧歌、舞蹈、健美操等适合女性的休闲体育项目。引导和鼓励女性积极参与，并动员社区内优秀体育人才做技术指导。力求通过各种方式和途径为女性营造良好的健身娱乐氛围，创造参与休闲体育活动的条件，从而转变女性的休闲观念，增强女性参与休闲体育活动的意识，提高她们的休闲生活质量。

第六章　农村休闲体育

第一节　农村休闲体育概况

据国外专家预测：2015年前后，随着知识经济和新技术的高速发展，人们将有50%的时间用于休闲娱乐。这为实现人的自由全面发展，创造并享受优质生活，获得身心愉悦，健康长寿，提供了必要的时间保证。由此必然导致人们的人生观、价值观和生活观念的改变，使人们的需求结构、社会产业结构以及消费市场发生一系列的重大变化，并为顺应时代进步而产生的休闲体育及其产业化提供了良好的生存与发展空间。随着城市化程度的逐年提高，城市高楼林立，环境污染，城市人口的过快增长，人口拥挤，使得一些城市的公园、绿地和休闲活动场所与设备显得普遍不足，迫切需要拓展休闲空间，开辟新的休闲活动场所；另外随着工作和生活节奏的加快，人们产生了回归自然、向往田园之乐的强烈欲望，特别是在建设社会主义的新农村，发展农村文化事业，推动实施农民体育健身工程，构建社会主义和谐社会的大背景下，这些都为休闲体育在农村的发展创造了有利的条件。

一、农村休闲体育的涵义和内容

（一）农村休闲体育的涵义

休闲体育作为一种经济和文化现象，经历了数千年漫长时光，有着深厚的历史文化底蕴，只是近年才有了农村休闲体育一词，且说到的只是局限于农村人口的休闲体育活动。农村是相对于城市而言的，农村和城市共同构成了我国的地理概念。农村休闲体育的概念是休闲体育的下位概念，农村休闲体育的参与者主要包括住在城市而休闲地点在农村的城市居民，还包括住在农村的农村人口。所以农村休闲体育的概念应是在农村地理范围内，利用广大农村的山川、田野、山庄、江河、湖泊等自然资源和人文资源，以城乡人口为参与主体，积极开展球类活动、钓鱼、棋牌、步行观光、登山越野、漂流、围猎、垂钓等健康而愉快的休闲体育活动。

（二）农村休闲体育的内容

我国农村地域辽阔，资源丰富，农村休闲体育内容丰富多彩，包括乡村游系列休闲体育、休闲户外运动、农村休闲体育旅游、农村社区休闲体育。乡村游系列休闲体育是指在农村范围内的农家乐、度假村、休闲山庄、休闲农庄、生态景区、生态园、马术俱乐部、钓鱼休闲中心、水上活动中心、高尔夫俱乐部、狩猎场等休闲场所开展的休闲体育活动。休闲户外运动是指在野外或在自然环境中进行的与自然界紧密结合的新兴体育运动。休闲体育旅游是旅游业的组成部分，是指个人暂时离开常住地去参加体育活动、观看体育活动或者观赏与体育活动有关的、以休闲为基础的旅游活动。农村社区休闲体育是指农村社区居民在本地农村范围内利用各种体育场地和设施所开展的休闲体育活动。具体内容包括不受外界环境影响的健身、健美、羽毛球、游泳、台球、乒乓球、篮球、足球、排球、壁球、保龄球、旱冰等室内休闲体育活动，也有水域、陆域、空域包含的登山、攀爬、探险、骑驾、徒步旅行、野营、野餐、狩猎、滑草、滑沙、滑翔、沙滩排球、沙地足球、网球、高尔夫球、航海、航模、漂流、游泳、潜水、冲浪、划船、垂钓、滑雪、滑冰、攀冰、热气球、跳伞、放飞等室外休闲体育活动。

三、农村休闲体育的特性

农村休闲体育不但要继承和发扬休闲体育的城市属性，而且要坚持利用农业、农村资源，在农村这片广阔的地域上寻找并创造出城市休闲体育无法与之媲美的农村休闲体育特色。一般认为农村休闲体育具有如下基本特点。

（一）自然特性

农村休闲体育体现了人与自然的和谐性，可以为参与者提供亲近自然回归自然的机会。我国是一个具有悠久文明史的古老国家，由于农村的封闭性和相对发展的缓慢性，使许多乡土气息浓郁的古朴资源得以保留，而成为当今发展休闲体育的宝贵财富。绝大多数休闲体育资源是都市所不具备的。发展农村休闲体育首先应以高山、湖河、田野、草原、山寨、渔村、森林等大自然所赋予人类的千差万别、丰富多彩的景致，以及农村日新月异的发展和变化等为基本依托，再将人文景观、自然资源和休闲体育的发展有机地融合在一起。

（二）生态特性

农村休闲体育的发展有助于调整人和自然，经济发展和生态环境之间的矛盾。农村休闲体育的兴旺也要得益于宁静优美的生态环境、天然的自然景观以及淳朴的乡村生活方式、民族文化等。因此，在开发建设农村休闲体育过程中，尽可能不破坏原来的自然生态环境，减少人工作用，促进农村生态系统良性循环。

（三）季节和地域多样性

农村休闲体育与农村自然条件有着密切的联系，因此受自然气候条件和地理条件影响比较大，这就使农村休闲体育具有明显的季节多样性和地域多样性特点。

我国农村地域广大辽阔，不同的农村地域在温度、日照、降水等方面都具有极大的差异性，这种差异性在造成农村休闲体育资源和内容多样性的同时，也难免会受到季节性和地域多样性的影响。

（四）休闲特性

“休闲活动”是具有高度的自由选择与很强的内在动机的活动。在闲暇时间里，任何人可以任意选择时间、地点和场地进行各种轻松愉快的体育活动，他们既不受限于体育教学的种种严格规定，也不追求高水平的运动成绩，甚至有时也不把体育的强身祛病作用放在首位，而是把体育运动作为一种有意义的活动形式来度过自己的休闲时间，使个人在精神和身体上都得到休息、放松和享受。农村是个广阔的地方，它的自然、生态、季节和地域多样特性决定了农村休闲体育比城市休闲体育具有更强的休闲特性。

（五）层次性

层次性包含了几个内容，一是活动人群的年龄层次。不同年龄阶段的人有着不同需要和爱好，这种需要和爱好直接影响着人们对农村休闲体育方式的选择。儿童少年对一些新奇个人活动感兴趣，青年人则爱好具有一定挑战性和对抗性的活动，中年人倾向于活动的品味和档次，而老年人则喜欢交流互动性强的活动；二是活动内容的难易层次。内容的难易是完成活动所要求技术标准高低的问题，主要取决于活动者对自己的运动能力的评价；三是活动方式的经济消费水平层次，活动方式的经济消费水平是一种具有明显的社会性特征的分层，是与个人社会身份和阶层的表征密切联系起来的，比如那些高消费的活动就带有明显的炫耀性特征，城市和农村居民、高收入和低收入人群的收入差别造成的消费差异性特征等。

（六）可持续性

可持续发展是一种既能满足当代人的需要，又不对后代人构成危害的发展。可持续性既是农村休闲体育的特点之一，也是对农村休闲体育发展的要求。农村是个动态的系统，其中的自然景观具有自身特定的自然规律，而农村文化一脉传承，也是持续久远的。从另一个角度来看，为了保护好这些农村自然景观和人文景观，在进行开发时就必须坚持可持续发展理念，维持农村休闲体育资源的合理、永久利用。

（七）高效性

农村休闲体育大多以高山、湖河、田野、草原、山寨、渔村、森林等大自然所赋予人类的千差万别、丰富多彩的景致，以及农村日新月异的发展和变化等为基本依托，再将人文景观、自然资源和休闲体育的发展有机地融合在一起，不会破坏原有的生产形态，只是对经营方式作了调整，使休闲体育经营更精细化、特色化，因此，农村休闲体育的开发难度较小，投资报酬率较高，见效较快，具有较高的经济效益、社会效益和环境效益。

农村休闲体育具有劳动密集性高、关联带动性强、就业门槛低、就业方式灵活等特点。发展农村休闲体育，可以增加农村居民的收入，有利于解决地方剩余劳动力的就业问题，有利于农村产业结构的调整，加快农村非农化进程，促进农村传统文化的传承与创新，改善农村地区的社会及生态环境，最终实现农村经济、社会可持续发展的目标。

三、农村休闲体育发展的意义

研究开发农村休闲体育，旨在充分利用广大农村的山川、田野、山庄等极其丰富的自然资源，以广大人民群众的美好生活为动力，积极开展步行观光、登山越野、漂流、围猎、垂钓等健康而愉快的体育活动；以广阔的社会消费市场为依托，运用市场的机制，既可满足人们的休闲消费需求，又可增进人们的身心健康，利于促进社会互动和谐，提升人们的生活质量，促进农村经济可持续发展。农村休闲体育必将带动旅游、餐饮、交通、保险、制造、商业、信息、通讯、文化产品、劳动就业等相关行业的发展，而成为农村经济中新的增长点。

（一）改善城乡居民生活

由于人们生活水平的提高，人们的物质财富在得到极大的满足的同时，以营养过剩、运动不足、精神压力过大、赌博、酗酒、吸烟等不良生活方式为诱因产生的肥胖病、高血压、糖尿病、呼吸循环系统等现代文明病却正威胁着人们的健康。农村有着广阔的自然资源、人文资源和民族体育资源，如农村的大山、名川、森林、天然温泉、冰雪、蔚蓝的天空、清新的空气、灿烂的阳光以及适宜的温度，加上独特的民风民俗、民族歌舞和民族体育等，这些优美的自然环境与特有的人文氛围，无疑有益于增强人的自尊心、自信心和自豪感，增添生活情趣，有利于人们的身心健康。人们在这种自然、人文环境中进行休闲体育活动，所产生的健身强体、消除紧张情绪、振奋精神、锻炼意志、培养高尚情操等作用是现代城市生活环境中的休闲体育活动所难以比拟的。因此，在农村开展休闲体育活动对增进人们的身心健康、陶冶情操、改善人们的生活质量具有独特的价值。

（二）促进城乡居民消费

随着人民生活水平的提高、休息时间的增加和休闲意识的增强，人们迫切希望进行休闲体育活动，但是城市人口的过快增长，使得一些城市的公园、绿地和休闲活动场所与设备显得普遍不足，迫切需要拓展休闲空间，开辟新的休闲活动场所。特别是由于城市高楼林立，人口拥挤，环境污染，工作和生活节奏加快，人们产生了回归自然、向往田园之乐的强烈欲望。农村地区有着丰富的自然资源，尤其是农村休闲体育资源，蕴涵着独具魅力的地理和民族文化特色，从而吸引城市和发达地区居民前去进行休闲体育活动和投资，这些休闲体育活动和投资极大的促进了城乡居民的消费，给农村经济注入了新鲜的活力。

（三）增加农村居民收入

城市和发达地区居民在农村的休闲体育消费和投资对农村地区来说便形成了一种外部的“经济注入”。这种外部的“经济注入”在提高农村经济水平、缩小城乡差距和提高农村居民收入上起到了积极的促进作用；农村休闲体育在给农村经济注入活力的同时，也解决了许多就业问题，农村休闲体育具有就业门槛低、数量大、受经济衰退影响小等特点，农村休闲体育的工作岗位层次多，既可为具有丰富专业知识和技术专长的高层次人才提供就业机会，也可为不具备太多知识和技术专长的中、低层次人员提供就业机会，对弱势群体的就业有着很强的包容性，能够吸纳很多的农村剩余劳动力和下岗职工。发展农村休闲体育是解决当前农村剩余劳动力就业的重要渠道之一。有关资料研究表明，每增加一个直接就业人员，将间接带动相关行业增加多人就业。据此，发展农村休闲体育就不失为一条解决当前就业和再就业问题的有效途径，即通过餐饮、住宿、交通、购物、文化等相关行业的发展创造出更多的就业机会，增加农村居民的收入。

（四）拓展农村服务产业

农村休闲体育的关联性很强，不仅带动了本行业的发展，还刺激着相关产业的发展，因为农村休闲体育的活动本身包括“食、住、行、游、购、娱”六大要素，所以它一方面给交通运输、饭店宾馆、餐饮服务、商业网点等带来客源；另一方面也带动了轻纺工业、建筑业、加工制造、邮电通讯、房地产、金融保险业、文体事业等的发展，起到了对相关产业牵动作用。

目前我国农村休闲体育发展处于起步阶段，仍处于低效益、无序竞争，盲目投资的状态，市场亟待规范和引导，由于市场潜力大，并且市场及运行机制还没有很好建立起来，严重影响了我国农村休闲体育的可持续发展，造成了农村休闲体育和人力资源的极大浪费。虽然本文对农村休闲体育的概念、内容、特性、意义进行了一般描述性的理论研究，给农村休闲体育发展指明了一点前进的方向，但缺乏系统的实证性研究，更没有建立起一套科学的农村休闲体育理论。因而，迫切需要以经济和社会学视角，站在战略的高度研究和建立科学的农村休闲体育的开发战略，填补我国农村休闲体育研究的空白，为行政部门制定发展农村经济政策提供理论参考，有效推进我国农村休闲体育的快速、稳定发展，为改善和提高我国农村休闲体育发展提供理论和实践依据。

四、农村开展休闲体育的社会条件

（一）经济基础

30年的改革开放使我国经济建设发生了巨大的变化，社会经济效益不断提高，人民的生活也有了较大幅度的改善。在农村，人们的衣食住行发生了很大的变化，达到或超过小康水平的人口比例在不断上升，消费能力逐渐增强。人们不再满足于吃饱穿暖的基本生活，开始重视生活质量，讲究生活享受，品味生活文化。生活水平和消费能力的提高是休闲体育开展的经济基础。

（二）余暇时间

现代科技的发展提高了社会生产力，机械化生产取代了大多数的手工人力劳作，人们逐渐从繁重的体力劳动中解放出来，获得了更多的余暇时间。随着余暇时间的增多，如何打发越来越多的时间，将是现代农村社会所面临的一个新问题。

（三）生活意识

只有正确的生活意识，才会享受到高品位的生活质量。休闲生活的质量和方式如何，是衡量一个社会全体成员生活质量高低的一个重要标志。近年来随着生活水平的不断提高，科技产品的普及在许多农村已成为现实。生活方式改变，人们的生活意识也有了较大的转变，追求生活质量、“花钱买健康”正逐步成为我国现代农民生活意识的一个重要特征。人们利用余暇时间去参加各种休闲运动，不仅是为了发泄剩余精力，而且能感受到精神愉快和美感的享受。休闲体育之所以能在现代人的休闲方式中占有显著的地位，在很大程度上与它本身的特点（自由性、娱乐性、趣味性等）和所具有的社会功能，以及它对个体自身改造的意义是密切相关的。

五、农村休闲体育产业发展机遇

随着农村地区经济发展水平和农民生活水平的不断提升，农民要求改善生活质量的愿望也越来越强烈。中国政府适应农民的要求，在全面建设小康社会的大背景下，提出了“生产发展、生活宽裕、乡风文明、村容整洁、管理民主”的社会主义新农村建设要求，将新农村建设作为小康社会建设、现代化建设的重要内容之一。在新农村建设的指标要求中，农民生活质量的改善是一项重要内容，“生活宽裕、乡风文明、村容整洁”都是改善农民生活质量的重要手段和内容。笔者认为，要进一步提升农民的生活质量，必须抓住机遇，加大农村休闲体育产业的发展。从我国农村建设的实际来看，当前农村休闲体育产业也面临着前所未有的发展机遇。本节将从生产力层面、社会心理层面、政策层面来解读休闲体育产业发展所面临的机遇。

（一）农村休闲体育产业发展的生产力基础

导致人们生活变迁的决定性因素是生产力，只有为生产力的发展提供了条件，人们的生活方式改变才有现实的物质基础。休闲体育要融入人们的生活，同样取决于生产力所能提供的保障，也就是生产力能否将人们从繁重的体力劳动中解放出来，能否为人们的体育休闲提供足够的资金支持，能否为人们享受休闲生活提供技术保障。当前农村地区生产力发展水平已经为农村地区发展休闲体育产业提供了生产力基础，这主要表现在：

1. 农业生产技术和管理水平的提升，农业生产效率的显著提高，农民闲暇时间的增加，为农民的休闲体育消费提供了时间保障。中央惠农政策的实施，不仅改善了农民的生活状况，也为农民改善农业生产技术水平和管理水平提供了条件。取消农业税及上缴提留后，农民将原本用于税负的开支转向投资于农机具。2000年，我国农业生产中大中型拖拉机、小型拖拉机、大中型拖拉机配套农具、小型拖拉机配套农具的拥有量分别为974547台、1264.4万台、140万部、1788.8万部；2009年相对应的农机拥有量为3515757台、1750.9万台、542.1万部、2880.6万部。大量农机具在农业生产中的使用，提升了农业生产水平，缩短了农业生产的必要劳动时间，使农民的闲暇时间相对增加，即使在农忙季节，村民也只是在上午5点半到10点，下午4点到7点半之间劳动。而农闲季节，村民获得的空闲时间更多，大量空闲时间的出现为村民的文化娱乐活动开展提供了充足的时间。

2. 农民收入水平的增加，为农民从事休闲体育消费提升了经费保障。“十一五”以来，随着中央惠农政策的实施和农业生产水平的提升，我国农村居民的收入水平有了很大程度的提高。2010年农村居民人均纯收入5919元，剔除价格因素，比上年实际增长10.9%；农村居民家庭食品消费支出占消费总支出的比重为41.1%，生活水平的提升使农民的消费结构得到了改善，其消费支出方向开始逐步实现从基础建设领域（住房建设）转向生活消费领域，文化娱乐性消费支出在农民生活消费支出中的比重也在不断上升，农村居民的生活质量有了显著改善。

3. 休闲体育设施的逐步完善为休闲体育产业的发展提供了设施保障。在农业生产率低下的情况下，农民解决人口增长所带来的粮食消费需要增长难题的办法是扩大土地的耕种量，因此很难为休闲体育发展提供场所及设施。随着农业生产水平的提升，单位土地的产出量在不断增加，农民保障粮食消费需要的方法不再是增加耕种面积，而是通过改善农业生产技术以提高单位产量，这就为适量的土地转向其他用途提供了条件。当前，不少行政村开始在农村建设规划中专为休闲体育的发展提供土地预留；政府所提供的健身器材在农村的安家落户更是助推了农村休闲体育文化产业的发展。

(二) 农村休闲体育产业发展的社会心理基础

休闲体育产业的发展不仅需要物质基础，还需要农民消费观念的转变，即农民要重视休闲体育的发展并愿意将休闲体育消费列入家庭支出项目。在生产力发展带来的生活水平提升的影响下，特别是城乡信息交流的影响下，我国农民的消费观念也发生了明显的变化，从而为农村休闲体育产业的发展提供了社会心理基础。

1. 农民对生活质量的追求为农村休闲体育的发展提供了内在心理基础。农民生活水平的提升，改变了农民的消费格局，也改变了农民的消费观念，当前农民消费观念的改变主要体现在对生活质量的高度关注上。

从消费变化的规律来看，人们消费变化必须要经历从量的关注到质的关注的变化过程，在温饱没有解决的情况下，人们的消费必然关注的是量的满足，即解决温饱的问题。但在温饱问题解决以后，人们对消费的关注就会从量的关注转向质的关注上，这一点可以从当前我国居民对消费质量的投诉案件上得到说明。居民投诉和挑剔消费品的质量，一方面说明消费市场开始转入消费者主导，消费者在市场竞争中得到了更多的话语权；另一方面表明消费者开始重视生活的质量，开始重视消费品质量对自身生活的影响。这种心理的变化正是休闲文化产业发展的社会心理基础。人们在追求生活质量改善的过程中，发现身体健康状况对生活质量的改善有着决定性的影响，包括农村居民在内的广大消费者近年来开始高度关注自身的健康，这也从一个层面上导致了保健食品和健身服务的畅销。而也正是在对身体健康的关注和努力改善自身健康的过程中，人们发现保证身体健康的最佳方式就是健身活动。正是这种观念的转变，为农村休闲体育产业的发展提供了观念保障。农村调研也证实了这一点，农民越来越多地从家中走出来，远离牌桌，倡导和享受新生活；即使在一些偏远农村地区，农民都开始自发地组织秧歌队、腰鼓队、篮球队等群众体育组织，并自发地开展交流、比赛，既锻炼了农民的身体，也丰富了农民的文化生活。

2. 城市生活的示范效应成为推动农村休闲体育产业发展的外在社会心理基础。我国当前有1.3亿多农民工，农民进城务工的收益向农村的转移为农村社会经济发展提供了资本支持，使农村地区的面貌发生了巨大的变化；大量农民工在城乡之间的流动也改变了农民的消费观念。一方面是农民工在城市生活期间逐步习惯和接受了城市生活方式，特别是城市居民的休闲生活方式；另一方面，城市生活方式随着农民工定期或不定期地向农村回流而向农村地区扩展开来。

农民工在城乡之间的流动不是推动城市生活方式向农村地区扩张的唯一原因，电视、网络等现代传媒工具在农村的扩张也成为城市生活方式向农村扩张并影响农民休闲娱乐方式的重要途径。随着电视的普及和反映城市生活的影视作品的播放，农民在欣赏影视作品的故事情节时，也受到了影视作品所展示的生活方式的影响，开始效仿其中的生活方式。观念的变化，使原本一些不为农民所接受的休闲体育活动，如交谊舞等开始在农村地区普及，部分农民开始自发购置相关器材和开辟活动场地，自发地组织相关活动，使休闲体育活动在农村地区自发地开展起来。这不仅为休闲体育产业的发展提供了社会心理基础，也为休闲体育产业在农村的发展提供了组织基础和群众基础。

（三）农村休闲体育产业发展的政策基础

生产力的发展和居民消费观念的变化为休闲体育产业在农村的发展提供物质基础和社会心理基础，并使农村居民的休闲文化消费日益成为农民消费需求中的显性消费需求。农民需求的变化也引起了政府的高度重视，并制定了相关政策来推动农村休闲体育产业的发展，为农村休闲体育产业的发展提供了政策基础。

1. 国家对农村休闲体育产业的重视为农村休闲体育产业的发展提供了政策环境和发展标准。2006年中共中央、国务院出台了《关于推进社会主义新农村建设的若干意见》的中央一号文件，在文件中，中央强调要“推动实施农民体育健身工程”。为贯彻落实中央这一精神，国家体育总局制定了《关于实施农民体育健身工程的意见》，指出实施农民体育健身工程的重要意义、实施农民体育健身工程的指导思想和目标任务、农村公共体育场地设施建设的项目、建设要求、实施对象、投资原则和方式。国家层面上的政策制定使农民体育健身活动成为一项国家战略，作为体育健身活动重要组成部分的休闲体育必然将成为农村体育健身工程的重点项目。特别是国家为农村体育健身工程所制定的建设标准更是为农村休闲体育的发展提供了具体的政策导向，使农村休闲体育产业在政策的指引下实施科学发展，可以有效地将落实国家政策与满足农民的体育消费需求结合起来。

2. 国家对农村体育的投入及提供的相关融资政策，为农村休闲体育产业发展提供了人力支持。资金不足一直是制约体育事业和体育产业发展的重要因素，随着国家经济实力的增强，国家对新农村建设的资金投入也在不断增加，制约农村休闲文化产业发展的资金瓶颈正逐步得到缓解。国家体育总局在《关于实施农民体育健身工程的意见》中就如何解决农村体育建设工程中的资金问题时指出：农村公共体育场地设施建设以中央和地方各级政府共同投入为主，社会集资为辅，体育彩票公益金主要在器材配置上予以支持。实施对象在不摊派，不增加农民负担的前提下自筹经费作为补充，引导农民自愿投工投劳。形成合理、稳定和有效的资金投入机制，做到投资渠道多元化。农村建设的实践证明，政府与社会合力推动农村建设的模式已经成为当前我国新农村建设取得重大成就的成功经验，农村休闲体育的发展要抓住国家政策提供的条件，在充分利用国家政府投入资金的基础上，加大社会资本的融资力度，为农村休闲体育产业的发展积累充足的资金，为农村休闲体育产业的发展提供大力保障。

3. 国家对文化产业发展的重视为休闲体育产业发展提供了产业结构支撑。2009年，国家出台了《文化产业振兴规划》，将文化产业作为国家重点扶植的产业，我国不少地方政府更是将文化产业作为支柱产业加以发展。国家和地方政府对文化产业发展的高度重视，为农村休闲体育文化产业的发展提供了产业政策基础。在国家制定的《文化及相关产业分类目录》中，将“休闲健身娱乐活动”列为国家经济的一个行业（行业代码9230），从而确立了休闲体育产业在国民经济结构中的地位，为其融入到国民经济建设中提供了产业政策保障，这也是农村休闲体育产业发展的产业政策保障。

综合当前我国农村社会经济发展的整体情况以及国家政策的调整，我们发现休闲体育产业面临着良好的发展机遇，当前我们必须抓住这种良好的发展机遇，将农村休闲体育产业发展起来，有效地满足农民的消费需求，使其成为社会主义新农村建设的重要支柱力量，成为推动农村社会经济发展的重要力量。

六、农村休闲体育的开展现状

（一）农民的休闲健身意识不强

闲暇时间缺乏科学的健身安排。农民工作的特点是作息时间有很大的弹性。闲暇时间主要集中在秋收秋种以后及几个节庆日期间。闲暇时间，农民基本上无所事事，处于“闲呆”状态。农民从事体育健身活动的并不多，在清明、中秋、春节等闲暇节日里，农民也是以祭奠、走亲访友、宴请吃饭为主要内容，充分利用节庆日开展体育休闲活动的村庄并不多。农民缺乏体育健身知识，对健身锻炼的“防病祛病”作用认识不足。农民身体不舒服，首先想到吃药打针，而不会用积极的身体锻炼，增强对疾病的抵抗能力。部分农村居民对健康的理解还停留在“无病即健康”的认识上，大多数农民认为他们经常下地干活，没必要再进行体育锻炼了。这种把体力劳动等同于体育健身的大有人在，严重影响了农村健身运动的开展。

（二）农民休闲健身的参与程度低

据调查，农民只占我国体育人口的8.4%，在各类职业中农民体育人口所占的比例最低，开展全民健身运动的薄弱点在农村，提高农民的体育人口比例，尤为紧迫。调查还显示，全民健身计划实施十多年来，我国农村人口中只有5.82%了解全民健身计划纲要。另据湖南农民健身娱乐活动一项抽样调查发现，在2002～2004年，30个乡镇中每年组织举办体育活动的仅占6.66%，三年中从没举办过活动的占53.33%。这表明半数以上的乡镇对居民体育健身活动关注不够。乡镇居民体育活动处于可有可无的地步，而休闲体育的开展更是无人问津。

(三) 农村休闲体育的场馆少、投入低

现阶段我国农村人均场地和农村体育资金的投入都还处于较低水平。我国现有60余万个各类体育场馆，而占国土面积83.5%并拥有61%左右人口的广大农村只占20.2%的体育场馆资源（《中国社会体育调查报告》）。这些场馆大多集中在农村中小学校中，农民参与体育娱乐活动的方便性、实用性大打折扣。农民进行休闲活动主要是在自家庭院、公路、街道、田间地头。2005年我国政府对竞技体育的投入为4.8亿，而群众体育的投入为2.7亿。在2.7亿元的投入中，城市群众体育又占去大部分，相对于人口、面积占绝大多数的农村来说，资金的投入还远远达不到人民群众对文化体育生活的追求。

(四) 农民的休闲方式缺少多样性

目前农民的休闲体育设施基础较差，娱乐活动项目少，内容比较单一。以广东省湛江地区为例，对15个村庄450位受访者进行休闲娱乐活动调查，结果显示，成年人在休闲时间里主要活动是：下棋玩牌36.88%，看电视38%，闲聊17.33%，体育健身的1.11%，旅游0.44%，种花0.44%，钓鱼0.22%，看书报2.44%，还有3.11%的群众参加耶稣会等宗教团体。这表明目前农村居民，主要以打扑克、看电视、闲聊拉家常等活动度过余暇时光。极个别村落中还出现了迷信、赌博等不健康的休闲活动。而益于身心健康的休闲体育活动尚未进入农村居民的家庭生活，体育健身娱乐活动非常少。

(五) 农民休闲体育消费水平低

消费水平与经济状况、消费意识有密切的关系。保守、滞后的消费观念，一直是中国人进行消费的最基本特点。这种消费观念，也制约了我国休闲体育经济的发展。农村居民更是不愿把钱花在休闲体育方面，农民除了盖房、子女教育、人情消费及生活必需的开支之外，剩余的钱几乎全部存进了银行。这种现象大大影响了农村居民的体育消费水平。农民购买的体育用品也只有运动鞋、运动衣等运动、劳动双用途产品，而其他的体育器材农民很少购买。“花钱买健康”的消费理念的形成在农村还是一个长期的过程。

七、农村开展休闲体育的对策与建议

(一) 加强舆论宣传，树立正确的休闲健康观

“要想奔小康，身体要健康”。只有健康的体魄，才能创造更多的财富，促进物质文明建设。目前农村医疗保障还不健全，农村居民因病致贫、因病返贫的现象比较普遍。现实中，青壮年对自己的身体健康状况不甚关注，缺乏身体锻炼，

这对日后身体的健康不利。研究表明，社会体育消费增加，医疗卫生消费就会减少，这说明体育具有预防疾病，降低发病率的功能。因此，需要大力宣传体育健身的益处，引导农民积极锻炼，让休闲体育活动起到防病祛病的作用。合理安排闲暇时间。农民可以根据自身劳动的特点，合理安排休闲锻炼时间，采取灵活多样的锻炼方式。晨练以提高精神状态为主，晚练以放松消除疲劳为主，有条件的农村可以定时组织青年操和老年操。节假日和农闲时节，应大力开展体育健身活动，做到“农闲时放手锻炼，农忙时也不间断”，树立“美好生活从健康开始”的意识。

（二）以积极健康的活动占领农村休闲文化市场

休闲体育作为一种高尚的文化现象，对培养健康全面的人有着独特的作用。它能够改善人们的生活方式，丰富农村的精神文化生活。在闲暇时间，可以举办丰富多彩符合当地农村特点的体育活动，如武术、气功、赛龙舟等。还可以组织围棋、象棋等益智类活动，加上群众喜闻乐见的扭秧歌、踩高跷、跳绳等，既锻炼了身体，又丰富了农民的余暇生活，符合构建和谐社会、建设新农村的要求。在改变农民靠闲聊、饮酒打发余暇的同时，也杜绝了酗酒、赌博、迷信等不健康东西的出现。实践证明，“多一个球场，就少一个赌场”，凡是体育文化活动开展好的村都是各类刑事案件的低发村，黄、赌、毒、迷信、法轮功等不良现象就不会乘虚而入，这样的村镇都被评为了文明村镇，县被评为体育文化先进县。体育锻炼使广大农民的精神面貌也发生了变化，积极向上、公平竞争、和睦相处的新一代农民正在成长。可见，在农村广泛开展体育活动，对于提高农民的身体素质，形成良好的社会风气，引导农民形成健康、科学、文明的生活方式都具有十分重要的意义。

（三）以休闲体育为特色，引导农村发展致富

制约农村开展体育活动的瓶颈主要是经济问题。休闲体育运动也可以带动农村经济的发展，各地可根据实际情况，开发与农村体育有关的项目。目前各地开展较好的乡村一日游，吸引了大量的城市游客，带动了当地经济的发展，也增加了农民的收入。例如在广东湛江徐闻县，当地的农民依靠徐闻县水下自然资源，组织水下观赏珊瑚礁活动，吸引了大量的游客前来观光。当地农民利用这样的机会，大力发展餐饮业、住宿业。同时游客会买下亲手采摘的菠萝、香蕉等农产品，既下海赏景，又领略收获的喜悦。当地农民可以足不出户卖掉自家的水果，经济效益也大大提高了。还有各地推出的农村生态游、探险刺激游、民族体育游，在水资源丰富的地区开展的各种水上项目，都可以吸引大量的城市游客，增加当地农民的收入，促进当地经济的发展。

（四）增加农村体育设施和投入，促进农村体育发展

农村体育投入不足，降低了体育的影响力和农民参与体育的积极性，根据

《农村体育工作暂行条例》，农村体育事业经费和体育基本建设资金应当列入县级财政预算和基本建设投资计划，并随着经济发展，逐步增加对体育事业的投入。鉴于目前农村薄弱的体育现状，政府应重视体育在建设社会主义新农村中的作用，加大体育的投入。乡镇配备体育专职人员，积极培训农村体育骨干，合理规划农村体育场地。鼓励社会团体和个人以投资、赞助等形式支持发展体育事业，将体育彩票公益金按一定比例投入到农村体育事业当中，形成以政府投入为主，个人和社会捐助办体育的方式，力争达到国家体育总局提出的“一村一块体育场地，一块篮球场”的目标，让亿万农民享受全民健身的实惠。

（五）以乡镇文体站为中心，组织开展农村体育工作

为了加快农村文化、体育工作的协调发展，乡镇文化工作站可更名为文化体育工作站，使体育工作的网络从县级延伸到乡村，从而解决长期以来农村体育在乡镇一级没有组织机构的状况，真正做到体育工作有组织、人员和经费保障。另外，农民体协应在各级政府和社会支持下，开展经常性活动，培训体育骨干，使农民享受到基本的体育服务。现在村村有大学生，可以利用大学生推动农村体育工作的开展。大学生积极活跃，对体育活动很感兴趣。他们的体育文化知识丰富，对本村有很大的感召力。假期，特别是寒假恰好又是农民的休闲时期，几个村的大学生联起手来，利用好这段时间举办农民运动会，既培养了农村体育骨干，锻炼了身体，又大大增加了节日的祥和快乐气氛，丰富了农民的余暇生活。

（六）开展休闲体育与社会主义新农村建设结合

中共中央国务院在《中央关于推进社会主义新农村建设的若干意见》中明确地提出了推动实施农民体育健身工程。实施农民体育健身工程是全面建设社会主义新农村的题中之意，而开展广泛、深入的体育休闲活动则是这一理念的贯彻和体现。休闲体育活动以其科学健康的形式如体育健身、竞赛表演等为媒介和载体提供内容，将有效地提高农村的民族凝聚力和新农村建设的向心力，对社会主义新农村建设和全民团结奋斗的共同思想基础，无疑有着很大的推动作用。因此，注重农村开展休闲体育运动与社会主义新农村建设相结合，应成为我国农村体育发展的趋势。

1. 社会主义新农村不仅促使农民收入的增加和生活水平的提高，而且促使农民形成积极的生活态度和健康的生活方式，而体育休闲健身是必不可少的内容。在农村休闲体育发展中，应贴近农村、贴近农民、贴近生活，通过经常化、生活化的并符合农民实际需求的体育休闲，吸引广大农民广泛地参与体育健身，增强体质、抵御疾病，以健康的体魄投入到社会主义新农村建设中去。

2. 休闲体育还是农村精神文明建设的重要阵地和载体，新农村的含义内在地

包含了提升农村的文明程度和农民的文明素养，弘扬社会主义精神文明的道德观、价值观。为此，应以丰富多彩的体育文化活动，繁荣社会主义文化，大力弘扬社会主义荣辱观、道德观，通过健康、积极的体育休闲活动营造、扶持健康文化，抵制腐朽落后的文化，以形成新农村建设进程中的共同努力目标和价值认同。

3. 充分发挥民族传统体育在农村休闲体育发展中的价值。休闲娱乐性是中国传统民间体育的主导价值取向。古代，民间体育的休闲娱乐性最主要体现在两个方面：一是其游戏竞技性，二是它与民俗体育娱乐活动的有机结合。在新的历史条件下，面对农民日益增长的休闲娱乐的心理需求，应认真反思我国传统的民间体育文化并予以发扬光大，服务于人民群众，形成多元一体的具有民族性和中国特色的民族休闲文化，这也是对中国民间体育现代发展的文化自觉。

4. 注重农村休闲体育的民族节令等特色。节日的庆祝活动是我国农村地区传统闲暇内在、核心的根源和重要的表现形式之一。它给人们提供了一个良好的集中消遣娱乐的机会和空间。自古以来我国民间体育活动就与各种民俗节日娱乐活动有机地融合在一起，如元宵节观灯、踏歌、舞龙舞狮，端午节竞渡，重阳节登高，蒙古那达慕大会，侗族花炮节的抢花炮，傣族泼水节的龙船比赛，黎族三月三的跳竹竿、荡秋千等不一而足，异彩纷呈。充分认识和利用农村民族节令开展丰富多彩的体育活动，可以使农村休闲体育与风俗传统有机结合起来，这对于现代社会发展背景下我国民族传统体育文化的传承也有着积极的意义。

第二节　陕西农村休闲体育发展

党的十六届五中全会明确提出："建设社会主义新农村是我国现代化进程中的重大历史任务。"以科学发展观统领经济社会发展全局，推进新农村建设，既要统筹规划，协调推进农村经济建设，解决农村生产方式的转变，提高农民物质生活水平，同时也要在农村建立现代文明、科学健康的生活方式，满足农民群众日益增长的精神文化生活需求。体育文化建设是新农村建设的重要内容之一，发展农村体育事业，广泛开展农村体育活动，有利于增强广大农民体质，丰富农民文化生活，培养农民竞争、顽强拼搏的意识和相互协作的集体主义精神，对于进一步加强农村精神文明建设，构建社会主义和谐新农村具有十分深远的意义。

一、陕西省农村休闲体育现状

温家宝在2010年政府工作报告中强调坚持走中国特色城镇化道路，促进大中小城市和小城镇协调发展，着力提高城镇综合承载能力，发挥城市对农村的辐射带动作用，促进城镇化和新农村建设良性互动。以陕西省西安市为例，《关中——天水经济区发展规划》发展目标中提出：实现西（安）咸（阳）经济一体化，形成国际现代化大都市，城镇群集聚发展，城乡统筹取得突破，城镇化率达到60%。西安—咸阳构成了新欧亚大陆桥陇海兰新经济带的复合经济中心，具有承东启西的区位优势，是西部地区极具发展潜力的城市，更是“一线两带”上的核心城市。实施西咸一体化是把西安建设成为国家化大都市的重要举措，是陕西省实施“一线两带”战略，带动全省经济跨越式发展的关键。目前西安市有102个乡镇，3159个行政村；咸阳有216个乡镇，3843个行政村。截止到2010年两市共建设“农民体育健身工程”近1000个，占农村总数的六分之一；乡镇体育活动中心要达到总数的60%，农村社会体育指导员1000名左右。咸阳市到2010年共建设450个农村体育健身工程。近年各级政府及体育部门切实加强了对农村体育的规划和指导，积极实施“三个延伸”到村，即体育组织体系延伸到村，体育扶持指导延伸到村，体育宣传与服务延伸到村，协助和督促乡村两级抓好落实。积极开展“体育三下乡”活动，为两市农村体育发展提供了新的平台。

2008年，陕西省农村全面建设小康社会实现程度达到38.8%，农村居民恩格尔系数37.5%，进入了农村全面建设小康社会的中期阶段。经济水平稳步提高，农村居民生活水平质量逐步提升。其对于休闲的需求和渴望自身体验已经成为农村村民提升生活品质的标志之一。随着近年来国家利用体育彩票公益金投资农村健身市场，村民身旁一批休闲健身设施的建立和村民休闲理念的提升，休闲体育已经成为村民平常休闲活动的重要方式。休闲体育是指适用于个人、社会的，使人身体健康、情绪和心理状态良好的文化性活动。依托关中城镇群建设，西安市要建成高陵、周至、户县、蓝田县城四大中心城镇，建设50个以建制镇和街道办事处为主的小城镇。咸阳市将围绕中心城市，发展三原、乾县、礼泉、泾阳和彬县5个重点县城，辐射带动50个重点镇。所以，在新的历史机遇下，城镇经济飞速发展，也为农村居民发展休闲体育带来了前所未有的机遇。研究农村休闲体育的发展状况，对于今后加快城乡体育协调发展，发展陕西省体育事业具有重大的战略意义和现实意义。

二、“西咸一体化”农村休闲体育发展的问题

（一）县域经济发展的不均衡，造成了农村休闲体育区域间的差异

近年来，随着西部大开发号角吹响，西咸一体化战略稳步实施，陕西省县域经济取得了重大的成就，县域GDP占到了全省的一半多。但有资料显示，除“十强县”和第二梯度部分发展较快的县域外，绝大多数县区仍属于经济小县、工业弱县、财政穷县，在总体上表现为县域经济素质不高，产业层次较低，工业化程

度偏低，需求水平不大，城乡发展差距仍在继续扩大。农民收入低，县域经济欠发达，是我省经济发展的“软肋”。这种县域经济的差异，造成了县域城镇在投资公共体育事业上出现了不均衡，为农村居民参与休闲体育造成了障碍。

（二）农村休闲体育场馆贫乏，人均面积匮乏

县城是一个县农村体育发展的排头兵和展示场，那么县级健身场馆是农民参与健身活动的主要场所，同时也是一个县域健身的亮点工程和形象工程。从西安市13个区县公众体育场馆现状来看，城六区和长安区7个体育部门没有一处体育场馆，目前远郊的6个区（县）所属的15个场馆均建于20世纪70年代，条件简陋，设施落后。2008年《西安晚报》记者对西安市周边的几个县全民健身场地状况进行了调查，调查结果不尽如人意。只有户县体育活动中心以体育场为主体，配套了灯光球场、训练馆、游泳池，满足国家规定的“两场、一池、一馆”的“四大件”标准。标准田径场可容纳1万人现场观看；灯光球场则可容纳3000名观众；$1200m^2$的室内训练馆设有羽毛球、跆拳道、乒乓球训练场地；露天游泳池是游泳爱好者的乐园。而周至县的体育场体育设施陈旧，场地荒草丛生。蓝田县体育运动中心目前只有一处面积千余平方米的灯光篮球场，田径场还是与学校合用一块300平方米的非标准场地，室内训练馆和游泳池更无从谈起。

截止到2008年，西安市拥有体育场（馆、所）4830个，面积1664.37万平方米，人均占有体育场地面积1.8平方米。高于2004年第五次体育场地普查工作中的全国人均1.04平方米，低于北京市的人均体育场地面积2.2平方米，与日本的人均场地面积19平方米更是相差甚远。而且这些场地主要集中于城镇，农村体育场馆人均面积更是少得可怜。

（三）农村休闲体育的人力资源开发程度缓慢

自1994年《社会体育指导员技术等级制度》实施以来，我国先后培训了60余万名社会体育指导员，作为我国实施公共体育服务的基本骨干队伍，在传授科学健身技能和组织广大群众健身方面发挥着重要作用。社会体育指导员是“全民健身的宣传者、科学健身的指导者、群众活动的组织者、体育场地的维护者、健康生活方式的引领者”。健全各级组织社会体育指导员体系并有效发挥其作用是事关全民健身事业发展的保障。截止到2009年，西安市拥有社会体育指导员6200名，其中农村社会体育指导员不及六分之一。广东省是我国经济强省，同时也是体育大省，在近三届农运会中均排名前三位。全省1584个乡镇，拥有各类体育组织1500个，全省镇、村一级已有社会体育指导员近2万名。这些指导员通过传、帮、带，积极引导农民广泛参与体育健身活动，使各镇村能独立开展各项体育活动。而陕西省社会体育指导员仅有18000名。体育人力资源的开发刻不容缓。

(四) 整体消费能力较弱，农村体育市场需大力培育

体育产业化、市场化是中国体育发展的必然方向。体育市场的成熟与发展不仅能带来巨大的经济效益，还能够创造良好的社会效益。随着经济的发展，全民健身计划的实施，经过几年的实践，陕西农村休闲体育取得了长足的发展，但是与城市相比，发展仍很滞后。如城市体育市场已形成了社会投资兴办与公共体育设施互为补充的多元化格局。而从农村体育市场来看，规模有限、分散，项目单一，档次比较低。再者，农村居民受文化素质、观念、经济等因素的影响，难以形成大的消费人群。据资料显示：城市人中的74%以上都有体育休闲消费，而全省农村有68%以上的人从未有过体育休闲消费，人均年消费额不足10元。

(五) 农村休闲体育组织不健全，没有形成统一的组织网络体系

对于发展农村休闲体育来说，农村体育的基层组织至关重要，它是实施体育各项工程，带动农民积极参与休闲体育的发动机。目前，只有极少部分地区形成了县（文化体育局）—镇—村三级体育网络体系。体育组织发展不够完善，很多组织处于自发状态。人口覆盖率较低。

(六) 农村居民对休闲体育健身的认识不足，思想观念滞后

对于全民健身计划纲要的了解程度，有8.9%的人知道并了解；34.2%的人知道但不了解内容；26.6%的人听说过；30.3%的人没有听说过。而对于休闲体育的了解，就更是贫乏了，只有7.5%的人了解休闲体育的一些内容，21.3%的人仅仅听说过，78.2%的人从来没有听说过。从1995年实施纲要到现在已经18年了，但是农村地区的普及宣传还需要进一步加大力度。

(七) 农民平常的休闲体育活动的方式单一

农民平常的休闲时间主要以看电视和家务劳动为主，分别占调查总数的56.7%和55.6%。其次是打牌，占34.4%。参与休闲体育活动的占27.5%，排在第五位。影响农民参与休闲体育的因素主要有：没有时间（55.1%）、体育活动设施太少（54.9%）、没有指导者（31.5%）、家庭负担大（31%）。

三、“西咸一体化”背景下农村休闲体育发展对策

目前国家实行积极的扩张性财政政策和适度宽松的货币政策，扩大内需以促进经济平稳较快增长。这些无疑对县域工业化发展提供了很大的推力，也为加快县域城镇化建设创造了极为有利的条件。如今陕西的高速公路已经形成了“米”字形网络，交通状况趋于发达，加上人才、信息、发展思路等等条件，都为陕西加快县域工业化发展奠定了良好条件。随着县域经济的加强，农民生活水平的进一步提高，人们对于休闲的需要将会进一步提高，参与休闲健身活动的人群将会增多。

（一）积极开展“体育三下乡”活动，提高农民的休闲体育意识，培养农民休闲体育的消费观念

继续利用省市体育局的农村体育大拜年活动并且体育下乡活动，使农村群众健身设施条件得到逐步改善。以村级公共体育场地建设为重点，逐步把体育服务体系延伸到农村。拓展农村体育市场，提高农民的休闲体育意识，培育农民休闲体育的消费观念。

（二）加强政府引导，建立健全农村体育组织网络体系

以县为领导机构，由县里一把手主抓全民健身活动并且组织比赛，以乡镇为组织单位，以行政村为实施单位，组织村民进行集体休闲体育活动，并建立常规活动制度，将其作为乡镇考核的主要指标。加强农村体育组织和骨干队伍建设，初步形成围绕着农民权益、以满足农村居民体育活动需要为目的的层次多样、门类齐全的体育组织体系。建立健全的以村为基础，以乡镇为重点，面向基层，服务农民的农村群众体育组织体系，充分发挥各级各类体育组织的作用，对于加快农村体育的发展并实现经常化和制度化至关重要。所以要不断提高农村体育组织化水平，逐步完善农村体育组织网络，形成省、市、县（区）、乡（镇）、村五级农村体育组织网络。创建不同形式、不同层次的乡镇文化体育站建设，加强农村体育设施的建设和维护，努力提高使用效率。在构建农村体育发展事业上，要协调好城市郊区—城乡结合部—县域城镇—行政村之间的发展农村休闲体育的不同，在休闲体育项目的选择上、休闲体育设施的选择上、在体育设施的安装选址上等要有所不同。

（三）挖掘和创新民族民间传统休闲体育内容体系，丰富农村体育的内涵，建设富有“地域特色”的农村体育内容体系，创办农村体育知名赛事品牌

由政府出面号召，争取社会力量资助，以乡为单位，举办全乡农运会。加强乡镇、行政村之间的体育交流，创建“一村一品牌”活动。平时利用传统节日和农闲时节，广泛开展与农村生产生活相结合，与农村文化生活相适应的，独具特色、小型多样、形式多样、喜闻乐见的体育健身和竞赛活动，如拔河、蹴鞠、荡秋千、锣鼓、秧歌、跳绳、重阳登高及陕西民间传统拳种洪拳、太极拳、六合拳等活动，充分发挥乡村集市在农村文化生活中的引导和传播作用。突出游艺性、民俗性、休闲性，逐步形成农村体育工作的长效机制。培育和发展一批区域特色鲜明、群众基础较好、在全国具有较大影响力的农村体育品牌赛事。如陕西省农村居民自发组织的万人千村农民篮球联赛、西安市业余足球联赛、由西安和咸阳两市农民所组织的千人锣鼓队等等。政府部门应对这些活动加大重视与扶持力度，并在一定范围推广，努力推进农村体育运动项目发展的制度化、规范化、社会化。

同时，建立健全农村体育预防机制，政府出台相关政策、制度，对各站点、俱乐部实行网络化管理，加强管理力度，处理好各种大型活动中容易出现的伤害事故。

(四) 整合农村学校体育资源，促进学校体育与农村休闲体育的互动

抓好农村现有体育设施的开发利用。在充分调查研究的基础上，支持农村中小学现有的体育场地设施向农民群众开放，探索和建立农村学校体育场地向社会开放的长效机制，不断提高农村学校体育场地的利用率。在满足学校正常教学和保证学校正常教学秩序的前提下，有组织、可持续地开展农村学校体育场地向社会开放，改善周围农民群众的健身条件，利用学校体育教师的资源优势，组织农民进行体育比赛或指导其进行休闲体育活动。同时，加强农村学校阳光体育工程的实施，培养农村中小学生的体育兴趣，并通过学生对农村家庭产生影响力，从而创造一种全新的农村学校—农村家庭体育互动的新模式。以学校体育带动农村体育事业的发展，以农村体育的开展促进学校体育的发展。

(五) 加大农村体育指导员的培训力度，建立健全社会体育指导员队伍的组织建设和制度建设

大力推动农村体育各类组织和活动站点建设，积极培养和建立以社会体育指导员为主体的农村体育骨干队伍。主管部门应根据农村居民的特点和各个区域传统体育文化的实际，合理培训体育指导员，以适应当地农民健身的需要。建立各级社会体育指导员协会，健全和完善社会体育指导员的考评管理和激励机制，充分发挥其在组织群众体育活动、传播科学健身知识、开展体育服务等方面的积极作用。政府主管部门应定期对长期工作在农村体育第一线，深刻理解农民健身需求的体育指导员进行培训，推动农村体育休闲事业的蓬勃发展。

(六) 大力建设县域体育场馆，促进县域体育的发展

随着西咸一体化的稳步实施，县域和中小城镇的经济会更快更好地发展，在提高农村居民生活水平的同时，要努力建设这些地区的公共体育设施，为农民健身创造良好的氛围。十三届全运会在陕西召开，也同时为县域体育场馆设施带来了机遇，各个县要抓住机遇，争取资金来源，建设一批现代化的、能承办大型体育会展的体育场馆，来发展县域休闲体育经济。同时上级主管部门也应在总体规划上对县域场馆建设有所倾斜。政府继续加大乡镇农民体育健身工程和行政村体育健身工程的力度，力争十二五期间，完成全部中心城镇和行政村的工程建设，建设农民身边的体育场地设施。

将农村体育公益性和效益型相结合，推动农村休闲体育产业发展。首先要加大政府和各社会力量的资金投入，完善乡镇休闲体育广场、健身路径和农村体育健身工程；同时充分利用农村休闲体育资源的禀赋，大力发展农村休闲体育产业。

农村体育改革与发展要遵照市场经济的运行法则，体现效益型和高产出，向社会化和产业化发展。要充分调动县、乡镇、村的积极性，统一规划，具体安排，加强协调。建立健全休闲体育效益分配的奖励机制，不断提高农村体育的社会效益和经济效益。近几年来，陕西秦岭北麓利用户外休闲体育资源的资源优势，已经形成了翠华山万人登山、太白山登山等在省内具有较深影响力的群众体育品牌。西安和咸阳成立了户外农民登山协会，有组织地开展户外休闲体育活动。

（七）重点抓好试点县和体育示范村建设

建设社会主义新农村体育是重大而长期的历史任务，必须坚持科学规划、因地制宜、分类指导，有步骤有计划地逐步推进。尤其是西咸一体化后成立的沣渭新区和泾渭新区所涉及的乡镇和村落，中心乡镇应以建设休闲体育广场为主，并配备篮球场地和全民健身路径，并加强晨晚点农民健身的管理和组织力度。行政村应根据村落状况，有选择地加大村民休闲体育的兴趣范围，拓展体育项目。在健身路径的选择上，应根据农民的身体条件和爱好来安装一些简单实用的器械。

（八）以科学发展观为指导，保护和合理开发休闲体育资源，发展农村休闲体育产业

2007 年《西安市建设社会主义新农村行动纲要》（试行），提出农村发展总体目标是：通过 10 至 15 年努力，使全市农村基本达到“经济社会繁荣，群众生活安康，村容村貌整洁，乡风民风文明，公共服务配套，村务管理民主，人与自然和谐”的目标，实现农业发展、农民富裕和农村繁荣。在引导农村居民进行户外休闲体育的同时，一定要大力保护休闲体育资源，提高农民对于生态环境的保护意识，实现人与自然和谐、相互协调的关系，同时大力发展休闲体育产业，尤其是秦岭北麓的相关乡镇、农村，开发休闲体育资源，进行漂流、溯溪、探险、攀岩、水上体育运动以及狩猎等活动，使其成为小城镇发展的重要支撑经济之一，实现农民体育休闲、经济效益双赢的局面。

关注农村体育的发展，继续加大实施农民体育健身工程的实施力度，是休闲体育事业发展的重要组成部分。在“西咸一体化”进程中，应紧紧抓住关中城市群建设的历史机遇，把西安建设成为国际化的现代化都市，成为辐射关中、陕南和陕北的中心。以陕西秦岭北麓环山公路，西宝、西铜、西汉和西康高速公路，陇海线沿线，渭河、汉江沿岸，加速城镇化进程，根据农村中心城镇、边缘城镇、行政村和自然村的自身条件，实施不同的农村体育发展策略。改善农村体育设施条件，广泛开展农民体育活动，构建新型农村体育发展的新管理体制和运行模式。与时俱进，开拓创新，大胆探索，勇于实践，努力打造农村群众体育赛事知名品牌，把农村休闲体育建设推上一个新的台阶。

第七章　陕西休闲体育之全民健身建设

第一节　全民健身服务体系理论分析

一、全民健身服务体系概念的演化

全民健身服务体系建设和全民健身体系的发展密切相关，从全民健身体系到全民健身服务体系的演变，中间经历了一系列漫长的过渡。1995 年，《全民健身计划纲要》中第一次提出“建立社会化、产业化和法律化的全民健身体系”的基本框架。2005 年，国家体育总局颁发的《“十一五”群众体育事业发展规划》又一次强调“基本建立有中国特色的全民健身体系”。但是，截至目前，我国全民健身体系的总体框架缺乏统一的模式，来源于政府的观点和基本框架在学科上没有理论依据，同时结合发达国家和群众体育的发展以及成功经验并进行比较，中国建立的全民健身体系的目标，量化指标和可操作性存在一定的缺陷。

董新光教授在 1996 年提出，全民健身体系是一个能够有效支持广大人民群众积极参与体育健身活动，有力保障国民体质得到普遍增强，主动适应人民日益增长的体育健身需求，与社会主义市场经济体制相配套的结构完整、功能齐备的社会化保障系统，它的建设是中华民族体质建设的一项宏大社会系统，随后他对全民健身体系概念进行了修正，全民健身体系就是一个能使广大人民群众广泛地参与的体育健身活动，国民的体质得到普遍增强的保障系统，也同样是一个能够为广大人民群众提供良好的体育健身环境和条件，满足广大人民群众基本体育健身需求的服务系统。全民健身体系的建立其目的是为了让全社会人民都能参与到体育健身中来，并且该体系应该得到国家法律保障，确保人民享有良好的健身环境和健身条件，不断满足人们对全民健身的需求。之后他又对这个概念进行了修正：全民健身体系就是一个能够不断为全体国民提供体育健身的基本环境与条件，满足全国居民的体育健身的基本需求，使全体的国民健康素质得到明显提高的服务与保障系统。可以很容易地看出，学者对全民健身体系的基本立场在于满足人们的多样化需要。

之后，中国官方和学术圈又提出了“多元化体育服务体系”和“多元体育服务系统”的概念，虽然官方文件中提到过很多次与全民健身体系很相似的概念，但没有太多的内涵解释。一些学者提出，由于社区的居民对于全民健身运动的爱好与趋向具有千差万别的趋势和特点，这必然导致社区体育发展呈现多元化的特点。而且，社区的各个体育机构组织以及志愿者的服务层面变得越来越广泛，多层次的、涵盖面广泛的、包含福利与公共事业的社区性全民健身服务的结构初步形成。

在全民健身服务体系建设中，各大高校在体育设备与场地资源上占有绝对优势，应该发挥出其应有的重要作用。在政府各机关单位的积极配合下，各大高校要鼎力配合全民健身体系的实施与开展，把“以人为本”落到实处，最大限度地为更多不同区域、不同爱好的社会群体提供体育锻炼的机会，使得所有人都具备平等的参加体育锻炼的权利。

综上所述，虽然当前我国全民健身服务体系的概念为社会使用，但是它还没有明确的内涵。从全民健身体系到多元化全民体育服务系统、群众体育服务系统，都是全民健身服务体系概念的不同表现形式。现在，我国建设服务型政府的步伐不断加快，各类产业领域内自身服务体系的构建均成为各产业自身的主要工作内容。而全民健身服务体系则成为体育事业发展的主体，对于该概念而言，要能够正确反映现实情况下大众的要求以及准确反映当前社会主义市场经济与和谐社会构建的现状，并且要能够确切地反映群众体育工作的基本思路。由此可见，全民健身服务体系构建的研究显得十分的必要和迫切。

二、全民健身服务体系概念的内涵

在提到“全民健身服务体系”这一概念之前，需要理清的是“全民健身”、“全民健身服务”以及“体系”这些基本概念的内涵。在这一研究领域中，中国这方面的权威学者与研究专家董新光提出观点认为，在当前情势下，“全民健身”概念的意义已经变为“群众性体育”的意思。追溯其实质的话，则可以表述为“公民在闲暇时间里为了强健身体、愉悦身心、增进交往、促进发展而自愿参加的自主从事的体育活动”。“体系”的概念是指若干个有关联的事物相互联系、相互制约的系统构成的一个有特定功能的有机整体。

在这些研究领域中，有些学者与专家提出公共体育服务是指公共体育组织为了满足公众体育的需要而提供的公共物品或混合物品。我国公共环境下的体育服务一般划分为：公共体育健身方面的服务、公共体育与医疗保健方面的服务、公共体育与休闲娱乐方面的服务等。从这种意义上说，针对全民提供的体育健身与社会服务实际上是指为广大群众提供公共的健身设备与条件环境，以满足不同群众的锻炼需求，进而言之就是为广大群众提供公共环境下的体育健身服务。全民健身服务的常见方式是提供日常的体育训练与培训、丰富多彩的体育与表演项目、切实实用的体育与医疗服务形式，以及体育信息服务、体育场地设施状况、体育法规政策、体育知识宣传和体育科研服务等。具体到细节部分的，如体育运动的恢复服务，或者相关体育设施的租赁服务、相关体育信息的发布与获取等服务。其中，针对全民健身法规政策的解读、全民健身取得的科研成果、全民健身的信息服务、公共体育场馆是面向大众免费提供的公共物品，而像体育俱乐部、健身场馆，以及面向特殊群体的体育服务等是需要支付费用的，因此属于混合物品。

从逻辑学上来理解，任何概念的界定都是建立在一段时间的基础之上的，其本质是能反映一段时间内整个社以及经济发展的动向的。全民健身服务体系是为了提高国民体质与健康水平，为社会提供公共体育服务的各种要素组成的有机统一体，是适应全面小康社会的经济和社会环境而提出来的。全民健身服务体系就是一个能够不断为全体国民提供体育健身的基本环境和条件，满足全体国民体育健身的基本需求，使全体国民健康素质得到明显提高的服务和保障系统。相比于全民健身体系的概念，全民健身服务体系的概念从本质上进一步明确地提出了在开展全民健身事业中的职能与发展的方向，要突出“服务性”的特征是新形势下对全民健身体系概念的更进一步发展。

三、全民健身服务体系的构成要素及功能

根据系统理论的概念，系统的结构决定其功能，一个系统的功能需要结构和体系的具体表达。从全民健身服务体系上来说，就是要满足广大人民群众对健康与锻炼的基本需求，而全民健身服务体系要表达的最基本的思想集中在形成一个服务全民的整体化、系统化的体系，与这一面向全民的健身服务体系密切相关的要素基本上包括：健身活动开展需要的组织机构、健身活动开展所需的场地设施、健身活动开展所需要的健身指导，以及信息咨询相关支持等各种元素，这些元素的中间又穿插政策法规和监督、反馈等环节。由二元论的基本构成要素知识我们知道，现实的运行中，任何元素都具有不同的运动方向，对于由各种元素导致的原因促成的公共健身需求而言，影响这些构成与形成原因的服务功能、动态等因素更是错综复杂的，要理清各种具体影响元素所处的位置与边界几乎是不可能完成的。

公民参与各种体育活动是整个全民健身服务体系的体现与载体，如果没有体育运动，也不能谈论公民的体育健身行为。深化一层来看，如果缺乏了公民健身行为实施与依赖的体育健身场馆与体育健身设施或者相关的信息咨询服务这些载体的存在，全民健身的全民性也就因此丧失。因此全民健身服务系统包括的范围不仅局限于健身活动，还囊括了体育健身场馆或者设置、体育相关信息等。随着我国社会发展水平以及经济社会建设水平的不断提高，全民健身包含的具体含义正在不断深化与延展。在这种大格局下，我们在全民健身服务系统构建的时候要从形式、内

容、方法和手段等诸多方面进行。实际操作中，要逐渐促成以各种运动协会组织相关活动为主导，政府为组织的活动提供支持与辅助的合理系统活动模式。

建立系统、科学、完善的全民健身服务体系，有利于提高人民群众的身体素质，实现各种体育资源的合理配置，加强对群众体育的管理，促进体育事业可持续发展，更好地为社会需求和全民健身需求服务。构建全民健身服务体系的要素可分为以下几个子系统，即：全民健身服务体系的组织管理体系、全民健身服务体系的设施体系、全民健身服务体系的信息系统、全民健身服务体系的指导体系、全民健身服务体系的资金运营体系、全民健身服务体系的政策法规体系、全民健身服务体系的监督与反馈系统等。

（一）全民健身服务体系的组织管理体系

组织管理体系在全民健身服务体系中扮演重要的角色，也是全民健身活动的重要载体，全民健身服务体系的组织体系囊括了由政府职能部门构成的各级体育行政部门，还包括参与此系统构建的与体育事业相关的各级民间体育组织，其中也包括特殊的体育组织等，这些正式组织与非正式组织联合在一起构成了整个全民健身服务的组织体系网络。在这一组织体系之下，政府通过各个体育部门发挥组织领导的职能，社会上各类民间组织、社群团体协会充分发挥其协作精神和补充作用，依托各个体育健身俱乐部会员的人员基础，充分调动社区、社团、俱乐部、企事业单位以及个人兴办体育的积极性，形成以政府部门为主导，其他部门、各类人群、项目协会参与的全民健身服务的多元化管理体制。

（二）全民健身服务体系的设施体系

体育公共场馆设施，机关、企事业单位以及校园的场馆设施、公共健身活动中心和商业健身场地设施都属于设施体系的范畴。这些设施相互补充，从而为广大人民群众建设提供良好的、多元化、多层次、多结构的体育健身设施，形成以体育场馆、社区公共体育场所、健身广场为主，商业健身场所为补充的全民健身整体设施系统。要探索有效措施，寻找新的途径解决全民健身场地缺乏的问题，通过兴建新的体育场馆、开放现有体育场馆、经营各种盈利性的体育场所、利用城市配套的园林设施等，促进各类体育健身设施的充分利用，实现体育场馆和健身设施资源的共享，才能从根本上解决全民健身需求与体育场馆及设施缺乏的矛盾。

（三）全民健身服务体系的信息系统

作为全民健身服务体系的中枢神经系统，全民健身的信息系统也发挥着很大的作用。现代社会是信息时代，信息化的快速发展使得人们在日常生活中对信息的依赖呈现越发严重的趋势，信息的更新速度可谓日新月异，在这样的环境下，加强健康方面信息的维护，以及健身知识、体质监测基础数据的更新、健康方面的在线咨询等服务越来越受到广大人民群众的重视，为广大人民群众在健康方面获取更多的知识与信息，提供方便与快捷的通道显得尤为重要。一套合理、完善的信息系统，可以提高全民健身服务体系的整体功能。这个信息系统必须以与全民健身信息系统相关的信息采集、收集、数据分析、数据发布等基本功能为依托。这就要求各级体育机构与单位在政府相关部门的领导下，全面宣传全民健身的方针、政策，建立符合社会要求的、面向城市社区、农村乡镇的体育宣传体系，加强与广播、电视、网络、报纸等媒体的联系沟通，完善针对广大人民群众体育健身相关的咨询服务，完善全民健身信息资源数据的统计，完善全民健身信息资源的管理，完善全民健身信息服务网络的建设。

（四）全民健身服务体系的指导体系

指导系统的运作依赖全民健身运动的理论研究、科学健身方法的宣传和社会体育指导员的技术指导。在全民体育健身服务体系运行中，应当注重体育指导员队伍的基本建设情况，充分发挥体育指导员队伍在全民健身、科学健身的指导作用。1994 年实施社会体育指导员制度后，社会体育指导员的数量也在逐步增长，但相对于目前全民健身需求的增长还远远不足，应该建立以社会体育指导员以及体育活动爱好者为先导的体育人才队伍，来带动广大人民群众参与到全民健身中来。要充分发挥体育院校和大中小学校体育老师的作用，对社会体育指导员的数量不足进行补充。另外一个方面要注重提升广大社会体育指导员的整体素质，提高他们进行个性化健身指导的业务能力。

（五）全民健身服务体系的资金运营体系

它是整个全民健身体系的命脉与生存主动力。应该充分认识到，当前全民健身服务体系发展的瓶颈问题是维持整个全民系统正常运行的资金问题。完善的筹资机制、分布和使用，是全民健身场馆与设施正常运转和开展全民健身活动的根本保证。全民健身的资金来源主要包括：政府投资、体彩公益金、募集资金、社会捐赠、赞助等。目前，全民健身的资金主要是依靠政府投入，而体彩公益金用于全民健身方面的经费也是一少部分，并不能完全满足全民健身的需求。政府的投资只能作为引导，不能彻底解决全民健身的资金问题。所以，最关键的还是要依靠社会各个方面的广泛关注，如何大量吸收社会资本，扩大经费的多渠道来源，加强与企业的合作，让社会、企业来投资全民健身场所及设施，实现投资力量来源的社会化与多元化是建设全民健身资金运营体系的新视角。

（六）全民健身服务体系的政策法规体系

为全民健身服务体系的正常运转提供法律依据和保障。我国的总体经济实力还不够发达，社会体育的生成能力还比较弱，主要依靠政府的扶持，因此需要政府给予经济上的扶持和法律、法规及相关政策的倾斜，以法律手段保证群众有权利、有地方进行体育锻炼。另外，由于人民群众参与体育活动多以自发、自由的锻炼方式为主，参与由社会组织、社区、俱乐部等机构的体育活动较少，这些都不利于体育人口的增长，因此要制定相关的政策，建立一种长效机制，才能保证各项体育活动的正常开展。

（七）全民健身服务体系的监督与反馈体系

全民健身服务系统的最终实施效果与成效的鉴定，要通过全民健身监督反馈体系来完成。当前，各级政府已经将构建服务型政府提上了工作日程，成为发展的重点，在这样的前提下，通过全民健身监督反馈体系的构建，实现人民群众对政府各级部门在体育工作上的信息反馈显得尤为必要。广大人民群众在监督与反馈政府体育工作建设的同时，也满足了自身对健身服务信息的需求，政府各级部门通过这些沟通与反馈信息，了解了健身人群的切实需求，并根据这些实际需求来调整全民健身方面的政策法规，使全民健身服务体系提供的服务更趋于完善。

通过以上对全民健身服务系统构成的细化分析，我们看到全民健身服务体系的各构成因素是互相关联、互相作用、互相衔接的统一整体，对全民健身事业的发展带来巨大的影响。全民健身服务体系充分反映政府构建服务型政府理念的延展与具体化，反映出构建小康社会与发展社会主义和谐社会的基本历史要求，体现出了大众健身的多元化需求。

四、全民健身服务体系的基本特征

（一）全民健身服务体系的服务性

就全民健身服务体系而言，既强调要把全民健身事业纳入经济建设和社会发展总体规划之中，又要强调全面提高中华民族的体质与健康水平，改善群众体育活动的环境和条件，把全民健身与广大人民群众的切实利益紧密联系起来。

全民健身服务体系构建的初衷是要为最广大的人民群众提供参与体育与健身活动的最便利条件，同时服务于提高全民族整体健康素质，服务于全民族整体生理、心理素质，服务于提高整体人民的生活水平与质量，为繁荣我国的体育事业、推动社会主义市场经济的大规模发展、促进先进文化建设而服务。

（二）全民健身服务体系的全面性与平民化

从大众整体利益角度出发，全民健身服务体系构建的全面性是“全民参与的健身与服务体系”中对“全民”这一基本要素的要求，也体现出我国新形势下提出的“全面建设社会主义小康社会”这一政策中对“全面”这一要素的规定与要求。从服务涵盖的内容来看，针对全民参与的健身与服务体系构建的全面性具体来说，包括整体服务人群与对象的全面性，整个服务范围与规模的全面性以及整体服务内容设计程式的全面性。这里提到的全民概念并不仅仅限于全国人口中的一部分人，而是要具体深化成为“全中国十几亿大众人口”，在具体体系构建时，应当坚持以当前我国城市体育发展的重点区域——社区体育为大本营，并在关注全体市民都能积极参与到体育运动的锻炼乐趣中去的同时，兼顾各行政单位的体育需求与职工体育需求。发展乡村体育的重点则应坚持以乡镇为单位的体育基础设施建设为重点依托，关注乡镇一级的居民参与体育健身运动的具体状况，包括村一级的体育设施建设与农民的体育健康教育工作。在针对青少年体育工作建设时，发展重点则始终放在以学校为中心点上，在持续关注在校学生的体育健康教育工作的同时，还要兼顾到在校青少年校外的体育活动情况，以及不在校的社会青少年群体的体育与健康教育工作，以此切实实现“全中国十几亿大众人口”的规划初衷。

另外，全民健身服务体系构建具有平民化的基本特性。具体来说，“平民化”就是要求我们在群体性公共体育事业发展与体系构建的时候，切实考虑到占据我国人口大半部分基础的普通老百姓利益以及广大中低等收入人群的利益，在体育权利赋予的时候，要切实考虑到社会公平的方面。全民健身服务体系构建就是要保障所有人平等参与和平等受益的机会，切实实现“平民化”这一方针。

(三) 全民健身服务体系的系统化

全民健身服务体系的系统化是“全民参与的健身与服务体系”中对“体系”这一最基本概念的内化要求。在这个内化的过程中包涵有体育设备条件保障的系统化，也包含有体育服务方面功能的系统化。这两项系统化工程整合之后，形成一个完整的服务体系。这一体系的优点在于能够不间断地满足与维持全体城乡国民对于体育与健身方面的基本需求。总的来说，通过这一完整和配套的全民体育服务与保障体系的构建，最终形成了系统化的、服务于全民体育需求的完整构架。

(四) 全民健身服务体系的多元化

在我国社会主义市场经济逐步完善与呈现多样化发展趋势的条件下，人们对文化体育运动的需求也呈现出多样化的要求，这就从根本上决定了全民健身与服务体系的多元化特点。所谓多元化，是一个既涵盖组织机构又囊括活动内容、投资主体以及服务对象的整体概念。具体细化而言就是要满足不同阶层、不同区域的人群对体育与健身的基本需求，这就需要政府逐步强化对人民整体的体质健康程度负责的态度，强调充分调动社会各界的力量参与到全社会的体育文化建设中来。政府在这个体系中扮演主要角色，依靠公共财政为全社会的体育文化构建提供公共体育物品、设备与服务的支持，市场经济作为后盾提供诸多私人收费服务的体育物品与服务项目。为了满足社会大众对体育锻炼的不同需求，这个体系整体要具备提供多种样式的、集科学与文明为一体的体育锻炼活动与服务形式和内容的能力。需要明确的是，只有构建一个有多元化的全民健身的服务体系，才能达到使更多的人群参与到体育运动中，并从中受益的基本初衷。

全民健身服务体系的多元化体现在以下几个方面：(1) 服务对象的多元化，全民健身服务体系面向全民，包括少年儿童、青年、中年、老年人群，不同阶层、不同文化程度、不同职业的所有人群。(2) 投资主体的多元化，全民健身事业的发展离不开资金的投入，在这个过程中，政府投资是主要来源，但是还需要社会的积极参与，因此，要逐渐形成政府拨款、社会筹集、个人投资相组合，或者通过发行体育彩票以及其他融资手段将社会资源整合的多元化资金投入格局。(3) 组织体系的多元化，伴随着全民健身活动的深入开展，政府组织、社会团体、单位组织、社区自发性健身组织以及各种健身俱乐部等等构成了一个多元化的组织体系，各自发挥有效作用，维护全民健身服务体系的正常运转。

(五) 全民健身服务体系的保障性

全民健身服务体系构建属于群众体育事业建设，其本质是公益性质的，这就决定了全民健身服务体系的保障性特点。中央和国务院在《关于进一步加强和改进新时期体育工作的意见》的文件中提出“群众性体育事业属于公益性事业”，这一基本概念把全民健身服务体系的保障性明确制度化了。这一针对全民的群众体育事业的主要宗旨是要保障中国社会的全体法定公民依法享有各种体育方面的权益得以切实实现。这一概念基本明确了由各级政府机构承担的相关体育文化建设的责任，公民强健身体所需要的最基本的体育设施建设与健身服务环境得到普遍提高。

(六) 全民健身服务体系的阶段适应性

在社会经济发展的不同时期，全民健身呈现出不同的特征，并且会随着社会经济的发展变化而变化。因此，全民健身服务体系也呈现出阶段适应性的特征，其弹性的体制才能不断适应各个阶段的全民健身需求。

全民健身作为体育事业的一部分，经历了曲折的发展过程，每个阶段都有各自不同的特点：新中国成立后，体育事业得到了相应重视，国家和政府开始大力提倡各种各样的体育活动，全民健身活动也得到了初步的发展。此阶段全民健身主要靠政府的行政手段来推行，体育活动的经费由体育部门统一管理。但是全民健身活动的开展对计划体制的依赖性较大，全民健身活动的内容、对场地的投入以及参与全民健身活动的积极性都受到上级部门的影响，缺乏一定的灵活性。十一届三中全会召开后，社会进入经济转型时期，各级体育行政部门采取各种措施，来促进全民健身工作的开展。1995年国务院颁布了《全民健身计划纲要》，成为我国新时期群众体育最有标志意义的纲领性文件。这个阶段，全民健身发展特点在于全民健身体制发生变化，逐渐走上了以市场为导向的发展之路，全民健身除了政府和企事业单位的组织形式，还增加了社区体育、体育社团、体育经营单位、俱乐部等形式，全民健身活动的组织以行政命令为主的单一手段转变为行政、经济等多种手段并用。

社会主义市场经济的确立后，社会结构、经济秩序和人们的生活方式已经发生了根本性的变化，这必然要求全民健身管理体制要与之相适应。在运行机制上，以计划经济体制为基础的政府统一部署和安排，转变为以市场经济为基础的社会化和产业化发展，即政府主要通过制定管理制度和对公共的、基础性建设项目进行宏观调控，而具体的全民健身活动在市场机制下自主展开，全民健身从单纯的生理功能到心理、社会交往和健身相结合的多元功能，到健身、娱乐、政治、经济、社会文化一体化功能等。

第二节　陕西全民健身服务体系现状

一、陕西省全民健身活动开展现状

（一）体育意识

体育意识的概念是指人们从事体育锻炼的产物，也是人们参加体育运动、体育内容、方法、形式和各种内部、外部关系的心理活动的总和。在居民对体育健身需求的调查中显示，喜欢体育活动的占到31%，比较喜欢的占到40%，一般的占到25%，仅有4%的人认为无所谓。根据资料统计，大多数的陕西城市居民对体育健身功能表示同意，对健身的态度是积极的，对于体育健身对增进身心健康具有极其重要的作用有特定的认识，认为体育健身对提高他们的身体和心理健康方面具有重要作用。表明陕西城市居民的体育意识还是比较强的，随着陕西城市居民生活水平的不断提高，体育宣传工作的进一步加强，陕西省居民的体育意识将继续加强，这也是在实施《全民健身计划纲要》过程中对人们的体育意识培养的基本要求。

（二）群众参与体育锻炼的状况

体育锻炼的意义是指人们根据自己的需要和选择，使用各种体育手段，以锻炼身体，增强体质，增进健康，调整精神，丰富文化生活和支配休闲时间为目的的体育活动。陕西省居民参加健身活动的项目因年龄、性别不同而不同，其中最受欢迎的健身方式主要有慢跑、散步、体育舞蹈、太极拳剑、大众气功、健美操、篮球、羽毛球、乒乓球、足球、网球等，绝大多数居民不同程度的参与了健身与锻炼活动。

近年来，陕西省组织的全民健身活动呈现逐年增加的态势，2005年，陕西省举办综合运动会181次，举办单项比赛896次，举办全民健身活动126次，参加人数达到927701人次；2006年，陕西省举办综合性运动会175次，举办单项比赛879次，举办全民健身活动830次，参加人数达到1942412人次；到2007年，陕西省举办综合性运动会182次，举办单项比赛740次，举办全民健身活动1144次，参与人数已达到2980000人次。

由此可见，陕西省在全民健身的开展中组织了大量的全民健身活动，极大的促进了群众体育事业的发展，陕西省参与全民健身的意识在增强，但是总体上来说参与健身的人群只占陕西省总人口的三分之一，在全国处于中等靠下的水平，而且锻炼时间不够长，强度也不够大，缺乏一定的科学指导。

二、陕西省全民健身组织管理体系现状

组织是指人们为了实现某种共同目标，将其行为彼此协调与联合起来所形成的社会团体。目前，陕西省全民健身服务体系中的组织系统的最小载体形式以社区体育的类型呈现，而社区体育组织的形式则主要包括了行政主导型与自主松散型。其中第一种组织形式是由政府或企事业单位牵头，组织程度比较高；第二种组织形式主要靠社区居民的自发组织成立的相对比较松散的组织形式。根据查阅相关文献等资料得知，现阶段陕西省全民健身体系的组织管理主要以挂靠所属单位的管理方式来对全民健身活动组织进行管理。陕西省为了贯彻落实《全民健身计划纲要》，推动全民健身事业的发展，成立了全民健身领导小组，并制定了《陕西省全民健身条例》等多项地方性的体育行政法规，已经初步形成了各级政府领导，各级体育行政部门主抓，各有关部门配合的全民健身的新局面。但是我省全民健身活动主要是行政主导型的，由于行政和财政力量有限，健身活动不能广泛开展。而在今后的发展策略中应注意将政府投入逐渐转变为政策的支持，例如采用政策补贴，并且鼓励具有组织的体育健身活动，而且奖励具有推广价值的新的体育健身活动等，最后做到行政不再直接参与的体育健身活动。

另外陕西省也在不断加强全民健身的基层组织体系建设，截止2010年，陕西省已经建成全民健身活动站点12000余个，在民政部门注册的省级以上体育社团33个，青少年俱乐部60个，国家级传统项目学校4个。而组织管理所存在的问题则主要表现在以下的两个方面：第一方面是领导对全民健身的观念淡薄，并且对组织成员的体育健身活动并不重视，不但缺乏宣传和教育、培养成员的健身意识，而且缺乏组织的工作，并且也没有建立起组织的领导制度，导致全民的体育健身

活动处于无组织的自发状态。而另一方面则是对全民的健身活动经费投入甚少或者根本没有经费投入，单位的财务预算中也没有对体育健身活动的专项经费，许多单位在基建规划的项目中没有体育健身场地设施等项目，在物资设备购置中没有或者很少有体育健身活动的用品。

三、陕西省全民健身场地设施体系现状

场地设施设备是最基本保障的体育活动，也是居民健康活动的物质基础、体育活动或健康体制得以维持、保障的基础性设施。一个国家或地区的体育场地设施设备建设，其大小和数量将直接影响到居民健身活动的规模和数量。所以，体育健身场所和设施是全民健身活动开展的重要物质保障，体育健身场馆和健身设施的丰裕程度，也直接关系到全民健身事业的进一步发展。

“十一五”期间，陕西省整合中央和省上各种资金3亿多元，以实施五大惠民工程为重点，在全省大力开展实施城乡基层体育设施建设，建成村级农民体育健身工程4536个，乡镇农民体育健身工程104个，城市社区全民健身器材配送工程718个，全民健身示范区（示范带）11个，雪炭工程18个，全民健身路径1000余条及户外活动基地、体育公园等。全面提升了全省群众体育基础设施数量和水平，促进体育公共服务均等化，直接和间接受益人口近千万人，对“十二五”期间深入推动全省群众体育发展提供了基础性保障，对带动就业、促进消费、拉动内需也产生了积极的影响。

(一) 村级农民体育健身工程

“村级农民体育健身工程”指以行政村为主要实施对象，以经济、实用的小型公共体育健身场地设施建设为重点，把场地建在农民身边，广泛开展农村体育活动，构建农村全民健身服务体系。每个工程3万元，配送安装一副篮球架、两副室外乒乓球台和8件左右的体育健身器材。“十一五”期间，中央和陕西省两级累计投入1.422亿元（中央投入9411万元，省上配套4809万元），在全省4536个行政村实施了农民体育健身工程并建成投入使用，圆满完成了国家体育总局、发改委、财政部提出的“使六分之一的行政村建有公共体育场地设施”的建设任务，初步改善了农民群众参加健身锻炼的设施和条件。

(二) 城市社区全民健身器材配送工程

“城市社区全民健身配送工程”指以社区为实施对象，针对每个社区场地条件、居民锻炼习惯等因素，给每个受赠社区配送安装30件左右的体育健身器材。每个工程8万元，包括：1副标准篮球架、4副乒乓球台和26件健身路径器材。“十一五”期间，共投入6000万元，实施城市社区全民健身器材配送工程718个，现已全部建成并投入使用，已经逐渐形成了各具特色的区域性市民健身活动中心。

（三）乡镇农民体育健身工程

“乡镇农民体育健身工程”指以乡镇为实施对象，是陕西改善乡镇体育基础设施、构筑农村公共服务体系的一项重要工程。每个工程 15 万元（体育健身器材和场地建设按照 2∶1 的比例投入），包括：1 块灯光篮球场、1 副篮球架、4 副室外乒乓球台和 20 件体育健身器材。“十一五”期间，中央投入 1560 万元，实施乡镇农民体育健身工程 104 个，现已全部建成并投入使用。

2010 年，陕西省根据小城镇建设规划、统筹城乡规划，在原有基础上整合资源，在 21 个 5 万人口以上的重点镇实施乡镇文体中心建设试点工程，由省文化厅牵头，每个工程整合基本建设资金 120 万～150 万，为乡镇农民体育健身工程建设打开了新的建设途径。

（四）全民健身示范区（示范带）工程

陕西作为欠发达省份，近年来发展势头强劲，城市化进程大大加快，大型居民区、公共文化广场、景观公园迅速兴起，群众参加体育锻炼呈现“趋同心理、从众效应”特点。2010 年陕西省体育局投入省本级体育彩票公益金 2000 万元，集中在全省各市（区）资助建设群众体育基础设施亮点工程——“陕西省全民健身示范长廊（园区）”。亮点工程的实施对象为各市的中心广场（公园、园区）。目前全省 11 个工程已基本建成并投入使用，已成为城市新亮点。

（五）雪炭工程

陕西省根据国家体育总局实施“雪炭工程”的要求，结合实际，从 2000 年起，对陕西省地方财政困难、体育设施落后的地区，先后陆续投入数千万元，按照先陕北、后陕南、再关中的顺序，在全省凤县、宜君县、靖边县、太白县、永寿县、甘泉县等 18 个县（区）实施了雪炭工程，总建筑面积达到 45520 平方米，目前已全面竣工投入使用。

全民健身工程的实施，虽然在一定程度上缓解了群众对全民健身设施与场地的需求，但是同时也存在很多问题，一是资金问题。在前期实施过程中，由于国家“三部委”的资金按一定比例投入，且资金使用有限制性要求，存在资金到位不同步和到账资金无法使用引发工程进度缓慢等一系列问题。二是项目数量问题。随着我省经济社会的快速发展，人民生活水平的不断提高，现有农民体育健身工程覆盖率虽然达到 1/6，但还远不能满足农民群众的实际需求。但是 2010 年全国农民体育健身工程覆盖率超过 1/6 后，中央终止了农民体育健身工程，这直接影响省级财政、发改委的资金投入，对基层建设积极性造成很大挫伤。三是项目建设模式单一。由于农民体育健身工程建设规定及资金限制，所有项目都是建设一个篮球场，配置两副乒乓球台。我省陕南、陕北、关中气候条件差异较大，群众喜爱的活动项目也有差异，加之青壮年农民外出打工现象普遍，有些篮球场明显使用率低，而长期生活在村中的老人、妇女、儿童渴望的健身路径器材配置基本没有。四是管理和使用问题。工程建设好之后，基层群众普遍很爱惜场地、器材，一般有专人管理，大部分能合理使用，但各村管理水平差异较大，还存在用围栏围起限制使用的。同时，基层群众对篮球、乒乓球项目较喜爱，但存在缺乏体育组织、体育技能辅导人员、技能水平较低情况，开展活动不够普遍、场地利用率低现象。

在陕西城市经济快速发展的同时，居民对身体健康的消费需求越来越大，并且在一段时间内，体育健身场馆设施不足将长期影响陕西省全省全民健身活动的正常开展，与陕西省全民健身服务体系的发展存在着一定的矛盾，需要及时调解与疏导。伴随未来陕西省经济步伐逐渐加快，基础设施建设也会逐步加快步伐，有关的健身设施数量也会逐步与人民的精神生活需求相适应，以满足社会整体和谐发展的需求。

四、陕西省全民健身指导体系现状

随着群众体育的兴起和发展，全民健身组织和活动日益增多，全民健身的专业性要求也越来越高。在这样的历史背景下，社会体育指导员这一群体日益发展壮大并成为体育事业建设与发展中的一支主力军。为了引导这一群体的工作，1994 年 6 月 10 日，我们国家正式颁布和实施《社会体育指导员技术等级制度》，以确保其有组织的活动。据文献得知，陕西省社会体育指导员的比例相当于全国水平，表明我们的社会体育指导员培训工作做到基本稳定，所以，应继续发展和壮大社会体育指导员的培训与教育队伍。目前陕西省的社会体育指导员数量仍保持继续稳定增长的态势，到 2010 年已经达到 17000 多人，但与国外发达国家相比，如日本在 2001 年总人口 1.3 亿，社会体育指导员的总数就占了千分之一，这些表明中国以及陕西省社会体育指导员的数量还是远远不够的，并且与群众性体育发达的国家相比仍有较大差距。因此，培养和训练更高层次的社会体育指导员是当前体育政府加快优化层次结构现状的当务之急。

另外，陕西省经济快速增长和居民健身的热情高涨以及社会体育指导员严重短缺之间的矛盾也在逐渐加大，社区的体育健身活动管理过于松散，缺乏特定的专业科学指导与训练，阻碍了陕西省体育事业的健康发展，而且社会体育指导员的有偿服务缺乏现实基础，所以社会体育指导员的工作积极性不高。

在公众日常的体育锻炼中，科学的健身方式发挥的作用是很明显的。通过科学的健身提示与辅导，我们能够了解自己的不足，制定相对应的健身方式，并根据自身身体状况做出相应的调整，改变不健康的习惯，从而提高身体素质，而在缺乏相应健身知识和健身指导情况下的体育健身很难达到这样的高度。

五、陕西省全民健身产业体系现状

就概念而言，体育消费是一种通过消费行为来实现相关体育的物质与精神上的满足的行为。直接参与体育消费如观看比赛，享受体育运动过程的服务或者享受体育活动直接相关产品等，这些属于狭义体育消费概念内的产品。至于由于消费有形的体育产品而产生的附加费用，例如观看体育比赛中支付住宿、交通成本、食品费用等则仅仅包含在广义的体育消费方式之类。体育消费的高低直接反映一个地区社会生活水平的高低、生活方式的健康与否。随着陕西省经济水平的不断提高和物质生活水平的富足，精神生活的境界明显得到提升，反映在消费意识的提高上面，尤其是用于精神消费的整体支出所占比例的高低。体育运动作为一项丰富人民业余文化生活的重要消费娱乐休闲方式，其支出的多寡与城市整体的消费走向有着密切关系。

有学者针对陕西省的城镇居民体育消费水平做了相关调查，陕西省城镇居民的体育消费的主要渠道在于购买体育用品，购买体育服装，参加健身俱乐部以及体育旅游的费用，每年体育消费水平500元以上的仅为一小部分，占到居民总数的12%，大部分集中在300～500元左右，大概占到居民总数的47%，其次是100～300元左右的，能占到35%，由此可以看出，陕西居民体育消费水平还不是很高，还不能和当前城市体育产业的迅速发展的相匹配、相协调。

第三节　陕西全民健身服务体系建设

一、陕西省全民健身服务体系建设目标

目标是一个组织通过决策和行动争取达到的理想目的，以及验证其决策行动同其理想目的相符程度的衡量指标。陕西省正处于社会的快速发展时期，全民健身需求的快速增长与公共服务不足已经成为突出矛盾，迫切需要建立与之相适应的公共服务体系。构建全民健身服务体系，其实质在于整合体育资源，达到社会效益最大、服务质量最好，从而减少疾病发生，增强全民身体素质，提高工作效率，增加经济效益，促进社会经济的发展。因此构建陕西省全民健身服务体系的总体目标是按照社会主义市场经济体制和“全民健身计划”的总体要求，努力保障体育产品供给，组织形成网络，逐渐建立一个政府引导、共同参与、合理布局、完备功能、高效管理的城乡统一的多元化、规范化、现代化的公共体育服务体系，使全体公民都能均等的享受最基本的公共体育服务。

构建陕西省全民健身服务体系的总体目标，可通过以下几个具体指标来衡量。

(一) 陕西省全民体质测定达标水平的高低

要针对陕西省具体现状构建与完善其全民健身服务体系，第一步就是要了解陕西省全民体质测定达标水平的高低。这个达标率越高，就表明该地区人民的体质水平越高。目前陕西省评定该标准的主要依据是我国现在已有的《中国成年人体质测定标准》与即将要公布的《幼儿、儿童青少年和老年人体质测定标准》。其中有优、良、及格和差这些综合评价标准，达到各种等级的人数比例则是表示国民体质状况的指标。针对陕西省全民体质测定达标水平结果显示，这一标准数据依然偏低，陕西整体人民的身体素质有待提高。

(二) 陕西省全民患病率

要针对陕西省具体现状构建与完善其全民健身服务体系，第二步就是要了解陕西省全民患病率的高低。众所周知，患病率是衡量一个地区群体身体健康状况的重要指标。患病率的高低与体质的健康与否关系密切，直接反映出一个地区的人民体质状况。数据显示，当前陕西省的癌症、心血管、糖尿病患病率相比其他病种来说比较高，成年人的心血管疾病随年龄增长发病率也在逐渐上升。另外，目前青少年体质健康问题也不容忽视，肥胖儿、近视、龋齿等患病率不断攀升，体能素质呈停歇或者下降趋势。针对这样的现状，提高人群的体质水平，降低发病的几率，也是当前陕西省全民健身系统健身模式需要追求的目标之一。

(三) 陕西省全民预期寿命

要针对陕西省具体现状构建与完善其全民健身服务体系，第三步就是要了解陕西省全民预期寿命的高低。预期寿命的高低反映一个地区人民整体的身体健康情况。不可否认，人群整体体质的提高以及国民经济的发展均对人的预期寿命产生影响，因此陕西省全民健身水平的评价也要参考这一因素。当前陕西省的预期寿命约为 70 岁，达到了我国平均标准，但与发达国家的预期 80 岁还有较大差距，仍然有待提高。

二、陕西省全民健身服务体系的子系统

构成陕西省全民健身服务体系的是一个庞大的架构体系，包含很多基本的要素。通过建立一个完整配套、科学合理、系统的全民健身服务与保障体系，加强群众体育工作的管理，改善人们体育健身的条件和环境，有利于实现体育资源的整合和共享，有利于群众体育事业的长远发展，更好地满足社会以及诸多健身人群的需求。本书认为陕西省全民健身服务体系应包含以下六个系统：陕西省全民健身服务体系的组织管理体系、陕西省全民健身服务体系的健身设施体系、陕西省全民健身服务体系的科学指导体系、陕西省全民健身服务体系的信息管理体系、陕西省全民健身服务体系的产业开发体系、陕西省全民健身服务体系的效果评价

体系。其总体结构如图 7-1 所示。

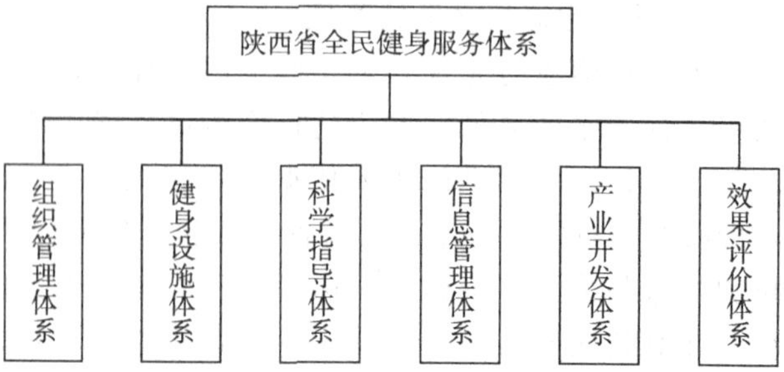

图 7-1　陕西省全民健身体系结构

为了满足社会大众对体育锻炼的不同需求，这个体系要具备提供多种样式的，集科学与文明为一体的体育锻炼活动与服务形式和内容的能力。需要明确，只有一个具备多元化特点的全民健身服务体系，才能满足越来越多体育人群的各种需求，达到从中受益的基本初衷。其中组织管理体系是全民健身服务体系的管理者和组织者，是联系全民健身服务体系各个要素之间的纽带，高效的组织管理体系能够保障全民健身活动持续化、经常化的开展，对群众体育的发展起到引导和指挥作用。健身设施体系是全民健身服务体系的核心，是提供全民健身服务的物质载体，任何健身活动的实施都离不开健身场地和设施，它为全民健身活动能够开展奠定了物质的基础。科学指导体系是引导广大人民群众科学健身，提高身体素质的保障。信息管理系统则及时为人民群众提供体育信息，提高体育意识，调动参与体育锻炼积极性提供了渠道。产业开发体系能有效吸收社会资本，充分挖掘体育本身的经济功能，以增强全民健身服务体系的“自循环”功能，在资金上为全民健身服务体系提供保障。效果评价体系则能及时了解全民健身服务体系的运转情况，客观科学的反映和评价锻炼效果，有利于全民健身服务体系不断修正发展方向，不断完善各部分相互区别、相互联系、相互作用，影响着全民健身体系的作用发挥。

（一）陕西省全民健身服务体系的组织管理体系

从系统的角度看全民健身服务体系的基本理念，就是将原来比较松散的人力资源、财力资源、物力资源、时间资源和信息资源整合成为结构合理、功能全面的综合性一体化系统。把各项元素组织在一起，会产生一个大于各个元素功能之和的整体功能。建立合理的组织管理体系，才能有效合理地保障全民健身的开展和实施。

在陕西省内应该建成由陕西省政府宏观管理，省体育局及各市县体育局对全省体育工作进行统一领导、协调和监督，并且会同有关部门（如教育、卫生、文化、科技、民族、民政、财务、税务、工商等部门），各群众组织（如科协、农民体协、少数民族体协、行业体协、体育总会、单项运动协会等）和社会团体（如妇联、工会、残联、共青团、妇联等）共同推进的全民健身组织管理体系。其中各级体育行政部门要积极引导全民健身的发展方向，推进全民健身服务体系各个组成部分以及各种利益关系的均衡发展，决策和部署全民健身发展过程中的重大问题和发展战略。各级组织和社会团体作为体育行政部门的有效补充，负责组织比赛、业务指导、政府和人民群众之间的联系和沟通、监督和规范社会体育指导员的体育指导活动等职能。具体来说，要形成一种既能做到上传下达，又能进行横向交流、纵向管理，体育行政部门要加强管理和指导职能，省级体育总会是各类体育社团的主管部门，要尽可能地把原来体育行政部门承担的体育活动的职能转移到由各类体育社团来承担，真正发挥政府宏观管理和引导、全社会共同参与的一种新格局，真正把全民健身职能交给社会团体来承担。另外要以基层体育为突破口，深入开展全民健身活动，积极扶持全民健身指导站点、体育俱乐部的建立，为体育爱好者提供种类多样的公益性和经营性体育服务。各级体育行政部门接受上级部门的领导，其具体体育活动开展由各级社会团体承担，接受同一级体育行政部门的业务指导和监督，他们之间是一种交流和合作的关系（图 7-2）。

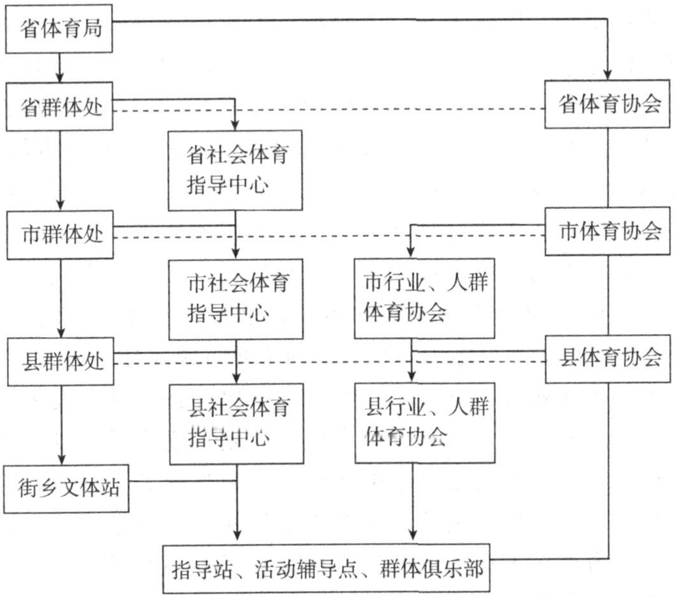

图 7-2　陕西省全民健身组织管理体系示意图

(二) 陕西省全民健身服务体系的健身设施体系

全民健身的体育场地设施是全民健身发展的基本物质条件，它的发展规模和水平是反映一个地区群众体育的发展规模与水平的窗口。陕西省全民健身设施体系应该包括设施的分类管理、设施的数量、设施的布局和规模。如图 7-3 示。

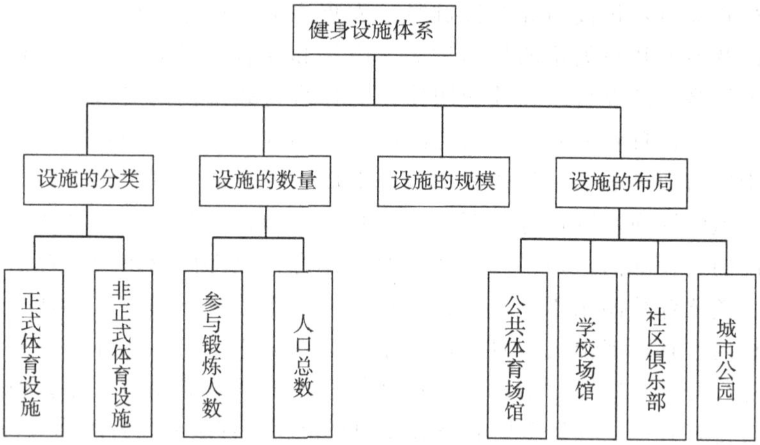

图 7-3　陕西省全民健身设施体系

陕西省全民健身设施一般分为以下几类：一是正式的体育健身设施。这是用于体育训练、体育比赛、体育教学、体育锻炼的固定场地和固定的器材设备，主要是体育场馆。包括公益性体育场馆和盈利性场馆两种。公益性体育场馆一般是由国家拨款修建的免费对公众开放或者收取少量费用的，盈利性体育场馆由社会投资兴办，向健身人群提供高层次的健身服务，其经营收益受市场规律的约束。二是非正式的体育健身设施。是指在该设施的主要使用功能之外，将健身活动作为次要功能，即人们所从事的健身活动通常与其他使用者共享活动场地，充分利用空间。如公园和城市周边的开放绿地、健身广场、晨晚练点或者是一些闲置的场地等。满足了人们对健身活动空间的需求，增加了土地使用功能的二次开发，是全民健身服务体系的场地设施中不可或缺的重要组成部分。

健身设施体系在规划时，应该纳入陕西省国民经济、社会发展和城乡建设计划中去，与城乡建设相结合。要充分结合城乡规划，逐步增加场地设施的数量和种类，建立合理的全民健身场地设施的布局，方便群众就近锻炼，吸引更多的群众参与全民健身活动。学校、机关、企事业单位的体育场地设施也应该考虑加大向健身人群开放的力度，不仅可以解决社区体育场地不足的问题，提高学校、机关等体育场馆的利用资源，也有助于学校体育与社区体育的交流和衔接，大大改善由资金、场地难以解决而造成健身设施缺乏的局面。

（三）陕西省全民健身服务体系的科学指导体系

众所周知，在体育运动与健身领域，要为健身的参与者和组织者提供科学的指导服务，包括理论的研究和技术应用，就要不断提高对全民健身指导的科技含量，建立科学的指导体系。

首先，要完善全民健身的科技发展规划，对陕西省全民健身未来的发展方向和发展目标作出前瞻性的计划，另外也要加强研究全民健身的规律，积极开展全民健身的理论研究，用它来指导全民健身运动的实践，指导人们的健身行为，保证全民健身的科学性和方向性。

其次，作为科学指导体系的主体，社会体育指导员更要发挥出他应有的作用。社会体育指导员是全民健身中重要的人力资源，他们开展的各项指导工作，直接作用于广大人民群众，为公民增强体质、增进健康、愉悦精神、建立科学文明的生活方式发挥着重要的作用。各级体育主管部门要制定能够适应本地区社会体育发展水平的社会体育指导员培养规划，分层分级有规划的培养。各级社会体育指导员培训部门要加大培训力度，在提高社会体育指导员数量的同时，也要提高社会体育指导员的能力和素质，提高其个性化指导全民健身活动的能力。可以委托高等院校承担本地区范围内社会体育指导员的培养，发展高校教职工和学生成为社会体育指导员，充分发挥高校的体育人力资源。要建立专门化的社会体育指导员培训基地和职业技术鉴定部门。加快公益型社会指导员和职业型社会体育指导员同步发展的步伐，促进全民健身科学指导体系的不断完善和发展。

（四）陕西省全民健身服务体系的信息管理体系

信息管理是人类为了有效地开发和利用信息资源，以现代信息技术为手段，对信息资源进行计划、组织、领导和控制的社会活动。陕西省全民健身服务体系的信息管理系统，包括三个部分：第一是全民健身方面的理论知识，为健身人群提供正确的方式方法；第二是全民健身服务体系的反馈信息，包括全民健身服务体系的管理、运行、需求等情况，反馈出目前全民健身服务体系存在的不足之处，便于指导管理者进行下一步的决策；第三是目前全民健身市场上的信息，为决策部门开发适合全民健身人群的体育活动项目提供依据和参考。如图 7-4 所示。

全民健身的信息管理体系在群众日常的健身活动中，要提供相应的咨询服务，如政策法规、健身方法、体育营养、体育康复、体质监测等，通过电视、广播、报纸、杂志、网络等媒体，宣传国家与体育相关的法律法规和政策，传播体育信息，增强全民的健身意识，吸引更多的人群参与全民健身。依托陕西体育科研机构和学校的科研力量，对全民健身的理论进行深入研究，并定期发布研究结果，举办全民健身知识专题培训，针对健身人群制定相应的健身处方，指导健身人群科学健身。积极收集市场信息，随时了解市场动向，为全民健身服务体系的正常运转和竞争奠定基础。积极收取全民健身服务体系的内部信息，了解管理体制的

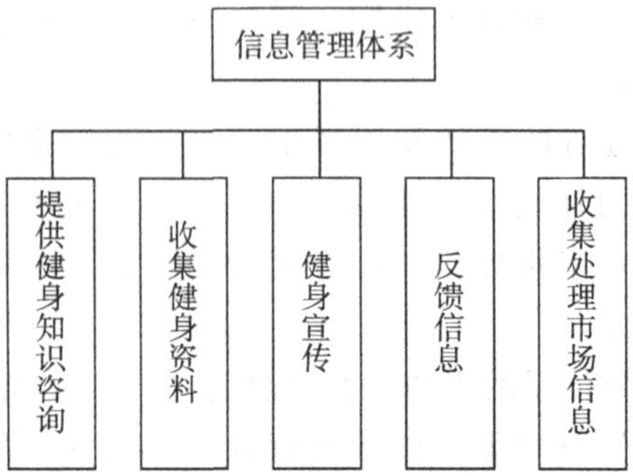

图 7-4　陕西省全民健身信息管理体系

缺陷和矛盾，根据这些反馈的信息对陕西省全民健身服务体系进行不断的完善。

（五）陕西省全民健身服务体系的产业开发体系

全民健身服务体系要正常运转，除了体育行政部门投资以外，必须要以体育产业化为辅助手段，为自身运转吸收社会资金，将自身的体育产品推向市场。体育市场是指有关群众体育产品的生产、流通、服务、消费的过程，主要是为群众提供体育公共产品和服务。随着社会经济的发展，陕西省体育市场的划分也越来越细，大致可分为以下几类：体育竞赛表演市场、体育休闲娱乐市场、体育人才市场、体育旅游市场、体育广告市场、体育场馆经营市场、体育用品市场、体育彩票市场等。

从陕西省目前的发展状况来看，体育市场的发展重点应该放在体育用品市场、健身娱乐市场、竞赛表演市场、体育旅游市场和体育彩票市场。体育用品是满足人们体育消费的最基本的必需品，具有广泛的社会基础。而体育用品的发展势必又会带动体育娱乐市场的发展和繁荣，体育娱乐市场反过来会促进体育用品市场的发展。目前，体育彩票收入已成为重要的资金来源之一，并且彩票市场已经得到社会大众的广泛认可，具有较好的发展潜力。今后，随着陕西省经济社会的发展，加上陕西省本身具有丰富的地理资源和人文资源，承办大型体育比赛的机会越来越多，这就为体育旅游业带来很大的发展机遇。

体育消费刺激了体育市场的发展，也促进了全民健身运动的进一步开展，全民健身服务体系的运转离不开体育市场和体育消费的支持，二者是相辅相成的。

（六）陕西省全民健身服务体系的效果评价体系

全民健身服务系统的最终实施效果的鉴定，要通过全民健身的效果评价体系来完成。所以，陕西省全民健身服务体系的效果评价体系必须以人们的体育参与为核心，全民健身活动的参与需要社会动力加以推动，同时，全民健身活动又要以一定的资源保障为前提才能开展，并且随着人们生活水平的提高，对资源保障的条件要求也会更高。另外一方面，参与全民健身也会得到相应的回报，那就是群众体育工作的绩效，这也就是全民健身的社会价值所在。由此可以看出，陕西省全民健身的效果评价体系是和社会发生多重联系的动态系统。如图 7-5 所示。

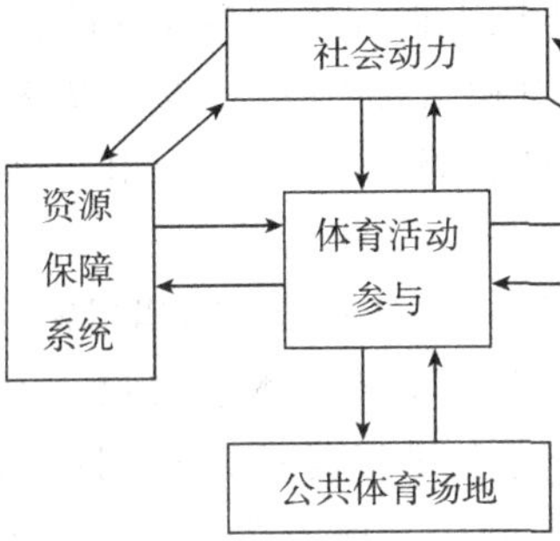

图 7-5 陕西省全民健身效果评价体系

要进一步完善陕西省全民健身的效果评价体系，对体育组织取得的工作和努力给予公平公正客观的评价，就必须调动各方面的积极性，引入激励杠杆的作用，以此为评价的主要内容和标准。评价方法也应该由单一的指标转向综合性多层次的指标，不仅有数量还得有质量，不仅要效率还得要绩效，这样才能推动陕西省全民健身服务体系可持续性发展。

三、陕西省全民健身服务体系的保障

(一) 充分发挥政府部门的牵头作用

自上而下形成推力，是全民健身服务体系顺利行进的关键，而地方政府在构建陕西省全民健身服务体系中处于核心地位，承担着制定政策和发展规划、管理和指导各级全民健身组织开展、保障全民健身服务体系资金投入等重要职责。由于体育事业涉及很多相关部门，如民政、文化、卫生、安保等方面，必须要建立一个政府主导下的全民健身服务平台，统揽全民健身发展的大局，制定全民健身服务体系发展的目标、方向和原则，以及操作层面上的措施和保障等，明确全民健身服务体系建设中各个部门的职责，理顺相应的行政关系，合理配置基层管理机构和职能，保证全民健身服务体系高效有序的运转。

(二) 健全法律法规，加强政策引导和激励

要不断完善陕西省全民健身方面的各项政策法规，加强法制管理。一是制度方面，如全民健身服务的资金管理、全民健身服务的设施管理、全民健身服务的组织管理等。二是加强对特殊人群，如老年、儿童、妇女、残疾人等弱势群体参与全民健身活动的政策倾斜，保证广大群众共同享有公共体育服务。三是建立监督机制，不断纠正全民健身服务过程产生的问题和偏差。对政府权力、资金投入、

健身活动等进行监督，保证陕西省全民健身服务体系的建设和运行长效运转。

全民健身必须依靠广大群众的广泛参与，因此需要划分不同人群的层次和类型，针对这些不同类型，采取不同的激励政策，实现体育资源的优化配置，使更多的全民健身服务的供给主体为不同人群提供更多样性的公共体育产品。

制定和完善鼓励扶持社会组织积极参与全民健身服务体系建设的政策法规，包括资金、项目、场地、税收等优惠政策，为社会组织参与全民健身提供制度条件。

（三）建立政府投资和社会筹资相结合的资金筹措机制

一是继续加大政府财政对全民健身服务体系的投入与支持。政府应该按照《全民健身计划纲要》中要求的，将全民健身所需费用纳入到政府的财政支出当中，纳入到年度经济和社会发展规划中，保证全民健身活动场地、设施等方面的资金投入。二是要积极吸引社会力量投资全民健身事业，形成社会化的投资机制，使全民健身走社会化、产业化的道路。

（四）提高现有体育场馆利用，加强健身场地建设的均衡发展

从2006年8月，国家体育总局联合教育部开始进行学校体育场馆向公众开放的试点，陕西省也开始了初步的尝试。2012年2月28号，陕西省体育局举行了公共体育场馆向社会开放的启动仪式，并且计划从现在到2015年，陕西省公共体育场地开放率争取达到80%，这些政策的实施，在满足学校正常教学、训练的情况下，在一定的程度上对社会进行有偿或无偿的开放，从而满足大众对运动健身的渴望，也同样的缓解了社会上场地、设施不足的压力，为广大人民群众参与全民健身提供了场地保证。

要充分考虑体育场馆的长远规划和整体布局，注重区域、人口、设施、需求等方面的协调。充分利用各种非正规体育场地和设施资源，加强例如草坪、公园、社区绿地、广场等地方的全民健身活动点的建设，加强公共体育场地的均衡发展和综合利用，把一些全民健身场地建设的项目贴近群众生活区，选择一些群众喜闻乐见、易于操作、设施简单的运动项目，方便群众广泛参与。

从以上分析来看，目前，陕西省全民健身服务体系还处于创立和构建的阶段。随着我国经济建设的发展以及公共事业投资力度的加大，陕西省居民体育意识的提高，参加体育锻炼活动的次数逐渐增多，体育消费的不断增长，全民健身场地设施的建设，以及社会体育指导员人数的增加，这些都为陕西省全民健身服务体系的构建和完善打下了坚实的基础。

陕西省全民健身服务体系是建立在陕西省物质文明不断进步的基础上的，其实质在于整合体育资源，达到社会效益最大，服务质量最好，全民享有均等的体育公共服务，其最终目标在于提高全民身体素质，增加经济效益，促进社会经济发展。在全民健身服务体系的构建和完善的工作中，我们还要从以下几个方面着手：一是综合利用各种媒体系统，尤其是加大网络等新媒体的利用，做好宣传与基础知识的普及工作，更进一步提高陕西省人民群众的体育健身意识，调动参加全民健身活动的积极性。二是提高对体育基础设施建设的重视程度，将这一工作纳入到经济社会发展规划之中，做好公共体育设施的资源共享，尤其是学校和机关单位，更要充分发挥体育场地设施对居民体育服务的功能。三是要构建与完善关于社会体育指导员的组织工作流程，强化其在完善全省整体体育素质提高中的积极作用。四是做好后期的反馈与监测，帮助广大人民随时监测自身体质健康，科学提高全民健康水平，真正体现出全民健身服务体系的服务性。

政府部门要加强管理职能，积极做好陕西省全民健身服务体系各环节的沟通和协调工作，做好资金、人力、物力的保障工作，形成以政府主导、整个社会参与的新局面。要不断完善全民健身方面的各项法规政策，为陕西省全民健身服务体系提供法律保障和制度保障。继续加大对场地设施建设的各项保障工作，注重长远规划和整体布局，保证体育场馆的均衡发展。建立政府投资为主，鼓励社会投资和个人投资的资金筹措机制，倡导体育消费，培育新的消费观和新的消费增长点，使陕西省全民健身服务体系的自身造血功能不断完善，保证其长效运转。

第八章 陕西休闲体育产业发展

——体育旅游资源开发

第一节 休闲体育产业发展

一、休闲体育产业发展与其文化发展的关系

（一）休闲体育的产业化运作有利于扩大休闲体育文化的影响

按照江泽民总书记“三个代表”重要思想的要求，在新的历史条件下，我们党要始终代表先进文化的前进方向，必须首先大力发展先进文化。休闲体育文化是适应时代发展的要求而产生的一种文化形态，是体育文化在新的历史时期以人为本的回归，符合“三个代表”重要思想的基本精神，因此，它是一种先进文化。在当代中国，发展先进文化，要注意坚持以马列主义、毛泽东思想和邓小平理论为指导，紧密结合我国社会主义现代化建设的实际，与时俱进，不断创新，积极探索新的方法、新的途径和新的动力。

我们认为，休闲体育产业化的发展，是休闲体育文化发展的新途径，它能对休闲体育文化的发展起到重要的支撑和推动作用。

要发展休闲体育产业，必须有相应的从事生产和服务的企业。企业是产业的骨干，是市场的主体。企业不同于事业单位。事业单位的价值取向单一，即追求社会价值。而作为企业，则在实现社会价值的同时，通过市场化运作来实现其经济价值。这种市场化运作，会对扩大休闲体育文化的影响产生积极的作用。

首先，休闲体育的市场化运作有利于休闲体育文化的传播。企业不仅要生产和提供产品和服务，还要努力使自己的产品让更多消费者了解和接受。休闲体育的市场化运作，将彻底改变人们的传播观念，树立以消费者为中心的传播思想。国家包办型的体育文化传播状况将被多种渠道传播的新格局所替代。而这种多渠道传播也将使更具文化内涵的休闲体育产品和服务被更多的消费者接受。

其次，休闲体育的市场化运作使人民群众在享受休闲体育产品和服务时有更多的选择自由。由于市场的配置作用，更多形式各异的休闲体育产品将生产出来，不同的服务方式也将依次进入市场。消费者选择休闲体育产品和服务的余地越来越大。随着选择的自由度增加，就会进一步刺激企业的生产。企业生产能力的扩

大，将为社会提供更多可供消费者选择的产品和服务，它不仅满足了消费者各式各样的消费需求，同时也进一步激发了消费者的消费欲望，从而形成了消费与市场以及市场与企业之间的良性循环。在这种情况下，休闲体育的市场化运作，将使其文化生命力持续旺盛，影响力不断扩大，进而有力地抵制各种腐朽文化对人们的侵蚀，缩小和剔除它们赖以生长的土壤，从而达到有力地推进社会主义先进文化建设与发展的目的。

(二) 发展休闲体育产业的根本目的在于发展休闲体育文化

休闲体育产业在整个经济社会发展中的重要作用，已经初见端倪。但是，由于我们的休闲体育产业才刚刚起步，再加之受到旧观念、旧体制的影响，一部分人对在社会主义条件下发展休闲体育产业还存在着许多模糊的认识。因此，我们应当明确发展休闲体育文化，要重视休闲体育产业的支撑和推动作用；发展休闲体育产业的根本目的，就在于发展休闲体育文化。

首先，发展休闲体育产业必须坚持正确的指导思想。坚持什么样的方向，才能推动建设什么样的文化。那种把产业的发展与文化的意识形态属性对立起来，认为产业的发展主要是通过市场的手段来调节，与其文化发展方向无关的认识是非常错误的。要充分认识到，我国休闲体育产业的发展是在建设有中国特色的社会主义这一根本前提下进行的。我国社会主义建设的根本任务就是要不断地满足人民群众日益增长的物质与精神文化需求，这其中就包括人们进行休闲体育文化创造，享受休闲体育服务和消费休闲体育产品等方面的需求。因此，在社会主义条件下，发展休闲体育产业，必须正确处理社会效益与经济效益的关系。坚持社会效益第一，社会效益与经济效益相统一，是我们发展休闲体育产业的一条重要原则。随着改革开放的不断深化，生活水平的逐步提高，特别是在我国进入小康社会，向宽裕型小康迈进的历史条件下，人们在消费休闲体育产品的同时，更主要的是消费产品的文化内涵。这就要求社会能够为人民群众提供更多更好的休闲体育产品和服务。而发展休闲体育产业，正是满足这一社会需求的重要方面，它将突破那种传统的把群众体育当做仅仅由政府来包办的事业的发展模式，为休闲体育文化的发展提供更为广阔的空间。运用产业的模式来发展休闲体育文化，可以调节和吸引更多的社会资金从事休闲体育的产品生产和服务，整合和配置那些零散的、没有被充分开发利用的体育文化资源，使其转化为体育文化产品和体育文化服务，从而进一步满足人民群众的享受和发展需求。坚持社会效益第一，就是我们的休闲体育产业必须首先体现时代发展的要求和人民群众的根本利益。坚持社会效益与经济效益的统一，就是在保证社会效益的前提下，注重经济效益，把二者紧密地结合起来。只讲社会效益，而没有相应的经济效益，社会效益就不能得到切实的体现。没有市场、不能消费的休闲体育产品，既谈不上有什么经济效益，也谈不上有什么社会效益。因此，从产业发展的角度去考虑问题，创造休闲体育的产品和服务，就要更加注重如何才能赢得市场，赢得消费者的信赖与喜爱。市场份额越大，说明其产品和服务产生的影响越大，其经济效益也越大。良好的经济效益，不仅反映了休闲体育产品和服务在社会上受欢迎的程度，同时也为产品的再生产提供了坚实的基础，为我们创造更多更好的产品和服务创造了条件。

其次，知识经济时代，经济的发展对知识、文化的依赖程度越来越紧密。就经济谈经济已经越来越不能适应时代的需要。知识与文化已经成为经济发展最重要的推动力。人们对产品和服务的选择更加注重其文化内涵，那些拥有了较高文化附加值的产品和服务，在市场上受到普遍欢迎。能否提供符合广大人民群众文化需求的产品和服务是衡量一个企业成功与否的重要标志。

二、我国休闲体育产业的发展历程及现状

新中国成立之前，国民党时期的休闲体育产业已经具备了一定的发展水平。例如，羽毛球、骑马、游泳、高尔夫球等，开始时就作为休闲体育或健康体育引入我国。而在休闲与健身之间，更重要的是显示参与者的个人身份和社会地位，因此更具有休闲性。所以，这一时期休闲体育只是少数社会有闲人物的休闲活动，既没有形成规模，也没有形成市场，但这并不能影响休闲体育和休闲体育产业在我国客观存在的事实。

新中国成立后，我国体育发展处在特殊国际政治背景下，被描绘上了一层浓浓的政治色彩。原国民党时期所有的休闲体育活动统统被作为资产阶级腐朽生活方式，全部扫进了历史的垃圾堆。因此，这一时期我国的休闲体育和休闲体育产业的发展基本处于停滞状态。即使是以休闲为基础的疗养院的海滨游泳、划船等活动，也被理解成国家和人民对功臣的一种政治奖励。而平常百姓日常生活中实际存在的一些休闲体育活动，如各种球类及传统体育活动局仅限在民间，也并没有形成一定的规模。

1978 年，我国导入了市场经济体制，国民经济得到了飞速发展，人民生活水平有了大幅度提高。截止 2003 年，我国城乡居民的储蓄存款总额已经达到 110695 亿元。居民消费中物质性消费支出比例减小，非商品性支出增加。近年来，这种消费结构的变化已形成了一个稳定的趋势。可以说，随着我国经济的高速发展，休闲体育和休闲体育产业的发展已经具备了一个良好的社会环境和经济基础。

1978 年，我国体育系统首先在内部实行“经营创收活动”，开始了我国体育产业化进程。但由于理论指导的欠缺，发展一直停滞不前。到了 90 年代，世界体育

产业全球化的发展进程，迫使我国的体育产业必须与国际对接。因而在 1994 年，从足球开始，随后是篮球、排球、围棋等项目实施了职业俱乐部制度。但我们仅仅把发展的重点放在竞技体育，而忽视了 70 年代以来国际上迅速兴起的休闲体育及其产业化的发展。因此，当许多外来休闲体育项目引入我国时，例如：保龄球、台球、国际标准舞等，统统脱离了体育领域而走向了“文化娱乐”系列。现在，我国体育主管部门已经意识到群众的休闲需要体育产业发展的新动力，但对我国的体育产业发展来说，已经走了一段很长的弯路。日本提出的“度假村”式休闲体育模式，在欧美风靡一时后几经辗转也传到了我国，例如：一些省市也结合各自的资源开设了一些度假村，主要是以保龄球、高尔夫球、帆船、快艇、游泳、沙滩排球、射击、射箭等休闲娱乐性较强的项目为主体的集餐饮、住宿等综合服务的经营实体。但由于只顾商业利润，而没有考虑到人们的普遍收入水平，许多经营实体往往投资大，收益小，甚至到了难以生存的境地。这样的休闲体育产业也由于大众参与程度偏低而不能形成产业规模，而大多成了少数有权和有钱阶级的专利。

对于目前我国休闲体育产业的市场规模，我们并不能提供准确的数据，这主要是因为对休闲体育产业定性比较困难，而且体育产业本身就是一种与其他产业混合经营的产业类型。但这并不能抹杀我国休闲体育产业市场存在的事实。我们完全可以根据休闲特征明显的设备、设施投资额和建设数量，推导、估算出一个我国休闲体育产业市场的概况。1995 年，我国已经建有高尔夫球场 47 个，累计投资额 52 亿元人民币以上；保龄球场 291 个，累计投资额 18 亿元人民币以上；另外，新建台球房 3409 个、轮滑房 345 个、室外网球场 1401 个。现在这些数字又有了新的发展，而且还引进了许多水上和空中休闲项目。就以 1995 年的保龄球场推算，我国当时有保龄球场 291 个，共有 5 万条球道。如果以每条球道需要 2 个服务人员来保证其正常运转计算，就可以提供几十万就业机会，而且可能产生 47 亿元的年收入。这还不包括保龄球带动的其他相关产业的收益，如停车场、餐饮等。当然，这只是从理论上对我国保龄球市场规模的理想推算，但也足以说明我国休闲体育产业有着美好的发展前景。

休闲体育是人们对体育多元功能和价值的重新认识，正是由于人们这种认识的更新，促进了我国群众体育的发展。这种发展主要表现在两个方面：首先是体育人口数量已呈一定规模，按照国际体育人口的评定标准，我国已有体育人口约 1.4 亿人，占 16 岁以上人口总数的 15.46%；更为重要的是，人们的体育消费观念发生了巨大的变化，“花钱买健康”已成为一项稳定且日趋增长的消费。体育人口和体育消费指数的增长促进了以消费为特征的各种体育产业的发展。如我国现有以李宁、格威特、康威、双星等为代表的体育用品企业 3372 家（属于中国文教卫体育用品协会会员的企业数），近年来，其总产值已超过部分发达国家，并以每年 400 余亿元人民币的速度增长。

以体育旅游为例，2000 年，我国国内旅游收入为 3175.54 亿元人民币，若按体育旅游所创比例为 1/3 计算，那么我国国内体育旅游所创总收入便是 1506 亿元人民币。再以体育观赏为例，20 世纪 90 年代以来，我国甲 A、甲 B 职业足球赛，年均观众达 580 万人次，年经营收入 7 亿元；甲 A 职业篮球年均观众 62 万人次，年经营收入 1 亿元；职业排球，年均观众 50 万人次，年经营收入 4000 万元；男、女乒乓球超级联赛，年均观众 100 万人次，年经营收入 2000 万元。

通过以上所举数据，我们可以大致了解我国休闲体育产业的发展现状。我们认为，尽管由于休闲体育产业的定性比较困难，我们不能对我国休闲体育产业的市场规模作出一个准确的统计，现在世界上任何一个国家也还没有提供出（正式公布）准确反映本国休闲体育产业市场规模的精确数据。但有一个事实是不容我们否认的，那就是，随着体育逐渐成为我国人民一种稳定的休闲方式，以满足人民休闲娱乐需求为目的的体育产业将有着巨大的发展前景，休闲体育产业在整个体育产业中的比重将会越来越大，运动休闲也将成为我国体育产业发展的新的推动力。

三、我国休闲体育产业发展的文化学策略

通过产业与文化发展关系的分析，我们知道，文化对产业发展的促进作用和我国的社会主义性质决定了休闲体育产业的发展，我们必须注意经济效益与社会效益的统一，以满足人们日益增长的物质与文化的需要为目的。只有休闲体育文化在群众中有了一定的受众群，休闲体育产业才能发挥对我国经济和社会发展的推动作用。因此，对于休闲体育产业的发展，我们必须尊重人们对休闲体育文化的需要，只有这样，我们才能实现休闲体育产业和休闲体育文化之间的良性互动发展。

（一）坚持以人为本的原则

休闲体育是人们在余暇时间内，以一定的体育活动为依托，以追求积极良好的心理体验为目标的一种生活方式。这个概念有着深刻的内涵，它反映了人类在现代物质文明高度发达的社会中，把体育作为自我发展和完善的一种方式。因此，我们说，休闲体育是一种“以人为本”的文化。

对于休闲体育产业的发展，我们必须坚持“以人为本”的原则。坚持“以人为本”原则是休闲体育产业和休闲体育文化和谐发展至关重要的原则。从严格意义上讲，任何产业的发展都必须坚持这一原则。因为发展经济只是手段，其最终

目的还是为了人的发展，否则经济的发展就毫无意义可言，这样的经济也会随着价值观的偏离而失去生存的活力。

“以人为本”的经济观是一种伦理经济观。休闲体育产业的发展，是否与其文化的终极目的和价值相和谐，关键在于我们采取何种体育经济价值观。对于休闲体育产业的发展，如果我们脱离伦理经济观，而采用以资本为中心的原则，那么休闲体育产业越发达，其文化精神的损失就越明显。因为从社会学的角度看，休闲体育产业的发展，抛开伦理价值观就等于使其放弃其应有的社会任务和社会责任，它所能给人类带来的只能是一种单纯物质上的享受。

坚持休闲体育产业发展的伦理观，关键在于正确处理产业发展与文化发展的关系。经济决定论者认为：体育经济绝对地决定体育生活和体育文化精神，甚至把体育精神视为体育经济的派生物。这种观点是错误的，它夸大了体育经济对体育文化发展的作用。事实上，体育经济的发展对体育文化的作用，主要是针对体育文化的行为制度层面和物质层面而言的，对体育文化的精神层面的作用和影响是间接的，经济发展了并不等于体育文化的精神层面会随之走向人本主义。两者之间并不存在文化上的必然关系，至多是有助于文化精神的贯彻。相反，知识经济时代，经济的发展对文化的依赖程度越来越紧密切。就经济谈经济已经越来越不能适应时代的需要。文化已经成为经济发展最重要的推动力。人们对产品和服务的选择更加注重其文化内涵，只有那些拥有了较高文化附加值的产品和服务，才能在市场上受到普遍欢迎。能否提供符合广大人民群众文化需求的产品和服务是衡量一个企业成功与否的重要标志。从这个意义上说，文化对经济的发展有着决定性的作用。

当然，我们反对休闲体育产业发展采取以资本为中心的原则，并不是否认资本在产业发展中的重要作用，产业发展没有资本是不行的。没有资本的推动，产业发展就成了一句空话。产业化就是走市场化的道路，资本的筹集必须来自于市场。而市场是由千千万万个休闲体育消费者组成的，没有群众对休闲体育文化的认同，休闲体育就会失去广大的受众群，也意味着其产业市场的丧失。

坚持休闲体育产业发展的“以人为本”的原则，不仅是由经济与文化的关系决定的，也是由我国社会主义制度所决定的。社会主义发展的目标与任务是满足人们日益增长的物质和精神文化需求。能否满足人们物质和文化的需求，是衡量社会主义发展的唯一标尺。而休闲体育是一种身心合一的文化，参与者通过对制度层面的遵守和物质层面的操作达到身心健康的目的。对于参与者而言，他们获得的不仅是物质上的享受，更是精神上的满足。这是与社会主义发展的目标与任务相一致的。有学者认为，我国的体育产业是社会主义市场经济体制下运行的体育事业。我们十分赞同此观点，为了促进休闲体育产业的发展，我们必须把它看成一项有益于满足我国人民精神文化需求的事业，以发展事业为基础，坚持公益性与营利性相结合的原则，特别是我国是一个发展中的国家，体育产业的发展还离不开事业经费的支持和国家政策的倾斜。如体育博彩业是国家通过行政政策手段，吸引社会游资，发展体育事业的有效筹资途径。每年依据2000年实施的“中国体育彩票全民健身工程管理暂行规定”，国家将彩票收益中的部分作为启动资金，推动公益性体育设施的兴建。体育设施的兴建促进了休闲体育的开展，满足了人民群众日益增长的休闲体育需求，也为休闲体育产业的发展奠定了良好的基础。这样，事业与产业形成了一种良性循环，推动了休闲体育产业和休闲体育文化的和谐发展。

（二）考虑文化价值观的不同

所谓文化价值观是指一个人对不同文化价值的认同。以个人对文学作品的偏好为例，有的人喜欢天马行空、刀光剑影；有的人则沉醉于风花雪月、柔情万种，这就是人们对不同文化价值的认同。表现在体育文化上，人们在休闲时对体育项目选择也是多种多样的，有的人喜欢诸如攀岩、登山等挑战自我和自然的项目；有的人则钟爱棋牌、武术、垂钓等修身怡情的项目。更为重要的是，随着人们对体育多元功能和价值的认识，人们不仅自主选择休闲体育项目，而且主动创造一些休闲体育项目。这些选择和创造是基于文化背景的不同而形成的人们对不同文化价值认同相异的结果。

我们必须考虑不同的文化价值观对休闲体育产业发展的影响。

首先，对于休闲体育项目的引进，我们不能只看到一些休闲体育项目给一些国家带来的巨大经济利益而盲目的引进。以高尔夫球为例，它给一些欧美国家带来的商业利润是巨大的。仅2002年美国高尔夫球杆的市场销量就达28亿多美元，其高尔夫及其相关产业年产值达到1000多亿美元。受商业利润的诱惑，东南亚一些国家曾盲目引进，甚至到了泛滥的地步，而东南亚绝大多数属发展中国家，社会经济、政治无法真正接受这种文化现象，高额的消费和侵占大量土地以及污染问题使人们把高尔夫球运动视为腐败的社会问题，其结果是高尔夫球场纷纷落马。我国也存在类似的现象，自1983年我国首块高尔夫球场地出现以来，高尔夫球场地数量急剧膨胀。截止2004年的不完全统计，我国已建高尔夫球场195个，而事实上只有不到半数的球场能够盈利。又如，受传统文化的影响，中国人不怕冒险，但始终不会到不顾忌自己生命的程度，一些高风险项目如摩托艇、热气球等，并没有在我国得到广泛的开展。因此，在休闲体育项目的引进上，我们必须结合我国的文化背景和社会发展背景反复论证，即便引进也不能一哄而上，而要重视市场调研工作，做到边发展边开发。

其次，多元文化价值观的并存带来的是人们休闲体育活动方式的多样化，人们不但自主选择休闲体育活动方式，而且主动创造休闲体育活动方式。因此，人们要求对休闲体育行为提供咨询和指导的呼声很高。在这个背景下，休闲体育专门人才的培养就显得十分重要，它不仅能够通过满足人们在不同文化价值观下对休闲体育活动方式选择的需要来间接促进休闲体育产业的发展，而且本身也是一个巨大的产业市场。然而，这恰恰是制约我国休闲体育开展和休闲体育产业发展的瓶颈。与国外高校早已开设休闲体育专业相比，我国各体育专业院校目前尚无培养休闲体育专门人才的专业。而社会体育专业培养的社会体育指导员无论从数量还是质量都跟不上休闲体育个性化、户外化发展的需要。以1996年计算，我国社会体育指导员有6万余人。同期，我国总人口122389万人，参加体育活动的人口占全国总人口的34.34%，共42040万人；根据这一数据推算，同期我国每20398人口拥有一名社会体育指导员，每7007个参加体育锻炼的人口拥有一名社会体育指导员。而1996年日本全国平均每2000人中有一名体育指导员，我国与日本的比例相差10倍。因此，我们各体育专业院校必须着手开展培养休闲体育专门人才的工作，以适应我国休闲体育开展和我国休闲体育产业发展的需要。

(三) 重视民族传统体育文化休闲产业价值的开发

民族传统体育文化的休闲产业化开发有着重要的意义。一方面，休闲产业化开发使得我国民族传统体育文化市场规模扩大，有利于它的生存和发展。例如，划龙舟是产业化开发和市场化运作较好的一项民族传统体育文化。每年，我国各地都会举办龙舟竞渡，吸引了大批的国内外旅游观光者，不仅如此，随着市场规模的扩大，其独有的文化内涵和娱乐性、观赏性得到了世界各国人民的了解和喜爱，一些国家（如澳大利亚、日本、英国、美国、加拿大以及菲律宾、泰国、马来西亚和印尼等）都开展了这项运动，并设立了专门的组织，这就有效地保障了划龙舟——这一我国传统体育文化的生存和发展。另一方面，我国拥有55个少数民族，许多少数民族在经济上还处于贫困状态，而各少数民族有着丰富的传统体育文化，这些传统体育文化如果能运用市场手段有效地加以开发，对于少数民族的脱贫致富将有着重要的意义。近年来，随着我国西部开发战略的实施，我国许多体育工作者已经开始探索将少数民族传统体育文化与旅游业相结合，以推动我国西部开发战略的实施，改善我国少数民族的生存状况。

随着社会生产生活的进一步机械化和现代化，以及人们经济收入的增长和余暇时间的增多，人类愈来愈希望通过旅游走进大自然，修身养性，希望更真实地体验到不同于现实生活中的另一种生活方式。从旅游学的角度看，对于旅游资源的分类一般可划分为自然旅游资源和人文旅游资源两大类。而我国各民族传统体育文化就是一种丰富的人文旅游资源。因此，民族传统体育文化与旅游相结合是实现其产业开发的重要途径。

从文化学的角度考虑，我们认为，在民族体育旅游资源产业化开发的实际工作中，以下两点是必须注意的：首先，对于民族体育旅游资源的开发，要找准发展的重点，真正将特色鲜明、文化内涵丰富、知名度高的民族传统体育文化挖掘出来，如蒙古族的那达慕大会、傣族的泼水节等。其次，在民族体育旅游资源的开发过程中，要处理好民族体育文化和产业开发的关系。要认识到，产业开发的最终目的在于有效地保护民族体育文化，而民族体育文化只有具有民族特色，才能得到我国和世界人民的喜爱，也才具有产业开发的价值。因此，保护文化和发展产业这两方面是相得益彰的。

休闲体育产业作为社会新兴产业，正在蓬勃发展，这一产业的发展无疑会对整个社会经济的发展起到促进作用。同时，社会经济自身的发展又会反作用于休闲体育进一步的产业化。陕西地处我国西部，与东部沿海经济较为发达省份相比还较为落后，休闲体育产业作为新兴产业，自身的发展尚存在较多问题，对其进行分析研究，寻找制约因素，具有一定理论与现实意义。

四、陕西省休闲体育产业发展所面临的问题

（一）休闲体育消费市场城乡差别明显

休闲体育作为人们参与社会体育活动的一种新方式，已经被越来越多的人接受。特别是在城市，人们的余暇时间增多、生活相对富足之后，开始关注自身的健康，追求身心的娱乐，休闲体育活动以其特有的自由、娱乐等特性迎合人们的需要。必要的消费是参加活动的保障，休闲体育消费是体育产业的最重要组成，更多的城市人开始愿意将各种方式的休闲体育活动消费作为日常生活的一部分，特别是用于参与休闲体育活动的体育用品市场日渐成熟，休闲体育健身器材、体育服装、户外运动装备等已成为不少城市居民参与活动消费的必需品。但这种现状主要表现在城市，在农村地区、特别是经济较为落后的偏远地区休闲体育用品市场状况不容乐观。据调查，陕西省农村居民年均体育消费水平为 0 的占到 41.3%、50 元以下的占到 42.1%，仅有不足 20%的人超过 50 元。城乡之间经济发展水平差距较大，不少农村地区还较贫穷落后，居民自身温饱刚刚解决。此外，农村居民思想意识还较为保守、文化程度低、信息闭塞也阻碍他们对休闲体育用品的消费。

（二）现有体育场馆面向休闲体育市场的开放程度不高

休闲体育活动开展需要场地设施的保障，现有场地设施面向大众开放也会有

一定的产业效益。陕西省已有一批高质量现代化的体育场馆，特别是曾经为举办全国大学生运动会、第四届城市运动会修建的场馆设施。但大型赛事结束后，大量场馆设施基本处于闲置状态，从全国体育场馆面向大众开放的情况来看，未开放的比例高达34.6%，部分开放的占21.3%，全部开放的占44.1%，陕西省现有的体育场馆面向大众开放的程度远低于全国平均水平。随着休闲体育活动的广泛开展，大众对场地设施的种类、数量需求增加，而从现状看，用于大众参与休闲体育活动的场馆设施还不能满足需要。主管部门可结合实际收取一定的费用，一方面能够用于场馆自身的维护与管理，另一方面也可满足大众休闲体育活动所需，并创造一定的经济效益，带动休闲体育产业市场的发展。

（三）经营性休闲健身场所与竞赛表演产业发展较成熟，休闲体育培训服务产业滞后

休闲体育产业的发展涵盖多方面的市场表现，总体看，陕西省休闲体育产业中，经营性健身场所与竞赛市场的发展较为成熟。经营性健身场所发展较快与上世纪九十年代我国计划经济向市场经济体制转变的逐渐成熟有关，特别是1995年《全民健身计划纲要》颁布之后，掀起了全民健身的热潮，加之《体育产业发展纲要》的颁布，推动了经营性休闲健身市场的发展，各种专门供大众休闲健身的经营场所如雨后春笋般遍布各地，而且投资形式多样，高、中、低不同档次并存，这些经营性休闲健身场所满足了大众休闲健身所需，同时也为社会增加了就业机会。竞赛表演市场虽然在陕西起步较晚，但发展迅速，源于国家竞技体育项目管理体制的改革，以足球项目为代表的职业联赛带动了竞赛表演市场的发展，随后，篮球、乒乓球、羽毛球、围棋等项目也都陆续走向职业化，这些项目的职业化丰富了休闲竞赛表演市场，大众可以通过观赏高水平的比赛获得美的享受，达到娱乐身心的休闲目的，但这种竞赛表演项目中的休闲体育项目还有待于增加。相对经营性休闲健身场所与竞赛表演市场，休闲体育培训服务市场发展较为滞后，休闲体育作为一种新的社会体育种类，一些时尚、娱乐、休闲的活动对普通大众还较为陌生，存在“只看不练”的现状，主要是因为对这些休闲体育项目大多数人还没有掌握科学的知识与技能，普通大众的体育知识与技能主要来自于学校体育教育，而新兴的大多休闲体育项目在学校教育中未曾涉及，这就需要面向大众进行必要的休闲体育知识与技能的培训，指导大众能真正参与到活动中来，有偿的培训、指导服务也是休闲体育产业的重要组成。

（四）休闲体育文化产业市场尚待开发

休闲体育作为人们参与体育的一种新方式，需要自身文化的发展，这种文化的发展不同于休闲体育场地设施的建设，也不同于各种器材、服装、装备的研发，

文化往往表现于其内涵之中，是一种无形的资产。休闲体育文化需要通过网络、影视、报刊等媒体方式表现，对休闲体育的内涵进行宣传。陕西有着丰富的文化底蕴，休闲体育文化的宣扬也应结合陕西特有的文化特点，创作与休闲体育相关的作品，从而带动实践活动的开展，并形成文化产业市场，从目前来看，陕西休闲体育文化产业市场较为滞后，有待于进一步的开发。

五、陕西省休闲体育产业发展制约因素

(一) 经济因素

任何事业的发展都离不开当地经济的发展，陕西与我国经济发达省份、东部沿海省份相比还较为落后，2010 年，中国省域竞争力蓝皮书发布，陕西排在第 20 位。社会经济发展的落后直接影响普通大众的经济水平，大众参与休闲体育活动是人的高层次需要，只有人们的衣食住行达到一定水准后，才有可能考虑这种高层次需要的消费，陕西省居民在休闲体育方面的投入直接受经济因素影响，与经济发达的上海、北京、江苏等省市相比落后，休闲体育产业发展自然滞后。这种经济因素的影响还表现于城乡之间的差别较大，与全国水平相比，2009 年陕西省农民人均纯收入为 3438 元，全国农民人均纯收入达 5153 元，陕西省比全国农民人均收入低 1715 元，不足全国的 67%，农村经济发展的落后更会影响休闲体育产业的发展。因而，社会经济发展是影响休闲体育产业发展的首要因素，休闲体育产业的发展依托于坚实的社会经济基础，同时，休闲体育产业作为社会经济的增长点之一，也会反作用于社会经济。因而，目前陕西较落后的社会经济现状，影响居民休闲体育消费水平，自然影响休闲体育产业的发展，只有社会经济的发展才会促进休闲体育产业的发展。

(二) 体制因素

体育产业包括大众健身产业和竞技体育产业，休闲体育产业包含于大众健身产业之中。目前，从体制来看，陕西省大众健身产业受政府干预较多，虽然我国已由计划经济转为市场经济体制，但作为大众健身产业的休闲体育产业所需的场地、设施等大多硬件产权仍归政府部门，不少服务性机构也是政府设置的，政府部门本身在服务于社会过程中不以盈利为主要目的，大众健身产业化、社会化之后，政府部门也转向经营活动，但和大量民间体育健身产业相比，有较大的经营优势，造成体育健身市场的不均衡，难以健康发展，对休闲体育产业也形成一定障碍。因而，理顺体制关系，让休闲体育产业真正走向市场化、社会化仍需一定的过程。

(三) 政策因素

新兴产业的发展需要有政策的扶持，休闲体育产业刚刚起步，正需要政府部

门相关政策的扶持与倾斜。比如，美国体育产业在发展初期，政府在制定政策时给予了一定优惠，规定“凡投资体育，赞助体育的企业，均获得国家免税”，意大利也颁布了“公共博彩业体育法”和“博彩活动的范围”等相关政策用于扶持体育产业。政府对休闲体育产业的扶持会使其走向健康发展之路。目前陕西省对休闲体育产业的扶持力度还不够，用于体育事业发展的体育彩票公益金更多用于竞技体育与全民健身方面，在体育产业，特别是休闲体育产业方面除国家彩票公益金外，省内没有较多的支持力度。从国家金融政策看，银行借贷与股票证券市场对休闲体育产业也没有更多的扶持，这就导致休闲体育产业的发展无力。此外，相关休闲体育产业的法规制度还不完善，使得这一产业的发展难以制度化、规范化，虽然出台了一些法规制度，但较为混杂，难以形成统一的保障。

(四) 人才因素

人才是休闲体育产业发展的一个重要因素，休闲体育产业人才包括两类，首先需要休闲体育项目指导人才，作为刚刚起步的休闲体育活动，大众在参与过程中需要有人指导，让他们掌握科学的知识与技能，从而参与到休闲体育活动中来，这种指导可以是有偿指导，对大众组织专门的培训，或在一定的场所中进行指导，一定程度上刺激休闲体育消费，促进休闲体育产业发展。此外，也需要专门的休闲体育经营人才，使休闲体育产业的管理与经营更加有效，走上正轨。目前陕西省这两类人才都较为缺乏，现有的指导人才大多是对传统体育项目进行指导，新兴的、时尚的休闲体育项目指导人才不多，经营管理人才更为匮乏，现有的休闲体育产业经营者、管理者大多不是专门的体育经营领域专门人才，这两类人才在陕西仅有一所体育专业院校在培养，因而人才因素制约着陕西休闲体育产业的发展。

(五) 场地设施因素

休闲体育项目与传统体育项目相比，场地设施还较为缺乏，现有的供大众参与体育锻炼的场地设施大多是一些传统体育项目场地设施，还不能满足一些时尚休闲体育项目的开展。而场地设施是休闲体育活动开展的硬件保障，必要的场地设施一方面能保障大众对休闲体育活动的参与，另一方面经营性的休闲体育场地设施也能刺激大众消费，带动休闲体育产业的发展。陕西由于经济发展、休闲体育本身开展等方面的因素，场地设施的匮乏影响着休闲体育产业的发展，特别是在农村地区，这也是造成城乡休闲体育消费差别较大的一个原因。

综上，陕西省休闲体育产业面临的问题表现在四个方面：首先，随着人们生活水平的提高与休闲体育活动的开展，休闲体育消费市场正在逐渐成熟，但这种现状主要表现在城市，在农村地区特别是经济较为落后的偏远地区休闲体育用品市场状况不容乐观；第二，随着休闲体育活动的广泛开展，大众对场地设施的种类、数量需求增加，而从现状看，陕西省现有的体育场馆面向大众开放的程度远低于全国平均水平；第三，陕西省休闲体育产业中经营性健身场所与竞赛市场的发展较为成熟，作为休闲体育产业重要组成的有偿的培训、指导服务市场发展较为滞后；第四，休闲体育作为人们参与体育的一种新方式，需要其自身文化的发展，陕西休闲体育文化产业市场较为滞后，有待于进一步的开发。

通过分析发现，制约陕西省休闲体育产业发展的因素主要是：陕西经济发展与发达省份相比还较落后；归属于大众健身产业中的休闲体育产业体制还存在一定问题，尚需理顺；作为新兴的休闲体育产业政策扶持力度还不够；场地设施的匮乏制约休闲体育产业的发展；休闲体育指导、经营类人才缺乏阻碍休闲体育产业的发展。

第二节　陕西体育旅游发展机遇

一、陕西省体育旅游发展状况

（一）陕西体育旅游的历史契机

1. 历史契机

1996 年 6 月，西部大开发战略的提出，为西部地区旅游业的发展带来了大好机遇，江泽民同志在西部五省（区）党建工作和西部大开发座谈会上明确指出“西部地区旅游资源得天独厚，要加快发展步伐”。与此同时，为了加快西部旅游资源的开发，2000 年中央政府决定发行了两批旅游国债共 12 亿元人民币，其中已落实的第一批 8 亿元的旅游国债选中的 70 个旅游项目，西部地区占了 70%。这种政策上的倾斜和重点扶持，给陕西旅游业带来了极好的发展机遇。地处西部地区的陕西有着悠久辉煌的历史和博大精深的传统文化，人杰地灵，自然景观和人文景观资源非常丰富而独特，是中外旅游观光者十分看重的一大板块，吸引着大量境内外旅游投资者和旅游观光者。有资料显示，2001 年陕西省旅游业总收入为 168 亿人民币，比上年增长 11.8%，已占到陕西省当年国内生产总值的 9%，旅游消费给陕西的国民经济发展带来了显著的经济效益和社会效益。在旅游业发展的同时，促进了地域经济的发展。这种以点带面的经济发展速度，已使旅游产业成为拉动陕西国民经济发展的朝阳产业。陕西省人民政府将旅游产业作为“十五”期间优先重点扶持开发的优势产业。旅游特色经济的优势和产业地位被进一步确立。

北京举办的 2008 年夏季奥运会引发了以北京为中心并辐射全国的旅游热，从而为北京乃至全国都产生巨大的奥运商机，仅就北京市而言，在 2008 年增加境外旅游累计达400万人次，每人次在北京停留4～7天，人均每天消费200美元，累计增加旅游消费近40亿美元。这种体育产业搭台、旅游产业唱戏的联合发展，对北京GDP的增长进行了强有力的拉动。为此，陕西旅游业也紧紧抓住了这次机遇，加强与体育事业的合作，投资北京奥运市场，借助奥运平台，向世界展示陕西具有地域特色的体育旅游，这种借“势”发展的市场营销策略使陕西的旅游产品很快地驶入了国际体育旅游市场的快车道。

2. 陕西体育旅游产业的现状与发展

陕西作为一个发展中的旅游大省，仅就其人文资源和自然资源来说，在全国属于旅游资源富集区，然而比较全国旅游中心省市的旅游经济收入现状来看，陕西旅游业仅仅排在前10名左右。究其原因，在于陕西旅游业虽经过20多年的开发，形成了以文物古迹为特色的观光旅游产品体系，也开辟了休闲度假旅游、商务旅游和多种专项旅游，但旅游主线一直习惯性地局限于秦兵马俑、法门寺以及周边的文物古迹聚集带和自然景观聚集带。一成不变的旅游线路、旅游环境很容易使人产生“审美疲劳”，难以满足生活在现代社会中的人们的旅游消费需求，“厌旧”意识冲击着人们的旅游理念。有资料表明，人文旅游近年来已渐呈负增长之势。据调查，在观光旅游的人群中一个地方游过两次以上的仅为21%，而选择两次以上体育健身娱乐活动的人群占89%。

“发展是硬道理”，面对新一轮的历史发展机遇期，陕西体育事业和旅游业应携手形成旅游搭台、体育唱戏，体育搭台、旅游唱戏的合作关系，牢固树立和认真落实以人为本，全面协调可持续的科学发展观，切实把经济的着力点放在调整结构、深化改革、转变增长的方式上，对可开发体育旅游的自然资源进行可行性研究。虽然目前传统的观光旅游中有些地方已开发了爬山、漂流、骑马、攀登等体育项目，但其经营行为是粗放型的，其开发度远不能满足体育旅游市场的需求，也造成了旅游资源上的浪费。

二、陕西发展体育旅游的机遇

(一) 国内外体育旅游发展趋势

近几年，体育旅游已成为令世界各国瞩目的旅游项目，特别在欧美、日本开展比较普遍。人们通过旅游参与一些体育活动，既达到健身目的，又实现了对大自然的回归，使身心彻底放松。据统计，被誉为旅游王国的西班牙，20世纪90年代以来，每年来该国的游客高达5600万左右，其中体育旅游者人数占60%以上，创汇始终稳定在170亿美元以上。瑞士仅滑雪旅游一项，每年接待外国体育旅游者高达1500万人次，创汇70亿美元。意大利发展体育旅游的年产值目前已达500亿美元。英国通过发展体育旅游业所得到的年产值近90亿英镑。在我国据有关资料报道，1997年旅游创汇110多亿元，其中体育、娱乐、休闲旅游创汇所占比例大约为1/3（近40亿美元）。所有这些都说明，体育旅游逐渐成为人们的一种时尚。

（二）西部大开发战略的实施

随着西部大开发战略的提出，为西部地区旅游业发展带来了机遇。党中央、国务院领导同志对西部地区旅游业特别关心和重视。对西部地区如何依托旅游资源优势，加快旅游产业做过一系列重要指示。陕西省根据自身的情况确立了开发的基本思路和重点，即通过10～20年的开发建设，把陕西省建设成为旅游大省。在西部大开发战略实施中，由于旅游业的市场扩张性突出，平均盈利能力强，因此陕西旅游业将获得更多的资金、技术、人才、资源的投入和支持，从而推动与国内外在经贸、文化、技术、旅游等多方面的合作，从而吸引更多的游客进入陕西，促进陕西体育旅游的联合发展。随着人民生活水平的不断提高，旅游需求也开始发生变化，从静态的观光旅游向动态参与性、娱乐性、休闲性、探险性旅游发展，这为体育与旅游的结合，提供了很好的发展机会。

（三）中国加入世贸组织

中国加入世贸组织，势必对我国旅游业的发展造成一定的冲击，但从总体上分析，它对我国旅游业的积极影响占主导地位。加入WTO将有助于我国在世界上树立一个政治开明、社会稳定、经济繁荣的良好形象，这能吸引更多的海外游客进入我国、进入陕西。加入WTO，将使陕西更紧密地融入世界经济体系，增强中外经济、社会、文化等多方面的交流与合作，更充分地利用国外的资金、技术、人才和管理经验，提高陕西体育旅游的水平与质量，还可以促进陕西体育旅游组织者与国际体育旅游经营者的合作，更方便地为陕西体育旅游的开发、组织、保障体系的建设提供借鉴模式，使陕西体育旅游更快地与国际体育旅游接轨，更快地纳入到世界旅游圈之中。

（四）陕西旅游支柱产业的建设

陕西省委、省政府近十多年来一直重视和支持旅游业的发展，旅游业已成为陕西省的支柱产业，陕西省初步建成了中国旅游大省之一。陕西省委、省政府1998年11月出台了《关于深化旅游体制改革，加快旅游产业发展的决定》，其中很重要的一条就是组建陕西旅游集团公司，目的就是适应市场经济的要求，调整和优化旅游资源配置，充分发挥企业作为市场主体的优势，实施以政府为主导的战略性、规模性产品开发和集团化投资经营，从而整体提高旅游产业化、规模化、市场化的水平，使旅游业真正成为陕西省的支柱产业和新的经济增长点。经过十几年的努力，陕西已经建设了许多国内外知名的旅游目的地。

三、陕西省发展体育旅游存在的问题

在陕西省的体育旅游业的发展中，还存在着一些制约因素：

1. 陕西省地处西部经济落后之地，比较薄弱的经济基础影响了其体育旅游业的发展。资金的贫乏导致了体育旅游场地、场馆、设施等的缺乏，体育旅游的相关信息的宣传力度不够，在一定程度上也不利于陕西省体育旅游事业的发展。体育旅游业，作为一种新兴的产业，人们对其的本质还没有实质性的深入理解和认识。政府以及相关部门对体育旅游业的发展并不是十分关注，对它的资金投入的忽视，也影响了体育旅游资源产业优势的形成。

2. 规范陕西省体育旅游事业发展的相关法律法规并不完善。体育旅游业的综合性比较强，涉及的范围也较广，但是规范相关领域的法律法规还不甚完善，需要法律部门加以完善和规范。在执法方面，体育旅游法律法规的执行缺乏统一、协调、有序的管理，执法人员的综合素质也有待进一步提高。

3. 在经营管理方面，体育旅游服务系统缺乏专业的管理人才，提高相关从业人员的专业知识素质和管理素质显得十分重要。

4. 陕西省体育旅游业的发展还处于初级阶段，与国际市场体育旅游业发展并没有完全接轨，还处于探索阶段。西方发达国家在体育旅游业发展方面十分重视各种国际公约和协定的签署，我国政府对关于体育旅游方面的国际公约的签订并不是十分重视，这不利于外国资金投入的引进，也有碍于陕西省体育旅游事业的进一步发展。

四、陕西省体育旅游市场开发策略

1. 相关的国家机关要考虑陕西地区的实际情况，结合当地多种多样的地貌、自然资源等的特点，对体育旅游资源的可行性进行切实地评价，并及时地提出全面性、综合性、可行性的发展战略。在具体的体育旅游规划实行过程中，更要注意体育旅游与环境保护和社会、经济发展之间的关系。不当的体育旅游行为的发生，只会造成环境的破坏和生态效益的减损。只有做到先规划，再开发，并严格地遵循体育旅游经济的发展规律，才能达到经济和生态效益的双赢。

2. 陕西省的体育旅游资源（无论是自然旅游资源，还是人文旅游资源）多种多样，是其多元化体育旅游业发展的物质基础。单一的旅游资源及旅游产品，只会引起旅游者的观赏疲劳和参与行为的疲惫。只有充分地利用陕西省独特的自然环境、人文景观、悠久文化以及独一无二的风俗民情等，整合资源优势，改变单一的体育旅游发展形式，对其进行多元化的发展（对旅游资源进行融合性开发，如将生态旅游、红色旅游、休闲旅游等与体育旅游结合起来进行开发），才能满足旅游者求新、求异的需求，吸引更多的旅游人群以及潜在旅游人群。

3. 要对陕西省丰富的体育旅游资源进行充分地、深层次地纵向挖掘，大胆地推出含有新意的体育旅游项目。如：利用陕北独特的高原地形开展探险、越野等刺激性体育旅游项目；利用独特的窑洞文化、红色文化开展观赏性的体育旅游项目；利用华山、太白山等地貌资源开展登山等探险性的体育旅游项目。我们不仅要对现有的体育旅游资源进行深层次的开发，更要以满足旅游者的需要为目的，对潜在的体育旅游资源进行探索。另外，还要将陕西省独特的民俗与娱乐性的体育项目相结合，以参与性和观赏性相结合的形式发展体育旅游事业。

4. 针对体育旅游资源的开发尚处于初级阶段，体育旅游专业人才缺乏这一现状，陕西省相关体育旅游部门应加大力度培养其专业人才，并加强体育旅游专门机构的组织建设，以促进体育旅游事业的大力发展。在加强管理的同时，还要注意以市场为向导，注重体育旅游品牌项目的发展，着眼于秧歌、越野、山地等精品旅游项目的打造。

5. 体育旅游业的发展，是与其他相关产业的发展紧密相连的。我们应充分利用各种旅游资源，大力发展体育旅游业的同时，也要注重协调其与相关产业的关系。只有充分地处理好体育旅游业与其相关产业的关系，才能确保其持续、健康的发展。陕西省是一个历史文化悠久的省份，我们要努力开发其体育旅游市场，也要注重与其他省市的联合发展。只有和其他省市的强强联合和优势互补，才能实现体育旅游业真正地可持续性发展。

总体来说，陕西省具有丰富的体育旅游资源，其独特的风俗民情和历史文化资源更使体育旅游业的发展颇具特色。我们在充分利用陕西省的体育旅游资源优势，开展其体育旅游业的同时，也要注重协调体育旅游业与其他相关产业的关系，以及与其他省份体育旅游业的联合发展；在发展大众体育旅游业的同时，更要注重红色体育旅游、刺激性体育旅游、观赏性体育旅游等精品旅游项目的开展，才能确保陕西省体育旅游业的发展达到社会效应和经济效应的和谐统一。

第三节　陕西省体育旅游资源开发

一、陕西发展体育旅游开发的条件和优势

（一）陕西发展体育旅游有着丰富的资源基础

陕西省地处我国中部偏北，中国内陆的中心位置，中华人民共和国大地的原点就在陕西省泾阳县境内，陕西不仅历史悠久，而且多名山大川。巍峨的秦岭山脉横亘陕西中部，滚滚黄河纵穿秦晋峡谷，造就了华山、骊山、太白山、天台山

和黄河壶口等著名的风景名胜区。优越的地理环境和悠久的历史文化，给陕西这块近 2100 平方公里的地上地下，留下了丰富的文物古迹以及景色秀丽的名山大川，江河湖泊。至 2000 年底，全省共开发建设对外开放旅游景区（点）240 处，其中森林公园 50 处，面积 18.76 万公顷；自然保护区 10 处，面积 25.69 万公顷；风景名胜区 33 处，面积 24.75 万公顷；文物古迹旅游点 95 处；现代建设休闲度假园区 60 余处。已初步形成了以西安为中心，向东、西、南、北辐射的四条旅游线路，园、区、点、线结合，人文景观与自然风景结合，观光游览与休闲度假互补的不同特色、不同内容、不同风格的五大旅游区：即以太白山、楼观台国家森林公园为代表的森林旅游区；以太白山、佛坪国家级自然保护区为代表的生态旅游区；以华山、黄河壶口瀑布等全国重点名胜风景区为代表的自然风光旅游区；以古都西安为中心的周、秦、汉、唐文物古迹旅游区；以革命圣地延安为代表的革命旧址旅游区。同时还开发了“丝绸之路”、“三国遗迹”、“黄土风情”、“塞外风光”、“秦岭四大国宝”等专线旅游。这些都为陕西发展体育旅游事业提供了独特丰富的旅游资源。

（二）陕西发展体育旅游有着较好的区位和交通条件

陕西位于中国版图的中部。目前，陕西基础设施逐步完善，交通网络四通八达，新建点日益增多。“九五”期间，为了扩大对外开放，促进旅游业持续发展，全省建成国际国内、空中地面、城区景区四通八达的交通网络。如开通多条国际地区航线以及近百条国内航线。西安空港口岸年通岸人数已近 10 万。开通西安火车站至北京、武汉、郑州、安康等主要路段的旅游专列。公路建设中，西临、西铜、西宝等高速公路和通往咸阳机场专用公路建成，华山、太白山、乾陵、黄帝陵与黄河壶口等景点（区）的 40 多条旅游专用干线开通，提高了景区（点）的可达性，促进了旅游景区的开发利用。较好的区位和便利的交通条件为陕西发展体育旅游提供了优越的条件。

（三）陕西发展体育旅游有着较好的社会文化条件

陕西是中华民族极其悠久文明的发源地之一。10 世纪以前，陕西是中国政治、经济、文化中心。周、秦、汉、隋、唐等 14 个王朝在此建都，历时 1100 多年。近代的陕西，是中国革命的摇篮。1935～1948 年间，中共中央和毛泽东主席在陕西领导中国革命，以此为根据地创建了中华人民共和国。陕西目前已发现各类文物点 35750 处，被列为全国重点文物保护单位 372 处。全省现有馆藏文物共 56 万件（组），国家一级文物 3526 件，其中 123 件被推荐为国宝级文物。文物的密度、数量、等级均居中国首位。优越的地理环境和悠久的历史文化，给陕西这块近 2100 平方公里的地上地下，留下了丰富的文物古迹以及景色秀丽的名山大川，江河湖泊，为陕西旅游事业中的体育旅游的发展提供了独特丰富的资源。

根据上述的条件及优势，陕西省很适宜开展具有地域特色的休闲体育旅游、民俗体育旅游、探险体育旅游、竞技体育旅游、红色体育旅游和乡村体验体育旅游等体育旅游项目（表 8-1）。

表 8-1　陕西体育旅游可开发项目

体育旅游类型	可开展体育旅游内容
休闲体育旅游	登山、郊游、滑沙、游泳、垂钓、乘骑动物
民俗体育旅游	划龙舟、射箭、腰鼓
探险体育旅游	森林探险、登山探险、沙漠探险、漂流探险、野外生存、极限运动、攀岩蹦极、伞翼、高崖跳水
竞技体育旅游	参观各种大型体育赛事旅游 参加各种形式体育赛事旅游
红色体育旅游	参观各种革命文化圣地
乡村体验体育旅游	领略乡村民俗风情

二、红色体育旅游

“红色旅游”这个概念最早是江西省提出来的，随着 2004 年国家“红色旅游”工程的启动以及在全国范围内 12 个重点红色旅游区、30 条红色旅游精品线路和 100 个红色旅游经典景区的逐步建设，红色旅游开始在全国掀起热潮，它也从最初目的单一的少数人的旅游活动逐步发展成为“经济、政治、文化三大工程”的大众旅游活动，直至成为全社会关注的焦点。延安是国务院首批公布的历史文化名城，是全国爱国主义、革命传统和延安精神三大教育基地，是中华民族的圣地。在革命战争年代，党中央、毛主席等老一辈革命家在这里生活战斗了十三个春秋，确立了毛泽东思想，形成了延安精神，建立了新中国的政权组织雏形，指导抗日战争和解放战争取得了伟大胜利，延安也因此成为中国革命的圣地，拥有了丰富的红色旅游资源，革命文化遗址 350 多处，其价值和地位在全国非同寻常。延安以红色旅游为龙头的文化旅游业也紧紧抓住国家大力发展红色旅游的历史机遇，保持快速健康发展势头，成为延安三大主导产业之一。然而，红色旅游景点门票的免费使延安的红色旅游面临了新的挑战。

（一）红色体育的相关研究

“红色体育”，也称为“赤色体育”或“革命根据地体育”。迄今为止，关于中国红色体育的研究可分为两个阶段，分别为新中国成立后至60年代和80～90年代至今。这两个不同阶段的研究，都对红色体育的保护和发展起到了一定的积极作用，但是又表现出不同的时代特征。

1. 关于红色体育的性质

体育是一定社会政治和经济的反映，并为一定社会的政治和经济服务。在阶级社会中，体育具有鲜明的阶级性。毛泽东（1934）认为苏维埃文化教育“在于以共产主义的精神来教育广大的劳苦民众，在于使文化教育为革命战争与阶级斗争服务，在于使教育与劳动联系起来，在于使广大中国民众都成为享受文明幸福的人”。抗日战争时期，毛泽东同志在《论政策》一文中指出：关于文化教育政策，“应以提高和普及人民大众的抗日知识技能和民族自尊心为中心”。革命战争时期的红色体育是新民主主义革命文化教育的一部分，主要是为抗击国民党反动派、抗日战争和解放战争服务的，体育也不例外地为实现共产主义而服务。所以当时的体育方针为“锻炼工农阶级的筋骨，战胜一切敌人”。曾飙（1975）认为，“红色体育的产生和发展有其必然性，红色体育产生于为革命战争服务、为巩固红色政权服务的大方向中，广泛开展红色体育，在于动员一切力量，服从革命战争的要求，直接服务于革命战争”。“发展赤色体育运动，养成工农群众的集团精神与强健体格，适合阶级斗争需要”的体育工作方针。从而提出了“锻炼体魄，好打日本”、“体育运动军事化”等主张。苏区的体育运动是伴随着革命根据地的建立而逐渐发展起来的，而军事化体育运动的兴起则是源于革命战争的需要，革命战争需要体育，同时体育又为革命战争服务（郑健荣，1997）。革命根据地建立以后，苏区军民时刻处在与敌人打仗的战争环境中，军事训练关系到苏维埃政权的生死存亡，要求大家“锻炼出钢皮铁骨似的身体，保护苏维埃战胜敌人”，也要求大家随时都要有军事化的思想和行动开展各项工作。体育的任何一种类型的产生，都是一定社会条件作用的结果。中国红色体育是应新民主主义革命的需要而产生，并随着新民主主义革命的胜利而完成其历史使命的一种体育类型（梁光桂，1998）。新民主主义革命是在无产阶级及其先锋队——中国共产党的领导下，以反帝反封建为主要任务，这便决定了红色体育有其不同于历史上任何一种体育类型的重要特征，红色体育是在马列主义理论原则指导下，将国外有益的经验创造性地运用于中国革命实际，并逐步形成民族的、科学的、大众的特点。

2. 关于红色体育的特点

关于红色体育的特点，诸多学者从不同的角度进行了论述。史婉虹在深入分析红色体育的基础上得出以下五个特点：新式体育的特点（以劳苦大众为主体的体育）、大众化的特点、军事化的体育特点、民族化的体育特点、自力更生的体育特点（史婉虹，2002，《浅谈中国红色体育的特点》）。王增明（1989）在《试论陕甘宁边区体育的目的及其历史地位》一文中认为陕甘宁边区的体育具有军事化、大众化、经常化的特点。具体到苏区体育，曾飙（2004）在《探讨苏区体育特点》中认为苏区体育有以下特点：苏区体育是新民主主义的体育，为社会主义体育积累了经验，对青年进行了共产主义教育，具有浓厚的军事化特点，具有以劳苦大众为主体、反对锦标主义、勤俭办体育等特点。此外，还有一些学者也论述了红色体育的特点，如《抗战时期陕甘宁边区的体育》（王晋林，1995）、《抗战时期陕甘宁边区的体育事业》（黄正林，2002）、《抗日战争时期陕甘宁边区体育活动的特点》（徐国营，2005）等。

3. 红色体育的作用和历史地位

从宏观上论述红色体育的作用和历史地位的文章有很多，诸多学者在深入研究的基础上提炼出了红色体育的作用及其历史地位，其中比较有代表性的有：《试论苏区体育的历史地位与作用》（曾飙，2004）。曾飙分析了苏区体育的产生背景，认为苏区体育是“在革命斗争中发展起来的，又反过来为革命战争服务”。他还进一步总结了苏区体育的六条经验：“体育为战争服务、政府重视、工农劳苦大众成为体育的主人、因陋就简开展体育、反对锦标主义、健全体育组织”，他认为“苏区体育为社会主义体育开辟了广阔的道路”。王增明（1989）的《试论陕甘宁边区体育的目的及其历史地位》认为，“苏区体育是萌芽阶段，陕甘宁边区体育是开花阶段”，不仅为新中国体育奠定了良好的基础和人才，在思想理论上也为新中国体育奠定了基础，为其在政策路线组织管理等方面积累了大量经验。郑健荣（1997）在《苏区军事化体育运动的历史背景及其作用》中认为“军事化体育运动的普遍开展，直接的作用是有效地增进了苏区军民的身心健康、有效地提高了苏区红军指战员的军事技术、大大增强了红军的战斗力”。较为深远的历史意义是苏区体育是为“适合阶级斗争需要”而普遍开展的运动，它“培养那种无论在什么情况下都要压倒敌人的革命英雄主义”；养成了苏区军民普遍的军事化意识，战争观念；培养了苏区军民团结战斗的集体主义精神。

4. 红色体育文化研究

关于红色体育文化的研究是近几年开始的，研究成果较少，主要有《赣南闽西客家风俗与中央苏区体育文化研究》（吴玉华，2003），《赣南闽西客家体育文化初探》（张允蚌，2007）。研究认为客家风俗孕育着客家体育，客家体育滋润与丰富了苏区体育文化，为苏区体育文化的发展作出了积极贡献。从客家风俗与中央苏区体育的关上，论述了客家人在体育文化这个侧面所作出的贡献，研究了客家武艺、客家民居、客家用具、提灯搞龙打狮与体育的文化联系，从较新的视野观察苏区的红色体育。而系统研究延安红色体育文化的成果的文章目前还未发现。

5. 领袖人物与红色体育的研究

(1) 领袖人物的体育思想

对毛泽东体育思想论述得比较多，主要有：《从〈体育之研究〉看毛泽东体育思想的风格》(孙永泰，2006)，《浅析毛泽东体育思想形成和发展的原因》(张嗣让，1994)，《毛泽东对苏区体育的指示》(曾飙，1995)，也有从哲学角度分析毛泽东的体育思想的如《学习毛泽东的体育思想，坚持发挥体育的政治功能》(李彩琴，1993)，《对毛泽东体育辩证法思想的探讨》(周志俊，1994)，还有分析毛泽东思想的发展过程如《毛泽东的体育观》(伍绍祖，1994)，《论毛泽东体育思想的形成、发展及其影响》(杨虎智，2002)，《不管风吹浪打胜似闲庭信步——略论毛泽东的体育思想》(杨向东，2004)，从多方面探讨其体育思想的理论基础的形成和发展，毛泽东的体育思想实质上是一种大体育文化思想，是大体育文化的开拓者。毛泽东的体育思想内涵相当丰富，其精髓是"人民体育"。毛泽东的体育思想归纳起来有四个鲜明的特点：一是坚持将体育、德育和智育统一起来；二是突出体育的科学性，将科学性与革命性统一起来；三是注重体育的实效性，将实效性与群众性统一起来；四是强调人的能动性，将人的能动性与大自然的规律性统一起来。还有的学者研究毛泽东体育思想的某一个侧面的特征如《对毛泽东军事体育观的研究》(刘玉，2006)。毛泽东军事体育观是毛泽东体育思想的重要组成部分，随着中国革命的发展变化而不断发展变化，主要表现出为夺取政权提倡体育，为巩固政权强调体育，为培养革命人才而重视体育的方向。《毛泽东与他的"豪杰"体育》(李力研，2002) 中详细阐述了毛泽东"豪杰"体育及其来源，指出杨昌济的"言传身教"、陈独秀的"兽性主义"对其的影响，并阐述了"豪杰"体育的哲学意义。还有从比较视角进行的研究如《新中国党的三代领导核心体育思想比较研究》(陈明，2004)、《新中国党的三代领导集体的体育思想》(罗时铭，2002)。陈明认为三代领导核心的体育思想分别可以概括为"发展体育运动，增强人民体质——毛泽东的体育思想。建设有中国特色的社会主义体育理论——邓小平的体育思想。全民健身，奥运争光——江泽民的体育思想"。这三个阶段的思想体系一脉相承，实现手段、具体策略都在不断成熟和完善，对我国体育指导既高瞻远瞩，又明察实情，不断推进着我国体育事业的发展。罗时铭认为三个阶段的体育思想主要特征为"发展体育运动，增强人民体质"的健身体育思想，"体育和军事训练结合"的国防体育思想，"友谊第一，比赛第二"的外交体育思想。

关于周恩来体育思想的研究主要有：《周恩来体育思想初探》(谢香道，1991)，《周恩来的体育思想对我国体育事业的影响》(张少云，1993)，《论周恩来的体育思想》（唐健，1998），《略论周恩来的体育思想》（綦松波，1999）。其中《周恩来的体育思想对我国体育事业的影响》（张少云，1993）较为详细地论述了周恩来体育思想产生背景及其对我国体育事业的影响，从1910～1947年间，周恩来不仅经常参加体育锻炼，同时号召民众积极参加体育锻炼，也正是在体育实践的土壤中形成了其体育思想的雏形。建国后，周恩来发表许多关于体育的重要讲话中也体现了其体育思想，如“体育工作就是要搞群众的体育活动”、“我们一定要把体育运动和国家前途连结起来，这是一个伟大的改造”、“要保持健康，不光是营养问题，主要是切实注意卫生和加强体育锻炼”等，这些有关体育的论述提示了体育发展的客观规律，丰富了我国体育理论的内涵与外延。

贺龙作为新中国体育的奠基人之一，新中国第一任体委主任，一直热爱关心体育事业，早在战争年代（1940年）就亲手创建和领导了120师“战斗”篮球队，其体育思想也就成为学者们关注的一个方面。其中代表性的有：《贺龙抗战时期体育思想初探》（王增明，1986）等，王增明主要从五个方面论述了贺龙的体育思想：开展体育活动为抗战服务，提出“体育运动军事化”；重视培养体育专业干部；抓好体育普及，促进体育提高；重视体育首先强调作风培养；强调因地制宜、勤俭节约。还有大量文章如《试论贺龙的体育人才观》（华启新，1999）、《论贺龙“体育工作要为人民服务”思想及其实践——纪念贺龙诞辰110周年》（侯治水，2006）、《毛泽东和贺龙的体育观》（江涛，1998）、《贺龙体育思想管见》（蒋占玉，1996）、《贺龙体育思想与中国现代体育》（刘晶，1991）、《简论贺龙的体育思想》（谢香道，1988）、《贺龙的体育思想和世界体育强国》（董念黎，1987）、《论贺龙的体育思想》（张彩珍，1986）、《贺龙体育思想的伦理观》（任凤鑫，1986）等等，都从不同侧面论述了不同时期贺龙的体育思想及其对我国体育的影响。

（2）领袖人物的体育实践

领袖人物的重视并身体力行无疑对红色体育的开展具有很大的推动作用，韩之波（1994）在《毛泽东与革命根据地学校体育》一文中讨论了毛泽东与为工农大众服务的学校体育，毛泽东与学校体育的军事化、民族化、科学化方向的联系。《张爱萍同志与赤色体育》（曾飙1988）中写道，张爱萍也为红色体育的兴起和发展做了大量工作：编写了“发展赤色体育运动”的材料、帮助建立俱乐部、审查了《少队游戏》、《少队体操》等重要体育文献资料、亲自参加体育比赛和担任裁判等，发表了较早论述红色体育的文章：《发展赤色体育运动》，阐述了发展赤色体育的目的和意义，提出了在当时动荡的战争条件下与军事训练结合的体育项目。朱德在延安时期的主要体育参与活动有：发起成立延安新体育会、为体育运动讲话、题词（提出“运动要经常”）、发起举办了抗日根据地规模最大、影响最深远的“九一”扩大运动会，使延安体育掀起了一个又一个热潮（郭建荣，2004，《朱德与陕甘宁边区的体育运动》）。《苏区时毛泽东的体育思想与实践》（曾飙，1993）“锻炼工农阶级的筋骨，战胜一切敌人”，这一阶段的体育思想具有人民性、革命性、科学性的特点。还有《朱总司令参加的篮球赛》（刘恋，1986）、《康克清在中央苏区时期的体育实践》（曾飙，1993）等等。领袖人物的体育实践具有号召力和影响力，有力地促进了红色体育的发展。

6. 群众体育

在革命战争年代，群众体育不仅有着良好的健身娱乐功能，还有着动员、组织群众，宣传革命等重要的作用。关于群众体育的研究，主要有《中央苏区红色体育运动情况调查》（曾飙，1975），《苏区体育游戏》（曾飙，1984），《苏区体育活动片断》（林恺，1960），《青年实话与苏区体育》（曾飙，1992），《苏区中央机关体育一瞥》（曾飙，2000），吴江平的《忆延安》（1957），《忆延河上的游泳活动》（1961），《陕甘宁边区民间体育活动的内容和特点》（郗杰，1992）。其中《陕甘宁边区民间体育活动的内容和特点》比较系统地介绍了当时的民间体育项目及其特点：与生产劳动相得益彰、与娱乐活动融为一体、与军事训练密切相关、中央领导身体力行、民间体育登上大雅之堂等特点。这些文章从不同侧面介绍了当时群众体育的开展情况，为我们今天研究红色群众体育留下了宝贵的资料。

（二）红色体育旅游发展现状

陕西省的红色体育旅游发展，就延安市而言，历史在延安留下了多达 5808 处文化遗址，其中革命文化遗址 350 多处。延安虽然旅游资源丰富、独特，但开发起步较晚。1997 年延安市委、市政府决定把旅游业作为一项支柱产业来开发，特别是 2004 年以来，紧紧围绕《2004～2010 年全国红色旅游发展规划纲要》的贯彻实施，不断加大工作力度，加快发展步伐，目前旅游业的产业规模、产品层次、服务质量、设施水平都有所提高，特别是红色旅游开发呈现出良好态势。

1. 旅游接待人数快速增长

1997 年全市接待海内外游客仅为 79 万人次，2004 年猛增到 390 万人次，2007 年达到了 650 万人次，2008 年虽然受到了大雪灾害天气、汶川大地震等的影响，但由于加大了宣传促销力度，延安旅游业仍然保持平稳增长态势，截止九月底全市共接待海内外游客 596.2 万人次，较 2007 年同期分别增长了 11％。

2. 旅游综合收入急剧增长

1997 年全市旅游综合收入 1.74 亿元，2004 年增长到 15.3 亿元，2007 年收入 35 亿元，近两年年均增长 29.4％，截止九月底延安市创旅游社会综合收入 30.3 亿元人民币，较 2007 年同期分别增长了 16％。

3. 旅游企业稳步增长

2004年以前全市只有旅游企业40多家，目前已达到200多家，增长了2.25倍。旅行社由2004年的18家发展到目前的40家，增长了一倍多；旅游宾馆饭店由37家发展到58家，增长了57%，其中四星级饭店2家，三星级饭店11家，全市旅游饭店标准床位达到13000张，年接待能力800万人次以上。旅游从业人员由2004年的5万人增加到目前的10万人，增长了一倍。

4. 红色体育旅游发展的交通网络建设有了新的突破

公路方面，延安处于陕西省“三纵四横五辐射”公路网络的北线枢纽中心，西安至延安至包头的高速公路全线贯通，并开通了12条通往旅游景点公交线路、4条旅游专线，新修了延安客运汽车南站，每天发往北京、太原、石家庄、兰州、洛阳等热点旅游城市的高档省际客车达100个班次以上。铁路方面，延安至北京、延安至上海开通了直达特快列车，延安至西安、至榆林、至安康开通了直达旅客列车。

投资3.5亿元对延安火车站进行重建也已完工。西安至延安高速铁路复线作为省“十一五”重点建设项目已开工建设。民航方面，西安至延安每天有往返航班2个，延安至北京每天有往返航班1个。2007年，国家民航总局又批准了延安—重庆—广州和延安—武汉—上海两条航线，正在做开通前的准备工作。

5. 红色体育旅游经典景区建设稳步推进

目前，延安市对外开放营运的旅游景区景点已达35处，其中红色旅游景区景点20处，全市有国家5A级景区1处、4A级3处，3A级2处、2A级3处。2006年正式启动实施了“一号工程”：延安革命纪念馆新馆建设、13处革命旧址维修保护、11处革命旧址基础设施建设工程。这些红色旅游重点项目的实施，对于提升和丰富红色旅游内涵，提高红色旅游展示水平，增强红色旅游景区吸引力具有十分重要的意义。

（三）对延安市开发红色体育旅游资源的建议

1. 原生态的整体性开发

上文指出，许多景点在打造上，忽视了原先景点所呈现的原生态的历史感和沧桑感，所以旅游开发部门在开发时要注意保持景点景区的原始风貌，以宝塔山为例，应比照20世纪40年代的风貌，对其进行修复和开发，拆除或改变不符合那个时代的建筑，改已铺设的豪华地砖为清水砖，使这一景观真实地展现抗日战争时期的景象。

延安不应该孤立地开发红色旅游资源，应该将它纳入地区旅游业的总体开发规划中，借助其他资源优势作整体性的开发，应以红色旅游为主轴，带动绿色旅游产品开发，以绿色旅游产品为后盾，推动红色旅游的发展，真正实现旅游产品的多元化。

延安红色旅游产品的开发应树立区域联动的理念，推动城市和地区间的产业联动、市场联动、交通联动，实行跨区域合作，例如山西、河北等省份都拥有知名度很高的红色旅游资源，延安可以与周边这些省份组成红色旅游合作组织，发挥各自的优势和特色，资源共享，客源互动，市场共建，相互促销旅游产品。

2. 突出资源优势，打造特色品牌

“延安精神”和“黄土风情文化”是延安市的两大优势，精神是支撑，文化是灵魂，二者都是延长旅游产品生命周期的不竭动力，文化的博大精深不是一两次简单的观光旅游能领悟到的，它需要旅游者用较长的时间去领会，旅游产品一旦被赋予文化的内涵，其生命周期就自然延长了，延安的红色旅游资源开发应该将革命文化与特色的黄土风情文化结合起来融入旅游产品当中，增加产品的文化底蕴，以独特的“双文化”来吸引旅游者。

3. 转变传统的产品开发模式，积极创新

红色旅游景区多为名人故居，会议遗址等，传统的开发模式就是博物馆式的陈列，而静态的展览很难激发旅游者的兴趣，延安市在进行红色旅游资源开发时可以借鉴一下主题公园的模式，把静态的展览变成动态的演示，综合运用现代高科技手段来再现当年的革命场景，让旅游者有身临其境之感，还可以结合年轻人喜欢的户外拓展运动形式，将红色故事设计成野外生存项目，也可以编排一些经典的红色旅游文艺节目，用完美的舞台艺术，丰富的肢体语言来阐释中国革命的伟大精神，形成像桂林阳朔的“印象刘三姐”和云南丽江的“云南·印象”一样的节目品牌。

4. 精心打造旅游产品和旅游纪念品

“红色旅游”不是简单的爱国主义教育，“红色旅游”产品还必须经过精心的设计，经过红色精神的挖掘，红色文化的展现，防止“红色旅游”开发中的庸俗化，使它既符合旅游的普遍规律，又突出自己的特色。旅游纪念品的吸引力往往决定着一个地区的旅游收入，旅游者在一个旅游地的消费水平往往反映了该地旅游业的发达程度，将门票、食宿等作为旅游收入的主要来源已成了旅游发展的初级阶段，要想真正提高旅游综合收入，必须把重点放在旅游者的购买力上，只有设计出好的商品，才能吸引旅游者去购买。

5. 建立科学的红色旅游发展的管理模式

针对现在经营管理比较薄弱的现状，延安市应该积极引进旅游专业的高级人才，借鉴国内外成功案例建立科学规范的管理机制，并且要引入先进的营销理念，将各个旅游景点纳入到目的地地区营销中，以一个旅游目的地的形象作为营销主体加入旅游市场的激烈竞争中。

三、民俗体育旅游

民俗体育旅游是体育旅游的一个重要组成部分，它是以民俗体育文化资源为条件、以旅游为形式，为旅游者在游玩过程中提供娱乐服务并以经济利益为目的的一种经营活动，具有形式丰富多样、群众广泛参与和地域风情明显等特征。陕西省的延安市拥有丰富的民俗体育文化资源，但尚未得到充分发掘，发展速度较为缓慢，因此，利用好这些民俗体育文化资源，创立延安民俗体育旅游的品牌，对于延安经济的发展，旅游产业的增强，以及延安传统文化的传承和弘扬都具有重要意义。

（一）陕西延安民俗体育旅游概况

延安是中华革命的圣地，也是中华民族的圣地。有枣园、杨家岭、王家坪等革命旧址和人文初祖黄帝陵、壶口瀑布等著名的历史文物、自然景观，具有浓郁的黄土高原风光城市特色，1982 年被国务院列为国家历史文化名城。延安市特殊的区位优势和社会历史文化背景，蕴涵了丰厚且不可替代的民俗体育文化资源。例如，陕北大秧歌、腰鼓、跑旱船、跑驴、高跷、矮跷、转九曲、抽陀螺、扳手腕、拔桩等等。这些民间民俗体育活动是延安人民生活智慧和生活艺术的结晶，体现出了浓厚的乡土气息、民间风情和民俗文化。尤其值得一提的是，延安的安塞腰鼓、洛川蹩鼓、宜川胸鼓、黄龙猎鼓、志丹扇鼓构成了延安的“五鼓”艺术，已打遍中华大地，在多次大型文体活动中屡获大奖，并吸引了大批的国内外游客。此外，以“延安过大年”为主题的秧歌节是每年农历正月十五定期举办的、极具延安地方特色的民俗体育文化活动，已连续举办长达十五年，受到当地群众和外地游客的一致好评。延安的黄土民俗体育文化资源底蕴深厚、丰富多彩，民俗体育旅游正作为一种新的旅游趋向成为延安旅游业发展的新亮点。

（二）延安民俗体育旅游相关分析

1. 延安民俗体育旅游开发的优势

（1）资源优势

延安拥有丰富的民俗体育文化资源，例如，享誉海内外的安塞腰鼓、宜川胸鼓等“五鼓”艺术，精美绝伦的剪纸，绚丽多姿的农民画、毛麻刺绣，以及别具韵味的信天游、唢呐曲、陕北大秧歌、陕北道情和陕北说书等等。不仅如此，上述民俗体育活动县县不同，乡乡有别，内涵丰富。例如，久负盛名的安塞腰鼓仅是陕北腰鼓的一种，仅仅在安塞就有男子腰鼓、女子腰鼓、老年腰鼓、少儿腰鼓之分，分布于谭家营、西河口、沿河湾、真武洞等乡镇。可见，延安的民俗体育文化资源可谓博大精深，积淀深厚，是中华民族民间文化的瑰宝。

（2）功能优势

首先，延安的民俗体育活动从动作结构上由跑、跳、扭、转、摆、跺、踢、闪等要素构成，例如腰鼓的打、跳、踢、跨等动作，陕北大秧歌中的“十字扭步”、“扭腰步”等手法和步伐等，都具有改善心肺，增强肌肉弹性，提高机体协调能力，塑造优美体态等功能。其次，这些民俗体育活动还可以从编排内容和表现形式上，让参与者体会到勇敢直爽、坚韧不屈、积极乐观的人生态度。再次，一些集体性、竞技性的民俗体育活动，更可以使参与者亲身感受到团结一致、互相帮助、公平竞争的体育精神。

（3）产业优势

近年来，延安红色旅游的知名度和吸引力得到了极大提高。据统计，延安在2008年共接待国内外游客746万人次，综合收入达43.03亿元，这为延安市开展民俗体育旅游提供了广阔的客源基础。此外，延安全市目前共有定点饭店58家，其中星级宾馆27家，客房5000余间，从业人员超过2万人，这也为民俗体育旅游的接待工作提供了良好的硬件设备和配套设施。

2. 延安民俗体育旅游开发的劣势

（1）缺乏规划，开发不足

延安虽有着丰富多彩的民俗体育文化资源，然而多年来一直未得到高度重视和深度研究，也没有进行统一的规划和发掘利用。民俗体育旅游的管理部门在职能分工上依然比较模糊，民委、体育局、旅游局等都有管理职责，却又出现了缺乏统一领导、统一管理、整体布局的局面，导致了未能实现对民俗体育文化资源规范化、科学化的整合，出现民俗体育文化资源开发与利用强度不足、后续效应低下的局面。

（2）营销和宣传推广意识薄弱

首先，政府、旅行社和景区等各方面主体对民俗体育旅游市场的宣传推广意识都不够强烈，对民俗体育文化资源没有统一的包装和营销策略。其次，较少利用互联网、电视、广播等这类现代化媒体，对延安民俗体育文化资源进行宣传促销。再次，延安虽有着诸多的名胜古迹、革命旧址等景点，然而其中涉及到民俗体育旅游的业务少之又少，景区的民俗体育旅游项目经营一盘散沙，具有很大的随机性、随意性和季节性，这些都严重影响了延安民俗体育旅游的发展。

（3）民俗体育旅游的相关人才支持不足

专业人才是开发民俗体育旅游资源的保障，然而日渐稀缺的相关专业人才成为延安民俗体育旅游进一步做大做强的“瓶颈”。例如，从事陕北说书、陕北道情表演的人越来越少，掌握踩高跷、跑旱船等技艺的人也越来越少，很多民俗体育项目面临“后继无人”的危险。另外，延安还缺乏一支从事民俗体育旅游服务的专业化队伍，大部分从业人员没有接受过专门训练，这些都不利于延安民俗体育旅游的规范化发展。

3. 延安民俗体育旅游开发的机遇

（1）政策机遇

延安各级党委、政府历来十分重视对民间艺术和民俗体育的挖掘整理和重点开发。延安市文化局于1993年提出了挖掘、整理、开发延安的“一艺一品”目标，即每县必须有一种具有地方特色的民间艺术表演形式、必须有一种民间工艺美术品种。在此政策的指导和推动下，安塞腰鼓、宜川胸鼓、延川大秧歌等艺术表演形式，以及剪纸、农民画、面花和豆粘画等民间工艺美术品种都得到了快速发展。2005年，延安市又出台了《2005～2010年延安红色旅游发展实施纲要》，为进一步发展延安民俗体育旅游提供了良好的政策支持。

（2）需求机遇

随着旅游业的不断发展，人们的旅游需求也在不断变化，主要表现在由观光旅游向休闲度假旅游转变，从静态旅游向动态旅游转变。越来越多的游客已不满足于自然观光旅游，而是更加注重旅游的独特文化内涵，他们求新、求异、求知，寻求健身、亲身体验和参与的快乐。延安的民俗体育旅游，通过对民俗文化、民俗体育活动、人文自然景观的结合，恰恰能够很好地满足游客的上述需求。

4. 延安民俗体育旅游开发的威胁

（1）陕北区域内的威胁

榆林素有“陕北民间艺术之乡”的美称。千百年来，榆林人民创造出了丰富多彩、风姿独特的各种民俗体育项目。如，踢毽子、跳皮筋、抽牛、民间举重、跳绳、大秧歌、花鼓等等。通过对客源地市场的调查发现，游客对延安、榆林这两个陕北城市的民俗体育文化资源的感知非常相近，二者的竞争力比较接近。如何将延安民俗体育旅游的特点和优势凸显出来，是一个严峻的挑战。

（2）关中地区的威胁

西安是中国古代文明的发祥地，是文明礼仪之城，秦风唐韵之乡，文化内涵十分丰富。以西安为中心的关中人，在衣、食、住、行、娱等方面形成了自己独特的方式，产生出丰富多彩的民间艺术和民俗体育活动。由于西安市的旅游资源等级较高，会对延安旅游产生替代效应的威胁。游客们基于时间、距离、经济等方面的考虑，可能仅将西安作为旅游目的地。

（三）延安民俗体育旅游的发展对策

1. 统一规划，协调发展

针对延安民俗体育旅游的发展现状，民委、体育、旅游、规划、经济、新闻等部门应该相互协调、共同参与对延安民俗体育旅游资源的系统调查和科学论证，制定统一的发展规划，并出台相关政策进行有效地开发、管理、指导和支持。同时，要结合延安各地不同的地理状况、民俗风情、人文因素等，在各个区县实施各具特色的民俗体育旅游开发战略，做大做强重点项目，统筹兼顾普通项目，为游客提供多层次、多种类的民俗体育旅游大餐。

2. 突出特色，加强营销

延安民俗体育旅游开发要以特色为根本，积极对民俗体育旅游产品进行新的开发和定位。例如，以陕北大秧歌、安塞腰鼓等特色资源为主，形成观看、参与、竞技等多种类型的旅游形式和旅游产品，构建“时时有卖点、个个有特色、处处可参与”的民俗体育旅游项目布局。在凸显特色的同时，延安民俗体育旅游开发还要加大宣传力度，做好市场营销，学会利用电视、广播、互联网、报纸等多种渠道，把延安民俗体育旅游的特点和好处推荐给广大游客。

3. 深度开发，不断创新

首先，要深度挖掘延安民俗体育旅游资源和文化内涵，充分发扬延安民俗体育的独特风格和优势。其次，要充分考虑现代人的文化追求、娱乐需求和审美标准，不断优化旅游产品和服务，保持延安民俗体育旅游的巨大吸引力。再次，要不断创新民俗体育旅游的项目和形式，例如，组织游客参与民俗体育竞赛活动，采取分组对抗、设立奖品等形式，吸引游客的兴趣点，激发游客的参与热情。总之，只有不断发掘传统文化、不断创新旅游产品，才能使延安民俗体育旅游快速发展、魅力常在。

参考文献

[1] 克里斯·布尔，杰恩·胡思，迈克·韦德．田里，董建新译．休闲研究引论［M］．昆明：云南大学出版社，2006.
[2] 约翰·凯利．赵冉译．走向自由——休闲社会学新论［M］．昆明：云南大学出版社，2005.
[3] 章海荣，方起东．休闲学概论［M］．昆明：云南大学出版社，2005.
[4] 马惠娣．休闲：人类美丽的精神家园［M］．北京：中国经济出版社，2004.
[5] 马惠娣，刘耳．西方休闲学研究评述［J］．自然辩证法研究，2001（1）．
[6] 卿前龙．休闲服务与休闲服务业发展［M］．北京：经济科学出版社，2007.
[7] 李相如．休闲视野下我国休闲体育专业建设的思考［J］．首都体育学院学报，2009（2）．
[8] 卿前龙．休闲服务与休闲服务业发展［M］．北京：经济科学出版社，2007.
[9] 李相如．全民健身研究新视点［M］．北京：北京体育大学出版社，2008.
[10] 李相如．全民健身导论［M］．北京：高等教育出版社，2008.
[11] 章海荣，方起东．休闲学概论［M］．昆明：云南大学出版社，2005.
[12] 马惠娣．休闲：人类美丽的精神家园［M］．北京：中国经济出版社，2004.
[13] 马惠娣，刘耳．西方休闲学研究评述［J］．自然辩证法研究，2001（1）．
[14] 于可红，梁若雯等．从休闲的界定论休闲体育［J］．中国体育科技，2003（3）．
[15] 马惠娣．休闲、休闲体育、后北京奥运会［J］．广州体育学院学报，2008（2）．
[16] 李相如．休闲视野下我国休闲体育专业建设的思考［J］．首都体育学院学报，2009（2）．
[17] 李仲广，昌崇．基础休闲学．北京：社会科学文献出版社，2004.
[18] 马惠娣，张景安．中国公众休闲状况调查．北京：中国经济出版社，2004.
[19] 于光远．论普遍有闲的社会．北京：中国经济出版社，2004.
[20] 卢元镇等．体育人文社会科学概论高级教程．北京：高等教育出版社，2003.
[21] 杰弗瑞·戈比．康筝、田松译．你生命中的休闲．昆明：云南人民出版社，2000.
[22] 托马斯·古德尔，杰弗瑞·戈比．成索梅等译．人类思想史中的休闲．昆明：云南人民出版社，2000.

[23] 戈比．21 世纪的休闲与休闲服务．昆明：云南人民出版社，2000.
[24] 约翰·凯利．赵冉、李斌译．走向自由——休闲社会学新论．昆明：云南人民出版社，2000.
[25] 王雅林．城市休闲：上海、天津、哈尔滨城市居民时间分配的考察．北京：社会科学文献出版社，2003.
[26] 周兵，赵全，郑旗等．休闲体育．桂林：广西师范大学出版社，2000.
[27] 胡小明，虞重干．体育休闲娱乐理论与实践．北京：高等教育出版社，2004.
[28] 卢元镇．中国体育社会学．北京：北京体育大学出版社，2000.
[29] 卢元镇等．全民健身与生活方式．北京：北京体育大学出版社，2001.
[30] 刘一民．余暇体育——一种文明、健康、科学的余暇生活方式．天津体育学院学报，1996（11）.
[31] 卢锋．休闲体育学．北京：人民体育出版社，2005.
[32] 刘华平．21 世纪初的中国休闲体育．北京体育大学学报，2000（3）.
[33] 陈建国，袁继芳．影响女性休闲运动的因素．安徽体育科技，2005（4）.
[34] 刘昌雪，汪德根．城市居民双休日休闲旅游行为特征分析．黄山学院学报，2005（10）.
[35] 卿前龙．西方休闲研究的一般性考察．自然辩证法研究，2005.
[36] 宋瑞．休闲研究：社会文化与经济发展的新课题．北京：社会科学文献出版社，2003.
[37] 王小波．女性休闲——解析女性的新视角．浙江学刊，2002（5）.
[38] 杨国良．城市居民休闲行为对娱乐业发展的影响研究．人文地理，2003（6）.
[39] 朱树牵．体育休闲产业与社会发展．体育学刊，2004（1）.
[40] 马惠娣．休闲——文化哲学层面的透视．自然辩证法研究，2000（1）.
[41] 赵龙，徐玖平．运动休闲与大学生的全面发展．湖北体育科技，2003（1）.
[42] 陈峰等．大学生运动休闲文化的延伸与流行．体育文化导刊，2002（2）.
[43] 吴贻刚．中外休闲体育研究的现状与问题．上海体育学院学报，2003（5）.
[44] 崔乐泉．略说中国古人的休闲方式．体育文化导刊，2000（8）.
[45] 刘子众．中西方休闲体育之差异．体育学刊，2003（7）.
[46] 李益．近年来学术界关于休闲问题的研究综述．广西社会科学，2003（1）.
[47] 黄健．和谐——中国休闲文化的核心理念．自然辩证法研究，2005（5）.
[48] 张玉勤．试论中国古代休闲的“境界”．广西社会科学，2005（10）.
[49] 章海荣，方启东．休闲学概论．昆明：云南大学出版社，2005.